古代歷史文化研究輯刊

十五編

王明蓀 主編

第 16 冊

馬可波羅與元初商業經濟

申友良 著

國家圖書館出版品預行編目資料

馬可波羅與元初商業經濟／申友良 著 — 初版 — 新北市：花
木蘭文化出版社，2016〔民 105〕

目 2+222 面；19×26 公分

（古代歷史文化研究輯刊 十五編：第 16 冊）

ISBN 978-986-404-613-3（精裝）

1. 商業經濟 2. 元史

618   105002222

ISBN-978-986-404-613-3

9 789864 046133

古代歷史文化研究輯刊

十五編　第十六冊　　　　　　　　　　ISBN：978-986-404-613-3

馬可波羅與元初商業經濟

作　　　者　申友良

主　　　編　王明蓀

總 編 輯　杜潔祥

副總編輯　楊嘉樂

編　　　輯　許郁翎

出　　　版　花木蘭文化出版社

社　　　長　高小娟

聯絡地址　235 新北市中和區中安街七二號十三樓

　　　　　　電話：02-2923-1455／傳真：02-2923-1452

網　　　址　http://www.huamulan.tw 信箱 hml 810518@gmail.com

印　　　刷　普羅文化出版廣告事業

初　　　版　2016 年 3 月

全書字數　170047 字

定　　　價　十五編 23 冊（精裝）台幣 45,000 元

馬可波羅與元初商業經濟

申友良　著

作者簡介

申友良（公元 1964 年農曆 6 月 28 日～），字泰鴻，男，籍貫湖南省邵東縣。歷史學博士、博士後，歷史學教授，現供職於嶺南師範學院歷史系。主要研究專長爲中國古代史、中國民族史、中西文化交流、廣東地方史等方面，特別是在中國古代北方少數民族研究、中國古代遼金元時期歷史研究以及馬可波羅研究等方面已經取得了初步的成果。先後出版專著《中國北族王朝初探》、《中國北方民族及其政權研究》、《馬可波羅時代》、《報王黃世仲》、《馬可波羅遊記的困惑》、《馬可波羅與元初社會》、《史學論文寫作指南》等 7 部，參編《文物鑒定指南》、《新中國的民族關係概論》、《中國歷史地名大辭典》等，發表學術論文 60 多篇。

提　要

　　《馬可波羅遊記》是以一個外國人的視角，比較眞實地記錄和反映了元初的社會政治和經濟等方面的情況，爲研究元初的歷史研究提供了一個獨特的範例。本書從兩個方面來進行研究：一是對元初的重商主義傳統的分析，因爲蒙元時期是中國封建社會唯一重商的朝代，從成吉思汗開始，歷代的統治者都一直遵從這種重商的傳統。因此，元朝的社會風俗等諸多方面都深受影響。本書側重於對元代商業發展的宏觀環境研究，比如成吉思汗、忽必烈等元代統治者們對於商業的重視，還有元代商業環境對於社會各個階層的影響，以及元初商業經濟發展狀況等。二是對馬可波羅與元初商業經濟的分析。作爲商人子弟的馬可波羅，出於對商業的敏感，記載了大量有關元初商業經濟的材料，這爲研究元初的社會經濟提供了寶貴的資料。本書側重於《馬可波羅遊記》裏所反映出來的元初商業經濟的狀況研究，比如元初的商業城市商業經濟、商人的經濟思想和道德等。

本書為 2013 年廣東省哲學社會科學「學科共建項目」
「從馬可波羅遊記看元初商業經濟」
（GD13XLS03）的最終成果

本書由嶺南師範學院南海絲綢之路創新中心資助

目

次

上編：元代的重商主義傳統

第一章　成吉思汗時期的「重商主義」研究

　　「歷史上最偉大的，也常常是最有利可圖的事業，不是創建一家企業，而是建立一個帝國。」蒙古帝國的創建者——成吉思汗，是一位偉大的政治家、軍事家，他所取得的成就舉世公認。那爲什麼成吉思汗能夠打敗那麼多的對手而建立起一個如此龐大的帝國呢？原因就是他有雄厚的經濟實力的支持。而蒙古帝國雄厚的經濟實力又來源於成吉思汗的重商主義思想以及在這一思想指導下的一系列經濟政策。本文將從成吉思汗重商的原因、發展經濟的措施、成吉思汗時期經濟社會的繁榮狀況以及「重商政策」帶來的影響進行分析，以研究成吉思汗的「重商主義」思想。

一、成吉思汗重商主義思想的根源

　　首先我們來分析一下成吉思汗重視商業的原因：從思想基礎上來說，成吉思汗的重商思想來自於畜牧業生產方式本身。游牧業生產的單一性與人們需求的多樣性之間的矛盾，決定了這種經濟形態的半自給性和依賴性。因此，交換便成爲草原牧人的「必需品」，商業精神變爲游牧民族共同的固有特徵，正如馬克思在《資本論》中所說：「正好與城市發展及其條件相反，對那些沒有定居的游牧民族來說，商業精神和商業資本的發展，卻往往是他們固有的特徵。」[1] 371 身爲游牧民族的蒙古人是天生的重商主義者，因爲他們所居之處，往往不利於農耕，資源也相對缺乏。志費尼在《世界征服者史》中描述蒙古各部族生活情況時說：「他們當中富有的標誌是：他的馬鐙是鐵製的；從

而人們可以想像他們的其它奢侈品是什麼樣了。」[2] 23 所以，要想得到糧食、食鹽和工具，就必須發展貿易。而且早在成吉思汗未統一蒙古時就有關於蒙古部落與回回商人之間進行貿易的記載——「有阿三名字的回回，自汪古惕種的阿剌忽失的吉惕忽里處來，有羯羊一千，白駝一個，順著額爾古涅河，易換貂鼠、青鼠」[3] 9。由此可見，蒙古部族發展經濟貿易既有歷史傳統的影響又有現實生活的需要。

第二，從成吉思汗自身來分析，他是一位偉大的帝王，建立了橫跨歐、亞兩洲的龐大帝國。誠然，建立這樣的一個帝國需要強大的軍事力量，但軍隊的強大需要厚實的經濟基礎作支撐。而且在成吉思汗統一蒙古各部之後，蒙古社會對工商品及奢侈品的需求日益增長，連年征戰各種戰略物資的補給越來越重要。而當時蒙古社會以游牧經濟為主，完全滿足不了蒙古社會及戰爭補給的需要。所以，成吉思汗要完成其征服世界的偉業以及滿足帝國民眾的生活需要就必須發展經濟貿易。

二、成吉思汗「重商主義」的相關政策

（一）尋求與鄰國開展正常的貿易活動

成吉思汗統一蒙古諸部、征服西夏后，便與中亞帝國花剌子模成為鄰國。《風暴帝國》中記述：「1215 年，成吉思汗在接見花剌子模使者時說，他承認花剌子模國王摩柯末是西方的統治者，而自己是東方的統治者。在他們之間應當訂立一個和平友好的協議，允許雙方的商人自由通商。」成吉思汗在給摩柯末國王的國書中寫道：「我只是希望我們的臣民之間，可以相互交易，為雙方的利益著想。」[4] 247「當他們回去時，成吉思汗吩咐后妃、宗王們和每個異密各派兩三名親信帶著金銀巴里失跟隨他們前去，到花剌子模國內去進行貿易，換取當地的珍品，后妃、諸王、異密們奉命從自己的下屬中指派一二，集合起了四百五十個伊斯蘭教徒」[5] 258~259 他們代表蒙古汗國與花剌子模國進行貿易，可見成吉思汗對商業的重視。但花剌子模人殺人奪財，使蒙古人失去了在戰爭中得之不易的財富，而且阻塞了東西方的貿易，引起成吉思汗的極大憤怒，第一次西征隨之爆發。

（二）重用商人，或任命商人擔任政府要職，以促進商業發展

成吉思汗身邊早早就聚集了一批商人，如前文提到的回回商人阿三，後

來又有一個田姓回鶻人，「饒於財，商販鉅萬，往來於山東河北」，深悉內地的富庶情況，乃唆使成吉思汗南侵。「1215 年，花剌子模派使臣來到蒙古汗國，成吉思汗也派了使者和商隊報聘，使團的首領一是花剌子模人馬哈木，一是訛答剌人玉素甫‧坎哈，一是不花剌人阿里火者。可見成吉思汗身邊很早就聚集不少西域商人。西域商人或在蒙古政權中工作，或來東方經商。蒙古貴族不懂得如何巧妙地剝削定居人民，西域商人憑著『能知城子的體例、道理之故』，充當了他們搜刮財富的幫手，在蒙古國的經濟事務中擔任了重要角色。」[6] 226 回鶻富商鎮海就是成吉思汗的四大名相之一，回回人阿三、阿合馬、桑哥及漢人盧世榮均為商人，他們都先後為成吉思汗主掌財政經濟大權。

（三）支持各類商業活動，嚴厲打擊盜匪，保護商人的生命財產安全

成吉思汗曾經頒佈了這樣一條紮撒：「凡進入他的國土內的商人，應一律發給憑照，而值得汗受納的貨物，應連同物主一起遣送給汗。」[2] 125 這條紮撒表明，商人在成吉思汗統治的區域內是受到政府的保護的，而其中較大商業活動甚至可以與大汗作交易，這無疑是對商人極大鼓勵與吸引，所以大量回回商人輾轉於西亞、中亞與蒙古汗國之間，在蒙古汗國統治者的鼓勵下追逐商業利潤，「哪怕遠在西極和東鄙，商人都向那裏進發。」然而，商人們長途跋涉的商業活動經常會遇到攔路虎——盜匪；蒙古部落原本生活在蒙古草原，是典型的內陸經濟，商業貿易以陸路為主，而且他們視搶劫為豪勇與高尚之舉，搶劫成風，這種情況極大的阻礙了商業貿易的發展。這種情況引起了成吉思汗的注意，為了保證商人們能夠順利地進行貿易交換，他嚴厲打擊貿易線路上的盜匪，並對搶劫盜竊者進行嚴厲的處罰。據《黑韃事略》記載：「其犯寇者殺之，沒其妻子畜產，以入受寇之家；或甲知奴盜乙之物，或盜乙之奴物，皆沒甲與奴之妻子畜產，而殺其奴及甲，謂之『斷案主』。」[7] 69 犯搶劫、盜竊罪者，不僅處以極刑，沒收其家屬、財產，而且主奴「連坐」，足見其防範之嚴、處罰之重。經過成吉思汗的打擊整治之後，情況發生了顯著的變化，「由於在從中國到裏海的範圍內強行貫徹鐵的紀律，成吉思汗平息了無休止的內戰，為商旅們提供了前所未有的安全。阿布哈齊寫道：『在成吉思汗統治下，從伊朗到圖蘭（突厥人的地區）之間的一切地區內是如此平靜，以致一個頭頂大金盤的人從日出走到日落處都不會受到任何人的一小點暴力』。」[8] 322

（四）修築道路，以促進商業貿易交通；設置驛站，予往來商旅之便利

對於內陸經濟來說，四通八達安全通順的商業貿易交通網絡是十分重要的，所以成吉思汗十分重視蒙古汗國與中亞、西亞以及歐洲諸國陸路交通道路的建設和維護。史料記載：「有一天成吉思汗坐在阿勒臺山上，掃視了〔自己的〕帳殿、僕役和周圍的人們，說道：『我的箭筒士（豁兒赤）衛隊多得像密林般地烏黑一片，我的妻妾、兒媳和女兒們像火一樣地閃耀著、發紅，……我要賜給他們多草的牧場放牧牲畜，下令從大路上和作為公路的大道上清除枯枝、垃圾和一切有害的東西，不得長起荊棘和有枯樹。』」之後，他又在給花剌子模國王的外交國書中說道：「為了在兩國溝通協作一致的道路，要求〔我們拿出〕高尚明達〔的態度來〕，擔負起患難相助的義務，將〔兩國之間的〕道路安全地維護好，避免發生險情，以使因頻繁的貿易往來而關係到世界福利的商人們得以安然通過。」[5] 127 成吉思汗曾經命令：「為盡快得知國內發生的事變，必須設立常設的驛站。」驛站的設置不僅是為了保證政治通信的暢通，也為商業貿易提供了交通上的便利。正如《世界征服者史》所描述的：「他們的領土日廣，重要事件時有發生，因此瞭解敵人的活動變得重要起來，而且把貨物從西方運到東方，或從遠東運到西方，也是必須的。為此，他們在國土上遍設驛站，給每所驛站的費用和供應作好安排，配給驛站一定數量的人和獸，以及食物、飲料等必需品。」[2] 34 驛站的設立不僅保障了道路交通的方便，而且為客商的生活必須品的獲得提供了方便。

三、成吉思汗統治下蒙古汗國社會經濟的繁榮狀況

在上述成吉思汗的一系列發展商業貿易的政策的指導下，蒙古汗國自上而下地掀起了一股商業貿易的浪潮。不管是社會上層的統治者抑或是底層的老百姓，都積極參與到商業貿易活動中去，我們可以從以下幾個方面的材料來分析當時社會經濟的繁榮狀況：

（一）商人得到重視以及地位的提高

在古代中國，許多朝代的統治者都實行重農抑商的經濟政策，社會的人民分為四類，即「士農工商」，其中治國人才「士」排在第一位，而負責互通有無的「商」排在最後一位，商人的社會地位普遍較低。而在成吉思汗時代則不一樣，他認為商人不是世人鄙視的對象，而應該是人們學習的楷模。他

在《必里克》中說：「就像我們的商人帶來織金衣服和好東西並堅信能從這些布匹織物獲得巴里失那樣，軍隊的將官們應當很好地鼓勵兒子們射箭、騎馬、一對一格鬥，並讓他們練習這些事，通過這樣的訓練把他們練得勇敢無畏，使他們像堅毅的商人那樣掌握他們所知道的本領。」[9] 357 他鼓勵子孫後代學習商人們不怕困難，兢兢業業，敢冒風險，勤奮好學的創業精神。在成吉思汗時代商人的社會地位得到了極大的提高，前文也說到蒙古政權中有不少商人擔任要職並對蒙古汗國的發展做出不可磨滅的貢獻，可以說商人在這樣的政策環境下是如魚得水，「商人、投機者、尋求一官半職的人，來自世界各地，都達到他們的目標後歸去，他們的願望和要求都得到了滿足，而且所得倍於所求。多少窮人富裕起來，多少貧民發財變富，每個微不足道的人都變成顯要人物」，越來越多的人都積極參加到商業貿易中去，那當時社會經濟的繁榮狀況就可想而知了。

（二）商業貿易活動成為上至統治階級下至平民百姓日常生活的重要組成部分

成吉思汗重商不僅僅是在思想上，他本人還積極參與到商業貿易活動中，起到帶頭示範的作用，元代經濟專家李幹說：「皇帝是最大的商人，其經商手段主要是付回回以銀、令其經商納利。」[2] 300 而《黑韃事略》也有類似的記載，「當時蒙古人在向中原和西方世界征服時『雇傭了更為開化的克烈人和畏吾兒突厥人（即中亞地區穆斯林）』為蒙古貴族從事貿易活動。成吉思汗率蒙古軍佔領黃河以北地區後，蒙古人與當地商民進行貿易，以『黍料，白金十兩；滿五十兩，可易麥八十斤。蓋麥出陰山之後二千餘里；西域賈胡以橐駝負至也』。」[10] 123 貴族、官吏、寺院住持等經商成為普遍現象。一般百姓，甚至軍人都開始參與買賣活動。《馬可波羅遊記》中有「家庭裏面凡有什麼買進賣出的商業（生意）由婦女經營」，軍人經常帶一些土特產隨時準備交換。人們進城售其牲畜及乳類品，購置所需物品等記載[11] 62。可見，從 13 世紀開始，從蒙古皇帝帶一般百姓已經普遍參與經商活動。商業貿易成為他們一種必要的謀生及致富手段。

（三）商業發展促進城市興起，城市內部形成專賣市場

蒙古腹地城市的興起，社會有了較細的分工。「城市」的提法本身就包含了兩方面的含義：「城」為行政地域的概念，即人口的集聚地；「市」為商業

的概念，即商品交換的場所。而最早的「城市」（實際應為我們現在「城鎮」）就是因商品交換集聚人群后而形成的。而城市的出現，也同商業的變革有著直接的淵源關係。最初城市中的工業集聚，也是為了使商品交換變得更為容易（可就地加工、就地銷售）而形成的。由於成吉思汗及其繼承者們重視發展農業、手工業、商業貿易和交通運輸業，蒙古腹地相繼出現早期城市，哈剌和林便是其中之一。《多桑蒙古史》中有關於當時哈剌和林城內貿易區域劃分的記載，「城內有兩條大街，一名回回街，市集所在，……外國商賈及各地人民皆輳於此焉；一名漢人街，工匠所居。……東門售粟及其它本地出產不豐之穀物，西門售羊及山羊，北門售馬，南門售牛及車。[12] 203」可見當時蒙古地區的商業貿易及專賣市場已具雛形。

（四）商業貿易使蒙古人生活發生天翻地覆的變化

志費尼在《世界征服者史》裏有這樣的一段描述：「西方原來的貨物統統交給他們，在遙遠的東方包紮起來的物品一律在他們家中拆卸；在他們居住的市場上，寶石和織品如此之賤，以致把它們送回原產地或產礦，它們反倒能以兩倍以上的價格出售；……在成吉思汗及其子孫威風凜凜的庇護下，蒙古人的境遇已從赤貧如洗變成豐衣足食。至於別的部落，他們的事情也得到妥善安排，他們的命運也牢牢確定。凡是從前購置不起一張棉絮床的人，今天可以一次跟他們做三、五萬金巴里失或銀巴里失的生意。[2] 24」從這段話我們可以看到，當時的東西方往來貿易十分頻繁，各種貨物在市場上有售且價格便宜，人們的生活發生了天翻地覆的變化，由貧窮變得富有，由買不起一張棉絮床到可以做三、五萬金巴里失或銀巴里失的大生意。這一切都能讓我們感受到當時蒙古社會的社會經濟是何等的繁榮。

四、「重商主義」政策帶來的積極作用和消極影響

（一）成吉思汗時期實行的「重商主義」政策對蒙古汗國以及中國社會乃至整個世界都產生過積極的影響

1、首先，它促進了蒙古社會生活一度的繁榮

在成吉思汗統治時期，蒙古地區社會穩定、經濟繁榮、百業俱興，人民生活普遍提高。志費尼作過比較詳細的描述：「成吉思汗出現前，他們沒有首領或君主。每一部落或兩部分散生活；彼此沒有聯合起來，其中時時發生戰

鬥和衝突。他們有些人把搶劫、暴行、淫威和酒色看成豪勇和高尚的行為。
契丹汗經常向他們強徵硬索財物。他們穿的是狗皮和鼠皮，吃的是這些動物
的肉和其它死去的東西。他們當中富有的標誌是：他的馬鐙是鐵製的；從而
人們可以想像他們的其它奢侈品是什麼樣了。他們過著貧窮、困苦、不幸的
日子，直到成吉思汗的大旗高舉，他們才從艱苦轉為富強，從地獄入天堂，
從不毛的沙漠進入歡樂的宮殿，變長期的苦惱為恬靜的愉快。他們穿的是綾
羅綢緞，吃的是彼等喜愛之山珍海味，彼等選擇之果品……西方原來的貨物
統統交給他們，在遙遠的東方包紮起來的物品一律在他們家中拆卸；在他們
居住的市場上，寶石和織品如此之賤，以致把它們送回原產地或產礦，它們
反倒能以兩倍以上的價格出售；……在成吉思汗及其子孫威風凜凜的庇護
下，蒙古人的境遇已從赤貧如洗變成豐衣足食。至於別的部落，他們的事情
也得到妥善安排，他們的命運也牢牢確定。凡是從前購置不起一張棉絮床的
人，今天可以一次跟他們做三、五萬金巴里失或銀巴里失的生意。[2] 24」

2、其次，成吉思汗在實現吸收世界先進經濟成果的過程中，促進了東西方民族間經濟的交流和合作

法國學者萊麥撒說：「蒙古人西征，將以前團塞之路途，完全洞開，將各
民族聚集一處，……中世紀漫天黑雲，使人不得望見天日，至是乃因蒙古遠
征，而重現光明。當時戰爭殺人，盈野盈城，似為人類慘禍，而不知實如空
天霹靂，將幾百年之酣睡懶病，自夢中警醒」。[13] 147 在成吉思汗統治時期，
蒙古帝國將中原黃河流域的經濟中心，中亞河中、呼羅珊地區的波斯和伊斯
蘭經濟中心和蒙古高原游牧經濟中心通過日益完備的驛站連接起來，促進了
東西方民族經濟的交流。正如 B·B 巴托爾德所說：「蒙古帝國把遠東和近東
的文明國家置於一個民族、一個王朝的統治下，這就不能不促進貿易和文化
珍品的交流，中亞和中國之間的貿易得到了空前繼後的發展」。[14] 190 到成吉
思汗的晚年和窩闊台繼位初期，隨著統一的擴大和屠殺，搶劫的減少及賦稅
的減輕，以前被破壞的地區的經濟逐漸復蘇，如撒麻耳干在牙老瓦赤掌管下，
「人們從世界各地到那裏去，因他的誠摯，該城日趨繁榮，甚至達到它的頂
峰，其領域成為名門望族的家園，貴人黎庶的聚集地」。還有一些地區至少在
蒙哥統治時期在某些方面「達到原來繁榮昌盛的水平，而在另一些方面很難
接近原來的水平」。隨著經濟的恢復發展，「穿過中亞的陸上貿易在蒙古人統
治下復興」。東西方民族經濟得到合作和交流。

（二）當然，凡事都有兩面性，成吉思汗在實施發展蒙古民族經濟過程中使用掠劫的方式對被征服地區的民族經濟產生了一定的消極影響

如成吉思汗在第一次西征後「使中亞農業地區和城市生活在經濟上的大幅度衰落是一個不容分辯的事實」[15] 247 B·B·巴托爾德在談及成吉思汗在中亞的掠劫和征服時也指出：「進行過頑強抵抗的城市……遭到的命運尤爲悲慘，好似從地球上被抹掉一般，只有此後才得以重建，並繼續存在幾百年；那麼，那些自願向征服者投降的居民們，則可將其所在城市完整地保存下來，然而城市生活卻完全衰敗下去」[16] 85 甚至馬列主義思想的創始人馬克思在研究了中亞十三世紀的歷史後也曾寫道：「蒙古大軍在呼羅珊、不花剌、撒麻耳干、巴里黑等繁榮城市野蠻行事，藝術品、藏書豐富的圖書館、良好的農業、宮殿和寺院——一切化爲烏有」[17] 221。在馬魯綠洲，水利設施和農田全部遭到破壞，種子被運走，牲畜被趕走，「城中和周圍各村鎮剩下的人數不超過一百」。中亞的經濟遭到嚴重的破壞。在東方，成吉思汗在攻克西夏首府興慶府時，不惜決黃河堤壩，致使千里良田沃土變成一片黃灘，人民轉徙流離，無以爲生。廣大中原地區農業經濟也遭到嚴重的破壞，如劉因記載道：「河朔大亂凡二十餘年，數千里間，人民殺戮幾盡，其存者，以戶口計，千百不一餘」。以上資料雖有誇張之處，但成吉思汗的做法顯然是對被征服地區民族造成極大傷害的。

成吉思汗在其自身的「重商主義」思想的指導下，大力發展經濟、保護和重用商人以及修築道路設置驛站，促進了蒙古帝國的經濟高度發展。在這一系列積極的經濟措施影響下，城市興起、人民由貧窮變得富有、東西方貿易來往頻繁，整個蒙古帝國的經濟社會生活都發生了天翻地覆的變化。雖然，成吉思汗在發展本國經濟或進行戰爭時對別的國家或地區造成了巨大的破壞，但這無法抹去成吉思汗「重商主義」的重要意義和作用。綜上所述，成吉思汗是一個重視商業，提倡自由貿易，實行開放型經濟政策的「重商主義者」，「一代天驕」不僅是偉大的政治家、軍事家，還是一位傑出的經濟學家。

參考文獻

〔1〕馬克思，資本論（第 3 卷）〔M〕，北京：人民出版社，1977。

〔2〕（伊朗）志費尼，世界征服者史（上）〔M〕，何高濟譯，呼和浩特：內蒙古人民出版社，1981。

〔3〕鮑思陶點校，元朝秘史〔M〕，濟南：齊魯書社，2005 。

〔4〕宋宜昌，倪健中，風暴帝國〔M〕，北京：中國國際廣播公司出版社，1997。

〔5〕（波斯）拉施特，史集（第 1 卷第 2 分冊）〔M〕，余大鈞譯，北京：商務印書館，1985。

〔6〕韓儒林，元朝史（上冊）〔M〕，北京：人民出版社，2008。

〔7〕彭大雅，徐霆，黑韃事略〔M〕，王國維箋證本，文殿閣書莊，民國 25 年版。

〔8〕（法）勒內·格魯賽，草原帝國〔M〕，馮京瑤譯，北京：北京國文潤華圖書銷售有限責任公司，2008。

〔9〕李幹，元代社會經濟史稿〔M〕，武漢：湖北人民出版社，1988。

〔10〕張秀華，蒙古族生活掠影〔M〕，瀋陽：瀋陽出版社，2009。

〔11〕（意）馬可波羅，馬可波羅遊記〔M〕，陳開俊譯，福州：福建科學技術出版社，1981。

〔12〕（英）道森編，出使蒙古記〔M〕，呂浦譯，北京：中國社會科學出版社，1983。

〔13〕白壽，中國交通史〔M〕，鄭州：河南人民出版社，1984。

〔14〕《B·B·巴托爾德文集》，第六卷，第 190～191 頁，轉引《蒙古帝國與絲綢之路的復興》、張來儀，《甘肅社會科學》，1991 年 6 期。

〔15〕民族史譯文集〔M〕，中國科學院民族研究所編譯，北京：科學出版社，1959。

〔16〕（俄）B·B·巴托爾德，突厥斯坦文化生活史〔M〕，列寧格勒，1927。

〔17〕馬克思，編年史札記〔M〕，引自《馬克思、恩格斯文庫》，1927。

第二章　窩闊台時期的「重商主義」研究

　　中國歷代的封建王朝大多都實行重農抑商的政策，但是由蒙古族建立的元朝卻是個例外。元代經商之風盛行，從成吉思汗建立大蒙古國時起便實行大量有利於商業發展的措施。而他的繼任者窩闊台合罕也是繼承並發展了蒙古族「重商主義」的傳統。研究窩闊台時期的「重商主義」政策，對深入瞭解元代初期的商業經濟發展情況具有重要意義。自改革開放以來，雖然學者們對於元朝的商業經濟發展情況有了一定的研究成果，但涉及大蒙古國時期的「重商主義」政策卻比較少，而關於窩闊台時期的重商主義研究更是少之又少。而窩闊台時期作為大蒙古國的一個重要發展階段，對這一時期的「重商主義」研究，有利於更深入地瞭解大蒙古國時期的商業發展史乃至經濟發展史。

一、窩闊台時期的「重商主義」的政策和措施

　　蒙古統治者與西周以後中國歷代封建統治者的「重本抑末」思想並不一致，蒙古統治者不僅重視商業，還保護商業的發展。在成吉思汗時代蒙古就沒有「賤商」的觀念，反而很重視商業的發展，認為商人值得世人去學習。窩闊台合罕繼承並發展了成吉思汗的「重商主義」思想。實行了許多有利於商業發展的政策和措施。

（一）對商業賦稅的優惠政策以及對商人的有利措施

對商賈徵收賦稅，元初並沒有定制。1229 年，窩闊台登上了大蒙古國汗位，對於如何治理中原地區有兩種意見。近臣別迭等人就主張「漢人無補於國，可悉空其人以爲牧地」。而耶律楚材則認爲：「誠均定中原地稅、商稅、鹽、酒、鐵冶、山澤之利，歲可得銀五十萬兩、帛八萬匹、粟四十餘萬石，足以供給，何謂無補哉？」[1] 3458 窩闊台採納了耶律楚材的意見。於是，在耶律楚材的主持下，大蒙古國開始在其所控制的漢地建立起賦稅制度。據《元史·太宗本紀》記載：「二年庚寅春正月，詔自今以前事勿問。定諸路課稅，酒課驗實息十取一，雜稅三十取一。」[1] 29 《食貨志》記載：「太宗甲午年，始立徵收課稅所，凡倉庫院務官并合干人等，命各處官司選有產有行之人充之，其所辦課程，每月赴所輸納。」[1] 2397 大蒙古國也就從窩闊台時期開始對商人徵收賦稅有了初步的規則。與唐宋等前朝對商人課以重稅相比，窩闊台時期的對商人、商業徵收的賦稅顯然是較輕的。這一時期沒有像歷代中原王朝那樣以各種各樣的形式來抑制商業的發展，更沒有告緡、借商等對商人的苛捐雜稅。而元朝統一全國後，總體上來說商業稅是逐步增加的：「世祖至元七年，遂定三十分取一之制」[1] 2397 「二十二年，又增商稅契本」[1] 2397 、「二十六年，從丞相桑哥之請，遂大增天下賦稅」[1] 2398 到了元朝後期，稅率更是比至元七年增加了百倍不止。所以窩闊台時期的商業稅，與入元以後相比，還是比較輕的。這種輕稅的政策，大大刺激了商人經商的積極性。

窩闊台時期，不僅沒有像傳統中原王朝那樣實行「重農抑商」的政策，相反的，這一時期實行與漢族傳統相悖的「重商主義」政策；採取了許多幫助商人解決困難和鼓勵商業發展的措施。如：窩闊台時期曾有動用官銀來償還商人被盜財物的記錄。據《元朝名臣事略》記載：「國初盜賊充斥，商賈不能行，則下令凡有失盜去處，周歲不獲正賊，令本路民戶代償其物，前後積纍動以萬計……公爲請於上，悉以官銀代還，凡七萬六千錠。」[2] 81 商賈的財物被盜竊了，在國初的時候由本路的民戶來賠償，而後來耶律楚材建議用官銀來償還。但無論是由民戶還是官銀來償還，商賈的利益總能得到保障。窩闊台還採取多種措施來解決商賈資金不足的問題，甚至給予政府貸款來鼓勵經營買賣。《世界征服者》有載：當他登上王位，而且他的仁愛和樂施之名傳遍天下時，商旅開始從四面八方奔赴他的宮闕，同時他們運來的任何貨物，不管好壞，他都會下命一律全價購買……而合罕有命，不管價錢多少，他的

官吏應把它增加百分之十，把這筆錢付給商人。有一天，他朝中的官吏和臣僚向他提出，增加這百分之十的錢是不必要的，因爲貨物的價錢已經超過了它們的實際價值。「商人跟我們國庫作生意」，合罕說：「是爲了在我們的保護下獲得蠅頭微利。這些人確實有付給你們的必闍赤的花銷，而我所支付的恰是他們欠你們的債，免使他們離開我們面前受到損失。」[3] 235《史集》也有類似的記載，合罕說道：「與官家交易，獲利多些才對商人有利，因爲他們必然對你們、必闍赤們有些開支。我這是在爲你們的大圓麵包付錢，免得他們從朕處受損失而去。」[4] 94 從這些史料我們可以看出，窩闊台時期很重視商人和商業，這些措施大大地促進了當時商業的發展。

（二）提高商人的政治和經濟地位

商業在中國封建社會的大部分時間裏被視爲末業，歷代王朝都有「賤商」的觀念，因此商人的社會地位比較低下。這種情況在商業繁榮的兩宋有了明顯的改觀。而在蒙古統治者的眼中，原本就沒有賤商的想法，商人的社會地位在大蒙古國統治下發生了重大的變化。在窩闊台時期，經商者無論是經濟、政治、還是社會上的地位都是比較高的。

1、商人在國家政治生活中具有重要地位

隋唐科舉制明確規定，商人及其子弟不得參加科舉考試。那時商人入仕的機會基本爲零。宋朝的科舉尺度放寬，允許商人中有「奇才異形者」應舉，商人也可以爲其子弟購官買爵，這時商人雖有當官的途徑，但是機會很少，能在朝廷中擔任要職的更是少之又少。而在大蒙古國時代，商人當官者比比皆是。

窩闊台時期，在朝中擔任要職的商人有很多，如：馬哈木·牙老瓦赤、鎮海、奧都拉合蠻等人。馬哈木·牙老瓦赤在成吉思汗時就受到重用，在窩闊台時被任命主持治理西域地區的賦稅，據《元史》記載：「河北漢民以戶計出賦調，耶律楚材主之；西域人以丁計出賦調，麻合沒的·滑剌西迷主之」[1] 30 這裏所說的麻合沒的·滑剌西迷即是花剌子模人馬哈木（khorezmian Mahmud）的音譯[5] 142。因爲對西域地區的成功治理，在太宗十三年的時候被任命主管漢民公事。馬哈木·牙老瓦赤是蒙古國的四朝元老，雖然漢文史料對他評價不是很高，但是他很得窩闊台垂青並且受到重用是一個不爭的事實。田鎮海也是窩闊台時期回回商人活躍在政治舞臺的重要代表人物，鎮海爲蒙古四大

名相之一,《元史》有記載:「始立中書省,改侍從官名。以耶律楚材爲中書令,黏合重山爲左丞相,鎭海爲右丞相。」[1] 31 由此可見,回鶻商人鎭海在窩闊台時有著很高的政治地位。奧都拉合蠻也是窩闊台時期擁有較高政治地位的商人,據《元史·太宗本紀》記載:「十二月,商人奧都剌合蠻買撲中原銀課二萬二千錠,以四萬四千錠爲額,從之。」「十二年庚子春正月,以奧都剌合蠻充提領諸路課稅所官。」[1] 36 奧都拉合蠻因撲買中原銀課,被提拔爲蒙古提領諸路課稅所官。

除了以上提到的這些在中央任重臣的大臣,窩闊台時期在地方由商人來當官的也很多。從這可以看出,商人在窩闊台時期政治地位是很高的。

2、商人階層的社會經濟地位得到提高

秦漢以來,由於封建統治者實行「重農抑商」政策,商人不僅政治地位低下,經濟地位也很低下。商賈儘管有錢也不得穿絲織服裝,不准乘車騎馬。在宋代,政府解除了對商人車、服方面的禁令。[6] 45 而窩闊台時期的律令並沒有對商人在服飾車騎方面有任何貶抑性限制,商人在這方面的權利跟尋常百姓無異。從輿服這方面來看,窩闊台時期商人的經濟地位較之於前代,還是有較大的提高的。而據《黑韃事略》記載:「其買販,則自韃主以至僞太子、僞公主等,皆付回回以銀,或貸之民而行其息。一錠之本,展轉十年後,其息一千二十四錠。」蒙古的大汗和王子公主等貴族們都願意拿出錢去給回回商人經營高利貸或在各地從事商業活動,並以此來獲利,從蒙古統治者的這些行爲也可見商人們在大蒙古國有着比較高的經濟地位。

(三)貨幣流通制度

蒙古國前四汗時期,「漢地」使用的貨幣,主要有白銀、紙鈔兩種。[7] 401 在相當長的一段時間內,蒙古國中通用的貨幣是白銀。窩闊台汗就經常用白銀賞賜臣下。除了白銀,窩闊台時期蒙古統治的「漢地」也使用紙幣。

紙幣的發行是商業發達的重要標誌。北宋四川地區出現的交子,是世界上最早的紙幣。其後,紙幣在中國不斷演變和發展。在遼金的影響下,成吉思汗曾在博州發行過紙幣。窩闊台汗在蒙古滅金後,也曾發行過紙幣。太宗八年,「春正月,諸王各治具來會宴。……詔印造交鈔行之。」[1] 34 中書令耶律楚材進言,「金之有司,以出鈔爲利,收鈔爲僞,其後至萬貫唯易一餅,民力困竭,國用匱乏,當爲鑒戒。今印造交鈔,宜不過萬錠,從之。」[8] 91 耶律

楚才原本是金朝的官員，他深知金後期通貨膨脹皆因濫發紙幣，所以向提議窩闊台限量發行。這時發行紙幣的量雖不大，但也正因爲限量發行，才不會像金後期那樣出現嚴重的通貨膨脹。而紙幣較之金銀等傳統貨幣，明顯輕便許多，所以紙幣尤其受到商人們的青睞。窩闊台發行紙幣，起到促進商品流通的作用，大大有利於商業的發展。

（四）建立四通八達的交通路線——驛站

大蒙古國在成吉思汗時起，就開始建立起驛站。而在窩闊台時期，隨著蒙古國的不斷擴張，領土越來越廣闊，爲了加強統治，便於聯絡，窩闊台在成吉思汗的基礎上，建立和完善了驛傳制度。窩闊台派出專門的官吏去管理驛站，並固定了站戶和驛馬。窩闊台時期，不僅設置了漠北蒙古地區通往中原漢族地區的驛路，還設置了從哈剌和林通到察合臺封地（今新疆西部），再從察合臺封地通到拔都封地的驛道。據《史集》載：「從乞臺（全國）到該城（哈剌和林）除伯顏站外，還設置了一些站，被稱爲『納林站』。每隔五程就有一站，共三十七站。在每一驛程上，置一千戶以守衛那些站」。「他建立制度，讓每天有五百輛載着食物和飲料的大車從各地方運到哈剌和林，把它們儲於倉中，以便取用。爲穀物和酒建造了一種龐大的大車，每車要用八頭牛運送。」[4] 69 從這些史料可見，驛站以哈剌和林爲中心，把中原與漠北草原連接起來，形成了四通八達的交通網絡，商路也就通行無阻了。窩闊台不僅新建立和完善四通八達的驛道，而且非常優待使用驛道的商賈。窩闊台時期對漢地站赤規定：「每一百戶站，置漢車一十具。各站俱起米倉。站戶每年甲牌內納米一石，專令百戶一人，用車牛送與商賈作客之人……如各驛站馬牛缺少，本百戶規措。」[9] 38 可見，經商者使用驛道有飲食、安全等方面的保障。窩闊台時期建立的驛傳制度，不僅有利於加強大蒙古國的統治，也有利於商業的發展。驛傳制度大大地便利了交通，商路四通八達、暢通無阻，爲商旅往來提供了方便和安全保障，促進了大蒙古國商業和經濟不斷發展。

二、當時社會商業經濟的繁榮狀況

公元 1229 年，窩闊台成爲大蒙古國的大汗。公元 1234 年，大金被南下擴張的蒙古所滅。而早在 1227 年，西夏就已經被蒙古所滅。在窩闊台時期，

蒙古統治者已經控制了黃河流域的北中國。蒙古滅金後，處於動盪的中原地區漸趨穩定，生產恢復，商品交換也逐漸復蘇。窩闊台統治下的大蒙古國，商業得到一定的發展，出現了草原城市和許多城邑。這時的商人具有比較高的社會地位，可見當時商業經濟的繁榮。

1235 年，窩闊台以萬安宮為中心建造了「哈剌和林」城，並將大蒙古國的首都定於此。由於窩闊台汗重視和鼓勵發展商業，世界各地的商人不斷湧入哈剌和林。據《元史》記載：「太宗七年己未（1235）城和林（即哈剌和林）作萬安宮。……太宗八年丙申（1236）春正月諸王各治具來會宴，萬安宮落成」。[1] 34《世界征服者》載：「因為合罕十分寬宏仁愛，百姓從四方奔赴那裏，在一個短時期內它成為一座城市」[3] 260 哈剌和林規模不斷擴大，很快發展為蒙古的政治、經濟、文化中心，甚至成為世界性都市。世界各地使者、商人、工匠、傳教士各色人等不絕於途，奔赴和林而來。哈剌和林的商業相當興盛，聚集了許多為蒙古王室和貴族服務的商人。一些回回商人專為蒙古汗貴族販運珍寶、香料、織品等奢侈品；而一些商人則專門為蒙古貴族經營高利貸，被稱為斡脫。哈剌和林城的市場貿易很發達，有時甚至連窩闊台合罕也會出現在市場。據志費尼描述：在此城剛建立的時候，窩闊台合罕經過一家棗子店鋪，讓手下答失蠻哈只不為他買來一盤棗子，並命令手下付給店鋪遠遠高於貨品價值的錢。[3] 239 種種迹象表明，作為一座大都市，哈剌和林在窩闊台時期商業發展十分的繁榮。

除了哈剌和林這樣的大都市，窩闊台時期也有很多商業發達的小城邑。這一時期，隨着汗國商業的繁榮，建設巴剌合孫之風盛行，很多的阿兀魯里興建為小城邑。[10] 208 在窩闊台時期的「重商主義」政策下，當時商業繁榮發展，為大蒙古國後期乃至元朝打下了良好的基礎。正如史學家史衛民所說：「草原都城的出現，確實是一件大事。游牧民的領袖蒙古大汗，終於認可了城市對國家的重要，並開始身體力行地去建造新城。」[11] 5

三、窩闊台時期實行「重商主義」政策的原因

自秦漢以來中國歷代王朝的實行的都是「重本抑末」的政策，把商業看作是末業，對商業進行多方面的打壓和限制。而窩闊台等蒙古統治者卻實行的是與之截然不同的「重商主義」政策。這是有着獨特的原因的。

（一）游牧民族所特有的商業精神

倪建中指出：「蒙古人是重商主義者，這也是其它少數民族的特點。因為，他們所居之處，往往不利於農耕，資源也相對缺乏，要想得到糧食、食鹽和工具，就必須發展貿易。」[12] 1033 蒙古族本來是一個逐水草而居的游牧民族，不像農耕經濟一樣可以做到完全自給自足，他們需要通過「交換」來滿足生活之所需。所以蒙古族具有重視貿易往來，具有商業精神的特點。窩闊台也繼承了游牧民族的重商主義精神，不歧視商人和商業，實行比較開明的商業政策。游牧民族本身就沒有輕視、歧視商人的傳統；他們與生俱來的這種商業精神，是促使窩闊台實行「重商主義」政策的一個原因。

（二）商人可以為大蒙古宮廷輸送大量商品

據《世界征服者》載：「當他（窩闊台）登上王位，而且他的仁愛和樂施之名傳遍天下時，商旅開始從四面八方奔赴他的宮闕，同時他們運來的任何貨物，不管好壞，他會下令一律全價收買。」[3] 235 該書的其它地方還有類似記錄，如：「很多商人當天到來，他們收下每個商人的貨物，合罕給予他們比實價要多的錢。」[3] 245 從志費尼的這些記載可以看出，當時的商人給窩闊台的斡耳朵輸送了大量的商品。當時蒙古雖然畜牧業很發達，但是農業、手工業等還是比較落後的，所以蒙古貴族們需要大量來自世界各地的商品，尤其是金銀寶石等奢侈品。而商人們運往窩闊台宮廷的重要商品有絲織品、寶石和馬等，這些商品除了供給窩闊台的斡耳朵生活之用外，還被大量分賜給他的臣下。宇野伸浩認為：「窩闊台汗的目的是為了購買商人們的商品。通過高價收買他們的商品，鼓勵穆斯林商人同斡耳朵的往來。結果，成功地獲得了來自伊斯蘭各地的大批西亞商品。」[13] 51 可見，窩闊台的宮廷需要商人們尤其是穆斯林商人們販運的貨物。窩闊台汗實行鼓勵商業發展的政策，與商人們能夠給宮廷帶來大量商品有關。因此，商人們可以為蒙古宮廷輸送大量商品尤其是奢侈品，是促使窩闊台實行「重商主義」政策的其中一個原因。

（三）發展商業可以為大蒙古國帶來鉅額財政收入

「重商主義」政策還可以為統治者帶來鉅額稅收。窩闊台剛即位的時候，別迭等人主張要把中原變為牧地；而耶律楚才反對這種做法，他力陳發展農業和工商業的重要性，向窩闊台進言說：「地稅、商稅、酒醋、鹽、鐵、山澤之利，周歲可得銀五十萬兩，絹八萬匹，栗四十萬石。」而窩闊台採納了耶

律楚材的建議，曰：「誠如卿言，則國用有餘矣。卿試為之。」[2] 76 耶律楚材說周歲可得銀五十萬兩，絹八萬匹，就要通過徵收商稅等各種稅收來獲得。因此重視發展商業，實行「重商主義」政策，由此帶來的商稅等收入是非常可觀的。窩闊台沒有把中原變為牧地，在保持原來的農業經濟的同時也注重發展商業。大蒙古國從此也有了比較穩定的財政收入。因此，商業發展所得的稅收可以成為大蒙古國財政收入的來源，也是窩闊台實行「重商主義」政策的一個重要原因。

（四）其它原因

窩闊台時期，特別重用西域商人，如：馬哈木・牙老瓦赤、鎮海、奧都拉合蠻等人。這些西域商人們特別善於理財，他們在朝廷中身居高位，亦官亦商的身份自然會使他們向朝廷提出有利於他們自身商業發展的政策。由於成吉思汗以來蒙古不斷遠征和擴張，在窩闊台統治時期，包括黃河流域的「漢地」以及蒙古高原甚至西突厥斯坦和伊朗的一部分已經是大蒙古國統治範圍。大蒙古國的土地不斷擴張，通過商業貿易暢通、互通有無可以使大蒙古國統治下的這些土地緊緊聯繫在一起，加強大蒙古國的統治。在窩闊台統治時期，他接觸到許多各種各樣的商人，通過與這些商人的交往和瞭解，也會受到商業文化潛移默化的影響。綜上所述，亦官亦商的巨商大賈提出有利自身的商業發展措施、為了加強大蒙古國的統治、各色商人和商業文化的影響等也是促使窩闊台實行「重商主義」政策的重要原因。

四、「重商主義」政策帶來了積極作用和消極影響

（一）窩闊台時期「重商主義」政策帶來的積極作用

1、保持了蒙古統治地區的繁榮

在成吉思汗時代，「太祖之世，歲有事西，未暇經理中原。」[1] 3458 窩闊台即位後開始加強中原地區的治理。改革蒙古的稅制，確立了商稅，並實行了一系列有利於商業發展的「重商主義」政策。使動蕩的北中國地區得到休養生息，社會經濟不斷發展。據《元史》對窩闊台時期的描述：「華夏富庶，羊馬成群，旅不齎糧，時稱治平。」[1] 37 從這一描述我們可以看出，可以看出窩闊台時期蒙古統治的「漢地」的由長期動蕩轉向初步安定的良好局面。

2、草原都市開始出現

由於窩闊台時期重視商業貿易和交通，蒙古腹地相繼出現早期城市。成吉思汗統一蒙古草原的時候，蒙古草原還沒有城市。窩闊台時修建哈剌和林，哈剌和林城便是蒙古的早期城市之一。哈剌和林的建立，吸引了眾多的商人。由於商業貿易的發達，這時還出現了許多小城邑。這些商人的商業活動使城市的經濟功能得到發揮，使城市活躍起來了。

3、為後代的發展打下堅實的基礎

窩闊台時期實行「重商主義」政策，在他之後的蒙古統治者們也推行這個政策。窩闊台時始立賦稅制度，徵收商稅，為以後的蒙古統治者提供了一個先例。窩闊台時期使商業得到發展，為貴由汗、蒙哥汗乃至元世祖忽必烈時期的商業發展打下堅實的基礎。

（二）窩闊台「重商主義」政策的消極影響

1、加重了普通老百姓的負擔

窩闊台時期，實施了很多對商賈有利的政策，並給與商賈很多特權。而這些特權，往往會給普通的平民百姓造成沉重的負擔。如：商人在貿易中遭遇盜竊等意外，要由本路的民戶來賠償商人的損失；站赤規定「專令百戶一人，用車牛送與商賈作客之人」[9] 38；驛站飲食供應的費用，「不從正式賦稅中開支，而是來自廣大的站戶和民戶」[9] 41 這些政策和措施，雖然最大限度地保證了商人們的利益，但也成為附近定居的民戶和市民的一個沉重的負擔。

2、「撲買」、「高利貸」等行為帶來很大危害

窩闊台時期，許多大商人亦官亦商，他們依靠其特殊的權威，為自己謀取利益。如：「商人奧都剌合蠻買撲中原銀課二萬二千錠」[1] 36 這種撲買行為，使得納稅階層需繳納的賦稅大大增加，廣大的人民只能任由剝削。窩闊台時期活躍着許多斡脫商人，他們為蒙古諸王、后妃、公主等經營高利貸。「『漢地』的一些封建軍閥，為了應付蒙古國徵收的貢賦，不得不向斡脫商人借債，事後對苛重的利息都窮於應付。至於一般百姓，一旦與此發生關係，等待他們的必然是傾家蕩產。」[7] 466 可見，高利貸危害非常之大。「撲買」、「高利貸」等行為大大地損害了普通民眾的利益。

　　綜上所述，窩闊台汗是一個重視商業的統治者，在他統治時期實行了一系列的「重商主義」政策：在納稅方面給予商人們優惠、保護商旅安全、鼓勵經商、在政治上重用商人、發行紙幣促進商品流通、建設和完善驛站使商路四通八達。這些政策使得大蒙古國的商業經濟不斷發展，在他統治時期，中原「漢地」受到戰爭破壞的經濟逐步復蘇，而草原地區也興起了像哈剌和林這樣的大都市，大蒙古國商業發展欣欣向榮。雖然這時的「重商主義」政策也產生了一些弊端，但是這種政策也促進了大蒙古國商業的發展並推動了經濟的繁榮。窩闊台的的「重商主義」政策，對於大蒙古國無疑是利大於弊的。

　　而中國歷代封建統治者向來推崇和實行的是 「重農抑商」政策，認為商業是末業，而農業才是國家的根本，因此實行了比較嚴苛的商業政策，嚴重制約了商業的發展。而窩闊台等蒙古統治者卻實行與中國歷代封建統治者截然不同的政策，這種「重商主義」政策不僅在當時收到了國富民強的效果，而且也是蒙古統治者的一大特色。窩闊台時期的「重商主義」政策，為大蒙古國後來的發展樹立了良好的基礎。他的「重商主義」思想和政策，與中國歷代封建王朝所推崇的「重農抑商」相比，一定程度上體現了蒙古統治者的開明和進步。

參考文獻

〔1〕宋濂，元史〔M〕，北京：中華書局，1997。

〔2〕蘇天爵，元朝名臣事略〔M〕，北京：中華書局，1996，。

〔3〕志費尼，世界征服者史〔M〕，北京：商務印書館，1981。

〔4〕拉施特，史集〔M〕，北京：商務印書館，1985。

〔5〕修曉波，大蒙古國及元初政壇上的西域商人〔J〕，社會科學戰線，1996，（01）：142。

〔6〕楊軍琴，元代民間商人研究，〔D〕，西北師範大學，2008：45。

〔7〕陳高華，史衛民，中國經濟通史·元代經濟卷〔M〕，北京：經濟日報出版社，2000。

〔8〕李劍農，中國古代經濟史稿·宋元明部分〔M〕，武漢：武漢大學出版社，2005：91。

〔9〕葉新民，成吉思汗和窩闊台時期的驛傳制度〔J〕，內蒙古大學學報，1981，（03）：38～41。

〔10〕王福革，古代蒙古汗國經濟治國思維方式研究〔J〕，求索，2009，（01）：
208。

〔11〕史衛民，都市中的游牧民——元代城市生活長卷〔M〕，長沙：湖南人
民出版社，2000。

〔12〕倪健中，風暴帝國〔M〕，北京：中國國際廣播公司出版社，1997：
1033。

〔13〕宇野伸浩，窩闊台汗與穆斯林商人——斡耳朵內的交易與西亞商品
〔J〕，民族譯叢，1990，（03）：43～51。

第三章　忽必烈時期的「重商主義」研究

　　忽必烈領導少數民族建立了中國歷史上第一個「大一統的中央封建王朝，也是我國歷史上最有能力的封建統治者之一，他在中國歷史上留下了許多值得後人借鑒的文明成果，尤其是他的「重商主義」思想及政策在中國古代商業史上，乃至世界商業史上，都佔據著非常重要的地位，爲振興元朝，促進元朝社會經濟的恢復和發展，起到了積極作用，對今後的社會經濟發展也產生了深遠的影響。研究忽必烈時期的「重商主義」，是正確認識元代商業發展的重要一環，對研究中國古代商業歷史也有着重要作用。目前，系統研究忽必烈汗「重商主義」的論著還不多見，本文以重商思想爲切入點，研究了忽必烈時期「重商主義」的成因和相關政策以及當時社會商業經濟的繁榮狀況，進而分析「重商政策」在社會發展過程中的影響，試圖從整體上把握忽必烈汗的「重商主義」。

一、「重商政策」的原因

（一）游牧經濟方面的影響

　　從根本上來說，忽必烈的重商思想來源於游牧經濟的生產方式本身，重商政策的出臺與蒙古族的民族性格有關。蒙古族居住在蒙古草原上。由於居住地自然環境的限制，他們世代以游牧爲生，很少從事農耕，而且資源也相對缺乏。這就決定了他們不得不與其它民族進行交換，以獲得自己所需要的糧食、食鹽、工具等東西。另外，游牧民族不像中原地區的人一樣在一個地

方定居下來，他們自古以來就過着逐水草而居的游牧生活，這就使其有了更多與其它民族接觸的機會。與此同時，也相應地增加了產品交換的可能性。這些就使得商業貿易成爲蒙古族的一種發展傳統。在長期的交換過程中，蒙古民族逐漸形成了與農耕民族「重農抑商」不同的思維和性格——商業精神。忽必烈的重商思想是這種商業精神的繼承和發展。這種重商思想勢必會在其成爲統治民族時影響其政策的制定。蒙古族的商業歷史由來已久，據記載蒙古族的先祖們，早在 11 世紀中葉以前就有關於蒙古人的祖先與契丹進行牛羊駝馬及皮毛的交易的記載。後來成吉思汗時期，就曾派遣使節和商團去花刺子模等地通商。到了忽必烈時期國家更是大力支持商業的發展。可見蒙古民族一直就是一個重商的民族。重視貿易往來，具有商業精神是其優良傳統。忽必烈的重商政策是蒙古族固有的商業精神的具體體現和典型代表。對此，中國經濟思想史專家胡寄窗評價道：「元代統治階級向保存着游牧民族常有的商業精神和發展商業資本的特徵。無怪他對商業較中國以往封建王朝更爲重視。」[1] 364

（二）奢侈品及賦稅收入方面的影響

商業從本質上說是一種物資調配的手段。商業的發展是有利於各地的物品互通有無的，使物資爲更多的人所用。各取所需，各盡所用。發展商業是爲了同其它地方的物產進行物質調劑，換取自己所需的東西，這就叫互通有無。通過商人經商，元朝可以向國外輸出茶葉、瓷器、絲綢等東西，這些東西都是外國所欠缺的，而元朝也可以通過這種途徑獲取本國所欠缺的土豆、香料等等。發展商業可以給統治者帶來大量的奢侈品和財富，滿足了統治階級的需要，並且還可以給國家帶來大量的賦稅收入。所以忽必烈積極推行重商政策。

（三）統治的需要

根據蒙古國的慣例，新的大汗都有義務領導擁立他的宗親貴族們發動對外掠奪戰爭，以滿足他們不斷增大的對於錢財、人口與領地的貪欲。忽必烈也是通過武裝侵略，建立了龐大的元帝國。在對外征服戰爭中，蒙古軍所到之處，燒殺、劫掠，無所不爲，經濟凋蔽，民不聊生。這種窮兵黷武的行爲對於一個龐大帝國的統治無疑是一種威脅。通過吸取歷代封建統治者尤其是成吉思汗等幾代人的經驗教訓，忽必烈意識到，要鞏固這個新建立的政權，

必須改變其統治方法，發展社會經濟。面對着接連不斷的戰爭以及迫切需要恢復的各項事業，龐大的軍費和財政開支只靠農業稅收難於支持，因此發展商業、信用商人成為忽必烈解決財政問題的重要手段。正是在這種情況下，阿合馬、桑哥以及盧世榮，才先後以經商、理財爬上了高位。忽必烈利用這些人理財經商，讓他們發揮自己的專長為元朝積聚財富，支持了征服戰爭，解決了國家的財政困難。可以說，忽必烈發展商業，恢復經濟，是鞏固統治的需要。另外，雖然宗藩關係仍然存在於元朝政府與蒙古各汗國之間，但是因為忽必烈與阿里不哥之間的汗位爭奪戰，元朝政府已經喪失了對各汗國的實際控制，而忽必烈只是蒙古帝國名義上的大汗，各帝國是相對獨立的。怎樣才能通過和平的交往方式進一步擴大自己的影響，加強對四大汗國的控制？忽必烈企圖建立的是一個世界帝國，成為整個天下的主宰，所以他並不採取閉關鎖國的政策，而是通過商業貿易溝通，來拴住這種名義上的宗藩關係。這些無疑會對忽必烈的統治政策產生影響。

二、「重商主義」的相關政策

元朝是中國封建社會第一個由落後的少數民族統治全國的封建王朝。元朝初年，政治、經濟、文化之所以能獲得發展，這和忽必烈推行重商政策是分不開的。

（一）對商業賦稅的優惠政策

輕徭薄賦是歷代明智的統治者為了使社會安定，迅速恢復和發展生產而實行的一項重要政策措施，元世祖忽必烈當然也不例外。忽必烈最初所確立的商稅本來就不重，「至元七年，遂定三十分取一之制」[2] 2397。但為了更好地發展商業，對商人採取輕稅政策，商稅一再減免。至元二十年（1283 年）七月，「始定上都稅課六十分取一」[2] 2397。同年九月，「舊城市肆院務遷入都城者，四十分取一」[2] 2397。至元二十二年（1285 年）五月，又「減上都稅課，於一百兩之中取七錢半」[2] 2398。同年六月，又下詔在全國範圍內減商稅。甚至，為了鼓勵內地商人到少數民族地區做買賣，政府給予商人免稅特權。比如，元政府為了促進上都經濟的繁榮，忽必烈在至元七年（1270 年）五月，對商人實行免徵賦稅政策，「上都地里遙遠，商旅往來不易，特免收稅以優之」[2] 129。至於正額賦稅以外的其它巧立名目的苛捐雜稅，元朝政府在伐宋

戰爭時就正式宣佈：除田租、商稅、茶鹽酒醋、金銀鐵冶、竹貨湖泊稅收從實辦之外，「凡故宋繁冗科差，聖節上供，經總制錢等百有餘件，悉除免之。」[2] 189，商人負擔較前代輕很多。元政府對商業的控制和管理比較寬鬆，例如，實行重利誘商賈政策，降低商業稅，貴族官僚經商，只要納稅，不做任何限制。政府此舉，無疑刺激了商業的發展。結果，正如《延平府志》所言：元時，「國無重費，不多取於民，九十年間，天下獨稱富庶。」[3] 卷5

（二）對商人階層的重視

元世祖忽必烈是一個「重商主義」者。他重視發展和保護商業貿易，是具有商業精神、提倡自由貿易、實行開放型經濟政策的開明君主，這主要表現在他對商人的信任和肯定上。中國古代重農抑商的思想和政策一直占主導地位，而他卻敢於破除傳統，實行農商並重政策。他認為，商人不是世人鄙視的對象，而應該是人們學習的楷模。為了保護和發展商業，尊重商人，忽必烈任命富商大賈擔任行政要職，提高其社會地位。同時還在蒙古帝國上層培育了一批重商、扶商的代言人。在忽必烈時代，不少商人擔任了蒙元王朝的顯官，尤其是回回商人，由於善於經商和理財而得到蒙古統治者的重用，如阿合馬、蒲壽庚、賽典赤，此外還有沙不丁、烏馬兒、哈哈的等亦官亦商的回回商人，在當時都有巨大的影響力，他們得到了統治者的信任，佔據着重要的職位，控制着國家的財政大權，對元代的經濟有著重大的影響力。雖然其中有一些以權謀私、作威作福的官員，但是他們在創建元代國家制度時起到了舉足輕重的作用。如出身海商世家的蒲壽庚，歸降元朝後，憑藉近 30 年的管理市舶事務的經驗，對元代的海外貿易貢獻頗大，泉州港之所以能夠成為當時世界上數一數二的貿易港口與蒲壽庚的經營不無關係；阿合馬雖然是一位斂財之臣，結黨營私，橫行霸道，但是他所實行的財政措施有很多也是可圈可點的，一直影響着元代的財政政策。當然，忽必烈時期比較有名還有畏吾兒商人桑哥及漢人盧世榮，他們先後以經商、理財爬上了高位。元朝大臣當中不僅有回、鶻、漢等民族大商巨賈，而且也任用西方高僧大賈，其中最著名的是出生於威尼斯商人家庭的意大利旅行家馬可波羅。從 1275～1292 年，他在元朝政府供職 17 年，除了在京城大都視事之外，還經常奉大汗之命巡視雲南、占城等各省或出使印度諸國，先後擔任總管、總督、巡視、出外使節等要職，深受忽必烈的信任和百姓的愛戴。馬可波羅關於中國的記

述，可能有一些誇張或失實的地方，但基本上是準確可信的，在一定程度上反映了蒙古統治者對西域商人的倚重態度。在劉貫道奉忽必烈之命所繪的《元世祖出獵圖》中，我們在娛樂中的皇帝身邊可以看到不少色目人的形象，這也證明了色目商人在元朝擁有比較高的社會地位。元代的民族等級制度中，蒙古人與色目人同屬特權階級。色目人為蒙古人所信任，並有很多人身居高位，比如色目商人可以擔任掌握實際權力的地方政府機構達魯花赤。這是因為色目人在蒙古人征服的過程中較早歸順，並成為蒙古人的重要助手，所以蒙古人在元朝建立後給予了色目人較高的政治待遇。元代的「色目人」一詞泛指，除了蒙古人以外，所有西北諸族，其中包括中亞、西亞乃至歐洲各色名目之人。在元代，色目商人任官職的數量龐大，他們不僅就職於中央，還就職於地方。他們來到中國的目的大多是為經商，可以說是一些從事國際貿易的商人。這些商人在入主朝堂後，受到統治者的信任和重用，他們可以給統治階級提出有關國家政策的策略。憑藉在政治和經濟上的優越地位，他們為了實現發財致富的目的，會建議君主實行有利於他們的商業政策。

（三）制定嚴厲的法規，保護商人利益

忽必烈時期，元朝政府積極推行重商政策，出臺了大量保護商人的措施。在律令上特設保護商業的條款，給予商人各種優待和特權，主要有：

1、鼓勵通商

忽必烈特別重視發展商業。他認為商業是增加社會福利，增進人類和平的正當行業。還在與南宋對峙時，忽必烈為了發展商業，互通有無，就規定：在經雙方認可的榷場潁州、漣水、光化軍三地，允許南北商人互市。甚至，對於那些違反規定，越境前來貿易的南宋私商，元世祖忽必烈也多次加以赦免。如中統二年八月，「宋私商七十五人入宿州，議置於法，詔宥之，還其貨，聽榷場貿易」[2] 74；至元元年五月，「釋宋私商五十七人，給糧遣歸其國」[2] 97；至元六年七月，「遣宋私商四十五人還其國」[2] 122。元實現「大一統」後，於至元十三年（1276年），忽必烈解除了長期以來南北間商業貿易的禁令，對南北商業交換的發展起了有力的促進作用。另外，對於海外貿易，忽必烈的基本態度是積極的。至元十五年（1278年）八月，忽必烈曾向海外宣佈：「誠能來朝，朕將寵禮之。其往來互市，各從所欲。」[2] 204 為了鼓勵海外貿易，政府還在沿海地區設立泉州、上海、澉浦（今浙江海鹽縣）溫州、

廣州、杭州、慶元等地（今寧波）等七個管理海外貿易的機構——市舶司，「每歲招集舶商，於蕃邦博易珠翠香貨等物」[2] 2401，還從泉州到杭州設立「海站十五，站置船五艘，水軍二百，專運番夷貢物及商販奇貨，且防禦海道」[2] 320。對從事海外貿易的「舶商」及其家小，甚至給予「除免雜役」的優待[4]。由於政府的積極提倡，國內外貿易在改朝換代之際，不但沒有受到影響，而且有所發展，蒙古貴族、大小官員、色目人、寺院僧侶、普通百姓等都熱衷於經商賺錢。

2、保護商賈人身安全和財物安全

元初，政府對商人多有搜刮和拘索，再加上戰亂頻繁，各地盜賊猖狂，商人的貨物常常被搶奪，人身安全也受到了威脅。為此，中央政府督促地方各級政府為商旅提供方便，商旅所至之處，官府提供飲食；注意保護商人的安全，遣兵防衛，讓他們平安交易；對商賈資財明令保護，嚴禁各地拘雇商船商車等，違者給予嚴厲處罰。保護商賈人身及資財安全，成為各級官吏的要務。另外還給商賈以持璽書，佩虎符，乘驛站鋪馬等權力。正因為採取了這樣的政策，地方殘暴行為才逐漸減少，為商人營造了安生、無阻往來的好環境。

3、救濟商賈困難

忽必烈還注意保護商人的利益，不讓商人受經濟損失的傷害。一方面，商人在商業貿易過程中虧本、遭遇重大損失時，由附近的居民代賠。在《黑韃事略》中記載：「國初盜賊充斥賈不能行。凡失盜去處周歲不獲正賊令本路戶代償其物。」「回回或自轉貸與人或多方賈販或詐稱被劫而責償州民戶。」[5] 138 由以上記錄可以看出：商戶處於特殊的地位，利益受統治階級保護。另一方面，對於斡脫錢，一種掠奪性的高利貸，盛行於元代，由於利息太高，許多老百姓償還不起，為了不損害商人的利益，忽必烈曾讓官府代替民眾償還債務。

（四）建立四通八達的水陸交通網

元政府通過設立驛站，修築南北大運河與開闢海運等途徑，吸引更多的商人來往貿易，大大促進了元代的商業的發展。因此，建立四通八達的水陸交通網，也體現出元朝政府鼓勵商業貿易的指導思想。

忽必烈時期，在陸路上修築了以大都爲中心的四通八達的驛道。元代的驛站，既是通訊傳遞公文的據點，又是爲來往行人提供食宿和安全保障的重要處所。驛站的廣泛建立，增進了各地水陸交通。自從設置了驛站，「四方往來之使，止則有館舍，頓則有供帳，饑渴則有飲食，而梯航畢達，海宇會同」[2] 2583。橫跨歐亞的絲綢之路，在經過蒙古西征與諸汗國的建立之後，得以重新恢復，並且開闢了一些新商路，如有漠北經阿爾泰山西行以及由南西伯利亞西行的道路等。忽必烈在這些道路上建立完善的驛站系統，有利於掃除東西交通的疆界，削平阻礙經濟文化交流的障礙。正如元人王禮所說：「泊於世祖皇帝，四海爲家，聲教漸被，無此疆彼界，朔南名利之相往來，適千里者如在戶庭，之萬里者如出鄰家。……嗚呼！一視同仁，未有盛於今日也。」[6] 卷6 東西方交往開始頻繁，距離縮短，中國瓷器、絲綢以及手工藝產品等輸出到西方，西方香料、珠寶、藥物等也輸入中國。當然，元朝的對外貿易，主要是海路貿易。

在內河航運方面，元朝在繼承前朝的基礎上又有所發展，重新疏濬了在宋金對峙時期已多處堵塞的京杭大運河。元建都大都後，爲方便轉輸南方物資，在任城（濟州）開鑿濟州河。該工程引泗水北流，並彙洸水、汶水作爲水源，利用閘堰調節水勢，連接大清河，爲貫通大運河工程的關鍵步驟。濟州河開通，推動了會通河的興建。至元二十六年（1289 年），在丞相桑哥的主持下，於山東開鑿會通河，該水利工程起於須城（今山東東平）西南之安山，向西北達於臨清，全長 250 餘里，建閘 31 座。至元二十八年（1291 年），又採納著名科學家郭守敬的建議，在京郊開鑿通惠河，引大都西北諸泉水東至通州（今北京通縣），全長 164 里。元代先後開通的濟州河、會通河、通惠河，使南北大運河貫通，從江南直通大都（今北京），基本改變了過去迂迴曲折的航線，河道大多取直，航程大爲縮短，還實現了河、海聯運。運河的鑿通加強了南北之間的經濟聯繫和交往，方便了商業的發展，這條河流在明清兩代一直發揮著重要作用。

在海運方面，忽必烈更是在繼承前代的基礎上有了很大的創新，開闢了海運航線，形成以海運爲主，河運爲輔的運輸格局。海上航路經過多年探索改進（航道改過三次），逐漸形成成熟的航道，從劉家港起航，「當舟行風信有時，自浙西至京師，不過旬日而已」[1] 2366。據估計，在當時的南北交通運輸線中，河漕比陸運的費用節省十之三四，海運則比陸運費用節省十之七八，

也就是說海運比陸運和內河航運都省錢。海道航運的開闢和大規模採用，加快了物資的供給，而它廉價的運輸費用同樣刺激了商業的發展。

（五）統一度量衡，統一貨幣

1、紙幣在全國推廣

北宋時期已經出現了紙幣，主要有交子、會子等，但是在全國並沒有出現統一的紙幣，既有地方性的也有全國性的，比較混亂。這些紙幣除了有地域限制外，在使用過程中還有一定的年限限制，這樣不利於地區之間的商業交往。為此，忽必烈即位後，於當年（1260 年）七月，下詔發行以絲為本的紙幣，定名為中統交鈔。同年十月，在王文統和揚湜的規劃下，忽必烈在推行中統交鈔的同時，又發行了以銀為本的中統元寶交鈔，簡稱「中統寶鈔」或「中統鈔」。這種紙幣不限年月，不限地域，在元朝統治的全境內無限制地使用。政府推廣使用了全國性的紙幣後，為了進一步統一貨幣，於至元十四年（1277 年）四月，禁止江南地區使用銅錢，用交鈔替換南宋原來流通使用的交子、會子。又在至元十七年（1280 年）六月，把尚在江淮地區流行的銅錢也一概禁用了。至此，除了吐蕃和雲南少數民族地區外，忽必烈發行的中統寶鈔成為通行全國各地的主要貨幣，包括漠北、畏兀兒和西藏地區，也曾流通於高麗和東南亞的一些國家。當時，中統寶鈔的信譽很高，市場流通順暢，深受百姓的歡迎，甚至民間出現了把鈔看得比金銀還重的現象。

2、統一度量衡

至元十三年（1276 年）五月，政府頒佈實行度量衡制度，以統一江南斗斛。規定元制的七斗等同於南宋的一石，禁止使用私製的度量衡器具，違者重罰。度量衡制度與貨幣的統一無疑都大大有利於商業的發展。

（六）中央集權，統一管理

中央集權管理商業是忽必烈發展商業採取的重要策略。從世界經濟發展的歷史過程來看，商業的發展很大程度上受到政府左右，尤其是在它發展的薄弱時期，更迫切的需要依靠政權的庇護。在當時，蒙古帝國的商業貿易的實權掌握在蒙古帝王、貴族的手中，這是他們充實自己財產的重要途徑，可是作為普通的牧民卻沒有能力去積聚大量的錢財。忽必烈建立元朝是蒙古帝國接受漢族封建化統治方式，變成全國性政權的標識。在元代的中央集權的

封建制度之下實行漢制，設立專門管理商業活動的部門，統一管理全國性的商業事務。忽必烈即位後，於至元四年（1267 年）設諸位斡脫總管府，至元九年（1272 年）設斡脫所，至元二十年（1283 年）設斡脫總管府，掌管斡脫事物，斡脫成了官商。忽必烈重視發展斡脫商，建立起了由國家集中管理，上層壟斷經營的商貿體制。這種商貿體制使政策效果更加明顯，商業集中度增高，並隨着生產力水平的提升，商業的規模和範圍也更加深入。

三、當時社會商業經濟的繁榮狀況

　　元王朝是歷史上第一個由少數民族建立的「大一統」中央封建王朝，雖然在建立之初有大量的奴隸制殘留，在中國古代政治和文化方面可謂是一個倒退期，這些在很大程度上阻礙了元朝的興盛，但是，元代的經濟尤其是商業方面卻貢獻頗大，在中國古代商業史上佔據着非常重要的地位。元代的商業呈現出一派繁榮的景象。元代統一以後，經商的風潮席捲全國，上到達官貴人下至平民百姓都熱衷於經商賺錢，甚至皇室貴族也將錢物交由斡脫商人代理經營。一時間，在社會上出現了重商主義的思潮，商人獲得了較高的地位，連那些曾經最鄙視商人的封建士大夫們也都對商人另眼相看，甚至謳歌稱讚，士與商出現了相互融合的現象。這種重商的風氣使得元代無論是國內貿易還是對外貿易都非常繁榮和發達。在國內貿易方面，雖然元政府也對一些重要商品，如鹽、鐵等實行專賣，但是很多重要的商品和物資的交流仍然要依賴民間商人來解決。當時元朝政府禁止北方人民遷居南方，卻允許商人南下貿易，而南方人也可以到京師貿易。商人的足跡遍佈全國各個地區，他們將南方的糧食運往北方；把茶葉、瓷器、布匹等重要物資調往全國各地；從異域調來稀有物品滿足皇室和富商大賈的奢侈生活。而在對外貿易方面，元朝利用和四大汗國的宗藩關係積極地加強和中亞、西亞和歐洲的聯繫，大批的西域商人東來進行貿易；利用便利的海洋條件，元朝正式開通了聯結中西方的海上絲綢之路，和東亞的高麗、日本，東南亞、南亞，甚至是遙遠的非洲都保持著非常密切的經濟往來，海外貿易達到了前所未有的高度。進口品主為原料，出口品主是手工業製品，反映了當時中國在世界經濟文化中的先進地位。複雜的商路、頻繁的商旅往來，使得元朝國內外貿易非常發達，商業達到了空前的繁榮。商業發展使商稅逐年大幅增長。從資料《元史·食貨志二·商稅》卷 94 瞭解到，從 1270～1288 年不到 20 年，國內商稅增長了

10 倍[2] 2397~2401。從商業中所得的稅收已在政府財政收入中佔據着重要的地位。經濟的活躍也促進了城市的發展。元代的城市經濟格外繁榮，形成了很多商業中心。北方重要城市，集中着大批漢人和西域商人，最具代表性的城市是元大都（北京）。大都是當時政治、經濟和文化的中心，商業貿易最爲發達，成爲了北方最大的經濟中心和商品集散地，全國、乃至外國的商品彙聚在此交換流通，大都市場上的商品豐富多彩，琳琅滿目。黃仲文在他的《大都賦》中，描述元大都「華區錦市，聚萬國之珍異」。意大利旅行家馬可波羅在他的口述回憶錄裏記載：「外國巨價異物及百物之輸入此城者，世界諸城無能與比。」「郭中所居者，有各地來往之外國人，或來入貢方物，或來售貨宮中，所以城內皆有華屋巨室，而數眾之顯貴邸舍，尚未計焉。」「百物輸入之眾，有如川流之不息」[7] 379~380。它的繁華程度，甚至讓後來的西方旅行家鄂多立克、阿拉伯旅行家伊本拔都他等也都驚歎不已，由此可見大都的富庶繁華。此外，南宋的故都杭州商業也格外繁榮。許多歷史悠久的城市，如太原、平陽、濟南、揚州、平江等，入元以後繼續呈現出繁榮景象。而隨著運河的恢復和海運的開通，在其沿線又出現了一批新興的工商業城市、城鎮，其中主要有淮安、臨清、濟寧、松江、太倉、直沽等。泉州在忽必烈時期發展爲最大的海外貿易中心，居留在此的外國商人特別多。在蒙古草原上也出現了規模甚大的城市，如上都、和林、德寧等。這些城市本身是由政治和軍事的要求建立起來的，但隨着商業活動的開展也發展起來，這樣就將少數民族的經濟生活也納入了全國商業網。此外，大理、眞定、開封、昆明、太原等城市的商業，在當時也有不同程度的發展。同時，各地方的集市貿易也相當繁盛，與各大城市的商業貿易互爲補充，形成了全國各地的商業貿易網。在這一時期，各行各業的商品生產和交換都達到了十分繁榮興盛的局面。當時，全國的大小城鎮，車水馬龍，國內外貿易都非常活躍，商業的繁榮程度居世界領先地位。

四、「重商主義」政策的影響

忽必烈的重商思想和行動，體現出他政治經濟和文化思想的雛型，有其不系統、不完善的地方，產生了一定程度上的消極影響，但其積極影響是主要的，具體來說：

（一）積極影響

第一，社會穩定、經濟繁榮、人民生活水平普遍提高。在成吉思汗等幾代人的征服戰爭中，蒙古軍所到之處，燒殺、搶劫無所不爲。在人民遭屠戮，工匠被驅役，財物被掠奪的同時，商業發展也遭到嚴重的破壞，殊別是兩河、山東數千里間，城無居民，野皆傛莽。殘暴的對外擴張，民不聊生，生靈塗炭，經濟凋蔽，商品交換遭摧殘，人民甚至都無法正常生活。一個民族想要長期、穩定的安定，就要發展自己的經濟。忽必烈建立元代以後，吸取歷代封建統治者尤其是成吉思汗等幾代人的經驗教訓，摒棄了蒙古貴族以往征服各國的近似瘋狂的搶劫社會財富、獲得奴隸、屠殺反抗力量的政策，採取了一系列的重商政策和措施，使商業迅速得到了恢復，並有了新的發展。通過發展商業，經濟逐漸得到恢復，社會穩定、經濟繁榮、人民生活水平普遍提高，政權基礎得到穩固。

第二，城市蓬勃發展，社會有了較細的分工。忽必烈的重商主義思想及其政策，促進商業迅速發展，商業的快速發展不僅推動了舊的城市有新發展，而且還興起了一批新的商業城市。大都、杭州、揚州、泉州、廣州等地，都以繁榮的景象令來自萬里之外異國他鄉的旅客讚歎不已。就拿元朝的首都大都來說，也是在忽必烈的「重商主義」推動下迅猛發展的城市。該城不同地方分別分佈著米市、麵市、羊市、馬市、牛市、駱駝市、驢騾市、段子市、皮帽市、鵝鴨市、珠子市、鐵器市、柴炭市等，又有所謂的「窮漢市」。可見當時蒙古地區社會分工、商品貿易及專賣市場已具雛形。隨著城市的發展，農產品的商品化及農業與手工業的分離都有所發展。譬如，糧食商品化程度有了增高；蠶絲業與絲織業的完全分離；棉花的種植與棉紡織業的發展等等。社會有了較細的分工。

第三，加速了北方與中原文化的融合。忽必烈的「重商主義」政策鼓勵了商業的發展，而商品交換的頻繁有利於滿足各族人民生產和生活的需要，增進了各族人民的友誼，加強了北方同中原地區的經濟文化交流，促進了邊疆地區的開發，出現了民族大融合的現象，並出現了漢族外遷、形成新民族等新特點。

第四，促進了東西方物資文化交流。忽必烈的大一統擴大了中國對世界的影響，增進了世界對中國的瞭解和認識。在元代，國際交流的範圍和深度進一步加強，包括陸路與海路運輸的發展，東西方物資文化的互通，不僅增

加了各地商品的種類，也豐富了各地人民的物質文化生活，與世界多國進行商貿往來。中外經濟文化交流遠遠比過去發達，爲中國歷史上對外關係發展的極盛時代。這一局面的出現，忽必烈推行重商政策是其重要原因之一。

第五，推動了商業資本的發展，給中國社會的超常發展提供了契機。馬克思談到商業資本的歷史作用時，認爲商業資本本身產生不了新的生產方式，但對新的生產方式的確立和發展具有 「壓倒一切的影響」。在蒙元政府重商政策的指導下，元代的商貿到達了盛況空前的景象。它直接促進了與商業有密切關係的生產部門，產生了一種新的生產方式……雇傭關係，從而刺激了商品經濟的發展，最終爲明清資本主義萌芽的出現奠定了基礎，對我們今天的現代化建設也有積極意義。我們可以從 《風暴帝國》作者的分析中得到更多的啓發。他們認爲，蒙古人衰敗，從中原退出，撤回草原後，中原文明也失去了新鮮血液，中國歷史上喪失了一次轉型的機會。

第六，打破歷史禁錮，解放思想。翻開中國經濟思想史，便可以發現，西周以前中國思想史上重商思想很流行，但從西周開始逐漸被重農主義所取代，最終形成了「農爲本、商爲末」的經濟倫理觀。忽必烈能以巨大的膽略和勇氣，衝破歷史禁錮，實行農商並重政策，是符合歷史發展潮流的。重商主義衝擊了傳統的社會風氣……重農抑商，社會風氣由原來的重視男耕女織和讀書做官轉變爲重視賈利。重商思想爲古代中國商業的發展提供了良好的社會氛圍。

（二）消極影響

首先，元代商業和城市的繁榮只是一定程度上的，繁榮並非商品生產發達所致，而是官商的盛行使得商業形成一種畸形的繁榮。元代的富商大賈多與官僚緊密勾結，利用官府特權來經商，有的甚至與蒙古貴族相結合，從事斡脫商業，壟斷市場。「數年以來，所在商買，多爲有勢之家佔據行市，豪奪民利，以致商賈不敢往來，物價因而湧貴。」[8] 這種官商所致的畸形繁榮實際上對正常的商業活動是一種打擊。其次，流通商品較多的是奢侈品，商品流通也常帶物物交換性。雖然有海外貿易，但以販運奢侈品爲主，且大多爲官府所控制，對外貿易難發展，社會意義有限。發展商業主要是爲統治者奢侈生活需要服務。另外，隨着元王朝中後期的政治腐敗，原來行之有效的鈔法和政策、措施也相繼衰微廢弛，紙幣的濫發違背了客觀經濟規律，造成嚴

重的通貨膨脹，使幣值猛跌，物價飛漲，財政敗壞，民不聊生，從而導致社會矛盾的激化。最後，官府和貴族直接參預經營高利貸，並受到公開的保障與支持。他們採用高利貸的方式盤剝人民的血汗錢，使大量的農民、手工業者、中小商人破產，爲社會帶來了極不穩定的因素。這些都成爲了元朝迅速滅亡的重要原因。

　　忽必烈時期的「重商主義」，其成因是複雜的，措施是縝密的，影響是深遠的。就當時而言，它收到「民富國強」的良好效果，使中國一躍成爲世界頭號強國；就日後而言，它是符合歷史發展潮流的，對明清資本主義萌芽起到了誘發作用，對我們今天的現代化建設也有啓迪意義。因而，在 21 世紀的今天，我們對忽必烈時期的「重商主義」問題進行認眞研究，對於穩定國內經濟增長，改善我國國際貿易環境，適應經濟全球化的發展趨勢，有着重要的歷史和現實意義。

參考文獻

〔1〕胡寄窗，中國經濟思想史簡編〔M〕，北京：中國社會科學出版社，1981。

〔2〕（明）宋濂，元史〔M〕，北京：中華書局，1976。

〔3〕（明）陳能修 鄭慶雲 辛紹佐，天一閣藏明代地方志選刊〔M〕，上海：上海古籍書店，1982。

〔4〕沈刻，元典章，卷二二《戶部》八〔M〕，北京：北京市上海書店，1992。

〔5〕彭大雅，黑韃事略〔M〕，通州：翰墨林編譯印書局，1903。

〔6〕麟原文前集，四庫全書珍本初集〔M〕，瀋陽：瀋陽出版社出版，1998。

〔7〕馮承鈞譯，馬可波羅行紀〔M〕，上海：上海書店出版社，1999。

〔8〕方齡貴，通制條格，卷一八 「關市·牙保欺蔽」〔M〕，北京：中華書局，2001，。

〔9〕史衛民，元代社會生活史〔M〕，北京：中國社會科學出版社，1996，50。

〔10〕顧菊英，周良霄，元史〔M〕，上海：上海人民出版社，2003，557。

〔11〕若木，回味元朝〔M〕，北京：中國三峽出版社，2007，195。

〔12〕白玉林，元朝解讀〔M〕，北京：華齡出版社，2006，228。

〔13〕姚大力，千秋興亡天馬南牧〔M〕，長春出版社，2005，68。

〔14〕陳開俊，戴樹英譯，馬可波羅遊記〔M〕，福建：福建科學技術出版社，1981：110～111，。

〔15〕陳高華，吳泰，宋元時期的海外貿易〔M〕，天津：天津人民出版社，
　　　1981：187。

〔16〕楊永民，元代商業發展與回回人〔J〕，雲南師範大學學報，2003：35。

〔17〕蘇天爵，元朝名臣事略〔M〕，北京：中華書局，1996。

第四章　忽必烈喜用斂財之臣研究

忽必烈在位期間，相繼重用以「理財」見稱的阿合馬、盧世榮、桑哥爲其「理財」，「專以財賦之任委之」，並且「授予政柄，言無不從」[1] 4559。他們相繼在忽必烈身邊理財前後長達二十一年（1266～1282，1284～1285，1287～1291），占忽必烈統治年月的五分之三，對元初政治、經濟各方面產生了巨大影響。然而，這三位所謂的「理財專家」卻以貪財聚斂、網羅私黨、禍亂朝綱等罪行被《元史》列入「姦臣」之列，並且最後都得不到「善終」。目前學術界對於這些斂財大臣的研究還很有限，本文將就「忽必烈喜用斂財之臣的原因、斂財之臣對元初經濟的貢獻以及對元初社會的影響」等方面來加以進行分析。

一、忽必烈喜用斂財之臣的歷史背景分析

十三世紀初，蒙古族崛興於漠北，建立了蒙古帝國。公元 1260 年，忽必烈取得「大汗」的稱號，建立了元朝，中國歷史進入了一個新的發展時期，忽必烈是個漢化程度很高的蒙古貴族，他明白「馬上得天下，而不能馬上治天下」的道理，開始擯棄了蒙古貴族以往瘋狂搶劫社會財富、獲得奴隸、屠殺反抗力量的野蠻政策，重用了一大批漢族儒士，如楊惟中、姚樞、許衡、張文謙、劉秉忠等，大行「漢法」於天下，迅速穩固了新興的元朝政權。

然而，元朝自建國以後，由於體制不健全，沒有穩定的稅收機制，朝廷沒有穩定的收入來源，每年收支虧短甚巨，主要支出的項目有戰爭、賞賜、作佛事、龐大官僚開銷和皇室貴族間的淫樂生活等，其中戰爭、賞賜和作佛事的支出佔了很大的比例。

（一）戰爭

忽必烈即位後，先是與其弟阿里不哥進行了長達四年的爭位之戰，後又先後數次出兵對付西北藩王的叛亂，如海都、乃顏叛亂等，同時又進行了一系列的對外戰爭，如至元十一年（1274）十八年（1281）兩次出征日本均以失敗而告終，隨之又出兵占城、緬甸、安南、爪哇，至元十二年又拉開了滅南宋戰爭的序幕。據統計，中統至元三十餘年，每年都用兵，軍需浩繁，戰爭使國家對財政的需求大大增加。

（二）賞賜

按照蒙古慣例，每年需對諸王勳戚進行厚賜，如歲賜、特賜、朝會賞賜、忽里勒臺大會（宗親大會）賞賜等。除每年定額例賜外，諸王親貴又額外向中央需索，如諸王拔都曾遣使向朝廷「乞買珠銀萬錠」。由於忽必烈繼位的不合法性，使得他對歲賜例賞更加殷勤，並形成一種制度。朝廷每年都要拿出無數的金銀、絲帛及鈔幣賜諸王貴戚，以換取他們的認可和追隨。[4] 48 國家府庫，變成了諸王勳戚的私產。

（三）作佛事

元朝皇帝尊崇喇嘛教，窮極供奉。忽必烈繕寫佛經一藏，用去赤金三千二百餘兩，佛像窗壁皆用金為飾。內廷作佛事，每年所供，不可計算。各寺作佛事，有的一天用羊一萬頭。寺院的土木建築，力求壯麗奢侈。對西僧的私人饋贈，更是價值連城。當時名臣鄭介夫感慨：「國家財富，半入西番」。《歸田類稿·時政書》指出：「國家經費，三分為率，僧居二焉」。元朝政府用在祭祀、佛事方面的經費占很大比重。

此外，皇室貴族中的淫樂生活、揮霍無度。以及龐大的官僚機構和連綿不絕的天災人禍造成的災民也需要救濟。凡此種種，造成財政開支驟增，忽必烈急於斂財以增加國庫收入。在這樣的背景下，阿合馬、盧世榮、桑哥這些「理財能手」，開始受到忽必烈的青睞而登上元初歷史舞臺，且備受忽必烈寵信，「授以政柄，言無不從。」除了他們能滿足元世祖「急於富國」的財政需求外，還有以下兩個原因：

1、蒙古民族「重商、重利」的傳統

蒙古族是北方游牧民族，「從成吉思汗時代起，蒙古就特別重視發展商

業，認爲商業是增加社會福利，增進人類和平的正當行業，商人不是世人鄙視的對象，而是人們學習的楷模」。[5] 111 成吉思汗時，就有大批商人擔任重用官職，第一次西征的直接原因，就是爲了懲罰劫其商隊的花刺子模。所以，阿合馬、盧世榮、桑哥得以由一個普通商人升爲元朝的宰相與蒙古「重商」的傳統有關。

2、蒙古貴族不善於經商和理財，「只是撒花，無一人理會得買販」

因此，那些「能知城子的體例，道理之故」的商人很適合蒙古人的需要，其中以「色目人」爲主。史稱「色目人」長於運輸、儲藏、善於理財、搜刮，他們便充當蒙古貴族搜刮財富的幫手，在蒙元時代的經濟事務中擔任了重要角色，阿合馬、桑哥就是色目人。中統三年（1263），李璮之叛後，元世祖對漢人勢力開始猜忌防範，並限制漢人勢力的發展，色目人的地位和勢力得到發展。善於理財的色目人阿合馬等人便成爲忽必烈的最佳選擇。

二、阿合馬、盧世榮、桑哥對元初經濟的貢獻

在正統史家筆下，阿合馬、盧世榮、桑哥歷來被描繪爲貪財嗜利、網羅私黨、禍亂朝綱、禍國殃民的「姦臣」，他們雖位列姦臣，但對元初經濟政策、財政制度、內外貿易等的貢獻還是不可抹滅的。

阿合馬理財，以整頓稅收，擴大稅源，推行專賣制度，統一貨幣，發行交鈔等方式，使元初各項經濟政策趨於完善，更主要的是財政收入大爲增加，滿足了忽必烈「急於富國」，連年征戰，穩定統治，發展經濟的財政需求，使忽必烈的雄才大略得以施展而無後顧之憂，這也是阿合馬被「委以政柄，言無不從」達二十年的主要原因。不過阿合馬也「以功利成效自負，眾咸稱其能」，靠的是眞本事，元世祖對其評價很高「夫宰相者，明天道，察地理，盡人事，兼此三者乃爲稱職，回回人中，阿合馬才任宰相」。對阿合馬的器重，溢於言表，阿合馬的貢獻之大，元初的「中統之治、至元之隆」應有他一份功勞。

盧世榮是元初一位極富才華的理財家，雖然他的命運是不幸的，秉政僅一百餘日，並被打入「姦臣」行列，但他許多思想與政策對元初經濟有很大的貢獻。由於執政時間過短，他所提出的很大一部分措施還沒來得及實行，但其中不少思想還是可取的，如實行「官本船貿易」政策，首次提出壟斷海外貿易，這種頗具開放的貿易政策，利於中國走向世界，「而正是元代，中國

才真正打破了閉關鎖國的局面，進入了世界歷史的舞臺」[7] 76 另外，盧世榮針對當時物價暴漲、紙幣惡性膨脹和財政赤字的惡劣經濟形勢，「提出了金融政策、財政政策和物價政策三管齊下的一攬子政策措施，進行綜合治理」[8] 63 治理通貨膨脹，必須採取綜合治理的措施，特別是必須消除財政赤字，從而保持財政收支平衡，同時要穩定物價，抑制貨幣發行過量，才能達到治理的目的，這種思想即使在今天，也是具有現實意義的。從盧世榮理財措施中可以看出，雖說旨在穩定社會秩序，增加財政收入，但客觀上，很多是符合當時生產力發展需要的。正如盧世榮所稱「我立法治財，視常歲當倍培，而民不擾」、「上可以裕國，下不損民」實屬難能可貴。總之，盧世榮能在短短數月時間裏提出一套整頓經濟的理財措施，不愧爲中國歷史上較有見地的理財家，改革家，但他在元代是不幸的，他的悲劇在於沒有足夠的時間來證實他的財政經濟預期效果，實在令人惋惜。

桑哥面對國家各項經費開支浩大，經濟混亂，通貨膨脹，財政困難，入不敷出的局面而出任理財重任，實屬不易。桑哥執政理財時間有四年多，其理財措施雖然與阿合馬、盧世榮等有不少大同小異之處，但還是有其可圈可點之處。如其鈔法，「中統鈔」與「至元鈔」並行流通，一定程度上扭轉紙鈔「日虛日輕」趨勢，對緩解通貨膨脹、物價上漲有其作用。另外，其「鈎考」「理算」天下財務，在爲國家追回一大批偷稅漏稅，充實國庫外，還整治了一大批貪官，整飭了吏治。桑哥理財是有成效的，開源節流使收支平衡，國庫充盈，甚至出現「幣朽於庫」的局面，而且可以做到「以所徵補之，未嘗斂及百姓」實屬難得。此外，會通河的開鑿，對元代經濟及後代發展，實在是功在當代，惠及後世，桑哥可謂功不可沒。

三、斂財之臣給元初社會的影響

阿合馬、盧世榮、桑哥三人都被《元史》收錄於「姦臣」傳裏，爲後代正統史家所不齒。他們到底給元初社會帶來了哪些不利影響呢？

（一）經濟方面：措施失當，斂財無度

1、鈔法混亂

在理財措施中，整頓鈔法都是其中重要的一項。元初發行的「中統鈔」，由於發行額固定，幣值穩定，流通狀況良好。至元十一年攻打南宋的戰爭開

始，隨著各項費用開支浩大，國家財政困難，只能靠增加交鈔發行量來滿足各項經費開支。在阿合馬當政期間，交鈔發行量由至元十一年（1274）247440錠猛增至至元十八年的 1094800 錠，八年累計發行八百零九萬餘錠，接近前十四年的八倍。[10] 300 除了小部分是推行到江南後所必需的增額外，大部分則純屬濫發，以應付連年征伐的軍費和對宗親貴賜之需。其結果導致中統鈔日益貶值，物價飛漲，通貨膨脹日益嚴重。盧世榮雖然出臺了一些反通貨膨脹的措施，恢復金銀自由買賣，錢鈔並行，結果「鈔弊日甚，百物愈貴」。[1] 4569 桑哥面對中統鈔泛濫，物重鈔輕的局面，無奈之下，採取發行新鈔—「至元鈔」來整頓鈔法，「至元鈔」與「中統鈔」並行流通，造成的惡果是鈔額激增，貨幣混亂，幣值猛跌，通貨膨脹更加嚴重。終元一代，都未能解決「鈔法」問題，元朝最後滅亡原因之一，就是因為「鈔法」處理不當，任意變更「鈔法」引發經濟混亂，民不聊生，自取滅亡。

2、屢興理算

阿合馬等人理財期間，都有涉及理算財務，只是輕重程度不同而已。「理算」（又稱「打勘」、「拘刷」）以檢查清理政府收入為名實現斂財目的。理算往往大規模進行，至元二十二年十月，郭祐上言：「自平江南十年之間，凡錢糧事八經理算」。[10] 300 理算實際上還是把負擔轉嫁給基層官員和平民百姓。桑哥「鉤考理算」更是有過之而無不及，鉤考中書省財務和理算全國各地錢穀，造成大小官員人人自危。「理算天下錢糧，已徵數百萬，來征猶數千萬，名曰『理算』其實暴斂無藝。州縣置獄誅逮，故家破產，十、九逃亡入山。吏發兵蒐捕，因相梃拒命，兩河澗盜有眾數萬」。[1] 4573 「鉤考理算」導致天下騷動，江南「盜賊」蜂起達數百處。理算搜刮錢財，雖能短時間內增加財政收入，但從長遠來看，引起天下混亂，人人自危，於國於民不利。

3、壟斷專賣

為增加財政收入，都致力於官營牟利，專賣鹽、鐵、礦、茶、酒等，設立和買、平準、常平等機構，由於任用非人，經營結果「不是官吏侵蝕貪污，飽己私囊，就是巧取豪奪，遺害百姓」。[11] 64 另外，增加稅收是他們理財重要措施，多次增加鹽、茶、酒、醋等稅。如鹽作為日常生活必需品，價格猛漲，據《元史·食貨志·商稅》記載，鹽引由至元十三年每引 0.43 貫增至至元二十六年每引 10 貫。另外，大增商稅，「從丞相桑哥之請，遂大增天下商稅，

腹裏爲二十萬錠，江南爲二十五萬錠」。各種各樣的稅目，再加上官吏多存在暴斂苛徵，沉重的負擔還是落在廣大普通民眾身上，無疑會加劇百姓同統治階級之間的矛盾。正如《元史》所說「斂財之臣」「夾宰相權，爲商賈，以網羅天下大利，厚毒黎民」。

（二）政治方面：恃寵而驕，攬權擅政

阿合馬、盧世榮、桑哥執政期間，爲了增加財政收入，爲了滿足了忽必烈「富國裕民」的財政需求，各盡所能，深得忽必烈的歡心。取得忽必烈寵信之後，他們卻迷失了本性，個人權力欲大增，恃寵而驕，攬權擅政，位極人臣，權傾朝野，甚至左右朝政。阿合馬一門子侄，「或爲行省參政，或爲禮部尚書，將作院達魯花術、鄰會同館，一門悉處要津」。[1] 4561 許衡「多非其人」[1] 4559，他們往往「擢用私人，不由不擬，不咨中書。」[1] 4559「恃委任之專，肆無忌憚，視丞相猶虛位也」。[1] 4569 加上，他們爲增加財賦，不擇手段，甚至「抑權勢之所侵」觸犯了一大批豪強貴族的利益，因而，引起朝野臣民的嫉視、不滿與怨憤。忽必烈爲了維護其統治，只能犧牲這些「斂財之臣」來安撫他的支持者。

（三）名列「姦臣」，身敗名裂

阿合馬、盧世榮、桑哥被《元史》收錄於「姦臣」行列，且名列前三，「夾其才術，以取富貴，始則毒民誤國而終至於殞身亡家者」[1] 4557 是正史對他們的評價。

在忽必烈時代，始終存在著以「義理至上」爲宗旨倡行「漢法」的儒臣政治集團與阿合馬、桑哥等人爲代表倡行「回回法」功利派理財大臣的激烈鬥爭。

儒家政治觀念中「君子喻於義，小義喻於利」、「百乘之家，不畜聚斂之臣」歷來是儒家反對功利主義政治流派的政治信條，凡不合「義理、德行至上」觀念的經濟務實措施，均被視爲「小人與民爭利」，得出「長國家而務財用者必自小人矣」的絕對性結論。所以「好言財利事」「以功利成效自負」的阿合馬等理財能手，死後被斥爲「姦臣」在所難免，然而，耐人尋味的是盧世榮雖然被列入《姦臣傳》，傳中幾乎列舉不出什麼具體罪狀。

當然，阿合馬等人理財而不擇手段、不顧後果，引起朝中勳舊大臣及與之有密切關係的富商大賈們的反對。當他們手握大權，並得到忽必烈的信任

後，開始貪權弄勢，橫行霸道，急功近利，苛索嚴酷，甚至結黨營私，賣官鬻爵，貪贓枉法，以致在「廷辯」時，盧世榮、桑哥無言以對，只能伏罪，身敗名裂、不得善終（阿合馬被下屬擊殺，盧世榮、桑哥被殺頭）死於非命。

　　元代傑出帝王的忽必烈在位期間喜用斂財之臣為其大張旗鼓「斂財」，清代史學家趙翼說其「貪財嗜利」。[14] 然而，回到忽必烈所處的時代，這一切都合乎常理，蒙古族自古就有「重商、重利」的傳統，他們才不管儒家「義理至上」的那一套，再加上王朝新建，百廢待興，富國裕民，增加財政收入，滿足其施展雄才大略的財政需求才是現實，因此，阿合馬等人因擅長理財，深為忽必烈所倚重，得以執掌大權。理財期間，出臺了一系列相關的經濟措施，由於得到忽必烈的絕對信任，阿合馬等人許多理財措施也得到了實現，這些措施對元代的經濟產生了深遠的影響，其中也不乏有利的貢獻。

　　然而，阿合馬等人在掌權期間，終因措施失當，斂財無度，最終名列「姦臣」，身敗名裂。其實這一切都反映出忽必烈用人方面的實用主義態度，當阿合馬等人為忽必烈斂財，增加了財政收入，最大限度滿足了忽必烈「急於富國」和施展雄才大略的財政需求，對他們就絕對信任，絕對放手，對他們的所行諸事，聽之任之，盡力支持；當他們為了獲得更大的財富，急於斂財而得罪不少貴族、權貴、同僚，弄得天怨人怒，民情洶湧時，忽必烈為了維護統治，平衡各方的利益，只能犧牲這些「斂財之臣」，所以片面的將阿合馬等人「蓋棺定論」打入「姦臣」之列，是有失公允的，他們也是為忽必烈統治服務，這就是忽必烈用人方面的實用主義態度。

參考文獻

〔1〕〔明〕宋濂，元史〔M〕，北京：中華書局，1976。

〔2〕呂浦，「黃禍論」歷史資料選輯〔M〕，北京：中國社會科學出版社，1979，114。

〔3〕〔法〕格魯塞，草原帝國〔M〕，北京：商務印書館，1998。

〔4〕李海棠，忽必烈「嗜利」質疑〔J〕，內蒙古師大學報（哲學社會科學版），2000，（3）：47〜50。

〔5〕烏蘭 劉振江，淺談成吉思汗與忽必烈的「重商政策」〔J〕，前沿，2012，（3）：111〜113。

〔6〕楊建新，評忽必烈的三位理財大臣〔J〕，西北史地，1998，（3）：1〜8。

〔7〕海日，論元世祖忽必烈的經濟政策〔J〕，前沿，2009，（5）：75〜77。

〔8〕謝茂林，評價盧世榮反通貨膨脹政策〔J〕，經濟史學，2010，（2）：60 ～63。

〔9〕翁禮華，理財何必分民族〔J〕，中國財政（財政史話），2006，（10）：73～75。

〔10〕顧菊英、周良宵，元史（中國斷代史系列）〔M〕，上海：上海人民出版社，2003。

〔11〕王頲，斂財之臣與忽必烈〔J〕，載《元史及北方民族史研究集刊》第五輯，1981。

〔12〕朱耀廷，論元世祖忽必烈政策的轉變〔J〕，北京聯合大學學報，1998，（2）：83～93。

〔13〕楊志玖，回回人與元代政治（二）〔J〕，回族研究，1994，（1）：20～30。

〔14〕〔清〕趙翼，二十四史札記（卷30）〔M〕，北京：中國書店，1987。

第五章　元順帝時期的「重商主義」 研究

　　縱觀中國的經濟史，便可以發現，「重商主義」思想在西周以前非常流行，但是從西周開始就逐漸被「重農主義」思想所代替，最終形成了「農為本、商為末」，重商為「本末倒置」的經濟倫理觀。所以在中國的古代，「重本抑末」的思想和政策長期佔據著支配的地位，而重農抑商卻是歷代封建王朝長期奉行的一項基本國策。

　　但是到了元朝，「重商主義」的思想卻重新開始盛行，成為元朝歷代統治者的重要治國方略。而元朝的最後一位皇帝元順帝妥懽帖睦爾在位期間，政治敗壞，財政危機嚴重，社會矛盾尖銳，人民起義不斷。不過在他統治的前期，也曾經有過勵精圖治、中興元朝的宏圖。這主要表現在國家政策的制定，特別是商業政策的制定與實施上。總的來說，元順帝時期基本沿襲了歷朝的政治體制，並且有所改進。目前，學術界對於蒙元時期的「重商主義」問題少有問津者，更談不上對元末順帝時期的「重商主義」問題進行研究了。因此，研究元代的「重商主義」問題更具有特殊的歷史意義和現實意義。本文擬就元順帝時期的「重商主義」的相關政策、當時社會商業經濟的繁榮狀況以及「重商主義」政策帶來的積極作用和消極影響等方面做些初步探討，以求證於大家。

一、元順帝時期「重商主義」的原因

（一）蒙古人自古以來就有重商思想的傳統

　　自古以來，蒙古族世代居住在蒙古草原上。由於自然環境的限制，他們

世代以游牧爲生，很少從事農業生產。因此，這就使得他們必須與其它民族進行交換，從而獲得自己所需要的產品。在另一個方面，游牧的生活方式使其有了更多與其它民族接觸的機會。與此同時，也相應地增加了產品交換的可能。正如倪建中在《風暴帝國》中所說：「蒙古人是重商主義者，這也是其它少數民族的特點。因爲他們所居之處，往往不利用農耕，資源也相對缺乏，要想得到糧食、食鹽和工具，就必須發展貿易。」[1] 1033 由此可見，蒙古民族一直就是一個重商的民族。

（二）元順帝非常重視商業

在元順帝時期，可以說是元朝統治最爲艱難的時期了。其統治已經進入了黃昏階段，已經不再是太平盛世，再加上天災人禍，當時的戰爭紛亂，人民的起義不斷，人民生活在水深火熱之中，各種矛盾不斷加劇的情景，政局已經岌岌可危了。

可是，元順帝在他的統治時期仍然非常重視商業。因爲積極發展商業可以給統治者帶來大量的奢侈品，並且還可以給國家帶來大量的賦稅收入；有利於恢復與發展元朝的經濟，鞏固元朝的統治；有利於各地的物品互通有無，使物資爲更多的人所用，各取所需，各盡所用，還可以保持與各國的貿易往來，維持名義上的宗藩關係等。所以在繼承先祖政策的基礎上，元順帝時期發展商業的政策在我國古代歷史上更值得關注。

二、元順帝時期「重商主義」的相關政策

所謂「重商主義」政策，就是利用國家的力量，重視商業的發展，提供商業發展所需要的各項支持，增加國家財富的積纍。在元順帝時期，元朝政府也實施了很多有利於商業發展的政策。

（一）積極發展對外貿易

元朝開拓了中國古代最爲廣闊的疆域。根據《元史》記載，「若元，則起朔漠，並西域，平西夏，滅女眞，臣高麗，定南詔，遂下江南，而天下爲一。故其地北逾陰山，西極流沙，東盡遼左，南越海表。……元東南所至不下漢、唐，而西北則過之，有難以里數限者矣。」[2] 1345 這句話非常清楚地說明了元朝的疆域非常遼闊。所以使元朝的統治者更爲注意從世界範圍內認識元朝所

處的歷史地位，其政治、經濟和外交政策都具有對外開放、「四海爲家」的積極思想意識。

元朝的統治者在多數時期都實行對外開放，積極發展對外貿易的政策。當然，這項對外政策在元順帝的統治時期也繼續實行着。「九月丁卯朔，遣爪哇使淡濛加加殿還國，詔賜其國主三珠金虎符及織金紋幣。」[3] 807 這表明元順帝時期積極對外聯繫，積極發展對外貿易，完全體現了元朝的對外開放意識。

（二）中央集權，統一管理

中央集權管理商業是元朝統治者發展商業採取的重要策略，而元順帝時期也一直堅持實行這一策略。「從世界經濟發展的歷史過程來看，商業的發展在很大程度上受到政府的關心和支持的左右，尤其是它發展的薄弱時期，更迫切地需要依靠政權。」[4] 112

其實，當時元朝商業貿易的實權主要掌握在蒙古帝王或者貴族的手中，這便於他們利用政府的力量來統一管理商業。例如：在泉州設立市舶司來管理商業貿易；在中央設置重要的官員來管理商業等。因此，在中央集權的管理之下，統一管理全國性的商業事務，使政策的效果更加明顯，商業的集中度增高，並隨着生產力水平的提升，商業的規模和範圍更加深入。

（三）政府對商業實行優惠的政策，注意保護好商人的利益

元順帝時期一直都實行「重商主義」政策，對商業的控制和管理比較寬鬆，實行重利誘商賈政策。在另一個方面，如果元朝的貴族官僚經商，只要他們願意納稅的話，元朝政府就不會做任何的限制。對於那些經商的人，有時還會降低或者免徵賦稅。而且元朝的商稅本來就輕，規定「三十取一」，並不斷下降。爲了鼓勵商人內地商人到蒙古地區做買賣，政府對上都的商人，給予「置而不徵」的免稅待遇。另外，元朝政府在關口駐守軍隊，保證道路的安全，還派遣大臣治理大運河，保證交通的便利等。

至順元年（1330 年）元政府「出錢四百萬貫」補償商旅因官買而受的損失。[5] 161 而《元史·刑法志》亦規定：「諸漕運官，輒拘括水路舟車，阻滯商旅者，禁之」。[2] 2629 據《元史》記載，在順帝年間「乙丑，禁銷毀、販賣銅錢」。[3] 779 正是這些優惠政策的刺激下，元朝的商業才會這麼繁榮。

（四）發行紙幣

中國在北宋時期就已經開始正式使用紙幣，而南宋、金朝時期也大量使用紙幣。但是在中國歷史上從來沒有那個王朝像元朝那樣重視和偏愛紙幣，並把它上陞爲全國流通的、唯一合法的法定貨幣。[6] 104

紙幣的發行與大量使用，完全體現了元朝商業的繁榮與元朝統治者對商業的重視程度之高。根據《元史》記載，「十二年春正月丙午朔，詔印造中統元寶交紗一百九十萬錠、至元鈔十萬錠。」[3] 748「詔印造中統元寶交鈔一百九十萬錠、至元鈔一十萬。」[3] 759 由此可見，元順帝時期發行紙幣的數量之多。這也反映了紙幣的出現是商品經濟發展到一定階段的產物，同時也促進了元朝商品經濟的進一步發展。另外，「丙辰，京師立便民六庫，倒易昏鈔」。[3] 784 這反映了在元順帝時期，政府出臺了促進商業發展的措施。

（五）實行朝貢制度

眾所週知，元朝的疆域非常遼闊。這就使得元朝的統治者從廣袤無際的國土上，看到了元朝的在世界範圍內的大國地位。因此，元朝在與別國的對外交往過程中體現出了「天朝上國」的至尊地位。根據《元史》記載，「是月，爪哇遣使淡濛加加殿進金表，貢方物。」[3] 806 由此可以得出，元順帝時期的中國仍然與外國保持着貿易聯繫，這不僅促進了元朝的對外聯繫，增進了與各國的友誼，還促進了元朝商業的發展。

（六）對商人階層的重視

從成吉思汗的時代開始，很多元朝的統治者就已經開始非常重視商業了，並且積極發展商業，所以他們也非常重視商人階層，更加任命他們身居高位，積極聽取他們發展商業的政策。元朝不僅中央重臣以商人充任，地方官吏亦大批引用商人。因爲在蒙古人的眼中，這些西域的商人既有生財之道，又有理財之術，非常適合他們搜聚財富的需要，同時也可以彌補蒙古統治者在此方面的不足。所以元朝的統治者於是利用他們通經濟、善理財的特點，委以重任，參與國家的財政管理工作。

據有關資料的不完全統計，元代的回回商人在各朝中書省任職的官員累計有三十四人，在各朝行中書省任職的官員累計六十二人。[7] 71

三、當時社會商業經濟的繁榮狀況

「天下熙熙，皆爲利來；天下攘攘，皆爲利往。」[8] 3256 在元朝統一全國以後，經商的風氣席卷了國內，不管是平民百姓，還是達官貴人，都爭相從事商業活動，甚至皇室貴族也將錢物交由斡脫商人代理經營。「重商主義」的浪潮衝擊著中國傳統的思想，「農本商末」的思想在元代被改變，商人獲得了較高的地位，不少人靠經商致富，他們的身影活躍在廣袤的國土上。這也從側面反映出了元朝社會商業經濟的繁榮狀況。

（一）城內商業經濟的繁榮狀況

在元朝的每一個城市中，都有固定的商業區。城市的居民不但能夠在商業區內買到生活的必需品和各類食品，而且還可以在商業區那裏賣出自己生產的部分手工業品。而在商業區內及大小街道旁邊的固定鋪面經商的人，當時被稱爲「坐商」，其經商活動即稱爲「坐鋪」或者「坐肆買賣」。[9] 55

買賣各種物品的「市」，大多數主要集中在商業區內，而少數分佈在城門的內外和主要的街道兩旁。在元朝的城市中，出售同一種物品的店鋪往往集中在一起，所以形成了多種專門的「市」。按照「市」的性質，大致可以分爲兩大類，一類主要經營日常生活用品，滿足城市居民的一般生活需要；另一類主要經營珠寶珍玩等高級商品，滿足權貴富豪奢侈生活的特殊需求。[10] 202

而經營日常生活用品的「市」主要有以下幾種：米市和麵市、菜市和果市、牲畜市、魚市和家禽市、鞋帽市和紗布市、雜貨市、柴炭市和草市、木工泥瓦市等。而經營高級商品文化用品的「市」主要有珠寶市、胭脂市等，但是珠寶市一般都建在城市內最繁華的街區內。另外，有些城市還設有窮漢市和人市。所謂「窮漢市」，就是雇工市場，尋覓活計、提供勞動力的人集中在這裏。而「人市」一般設在大都市的羊角市，是買賣驅口奴婢等的場所，不過後來被元朝的朝廷取締，但是仍然被保留其建築。

然而，除了固定的市場和店鋪外，每個城市還有一批遊動商販，他們穿街走巷，販賣各種物品。而這些遊動商販主要是小商人或者生活無着落，不得不參加零賣活動的手工業者、農民、士兵等，他們主要挑賣蔬菜、水果、魚禽、熟食、柴草等。官員宅院和富戶人家，是遊動商販經常光顧的地方，並使官員、富人的妻妾和家人養成了「倚門買魚菜之類」的習慣。[9] 107 還有，爲了滿足城市居民飲食的需求，每個城市都會有酒館和茶樓等。

（二）租賃業的繁榮狀況

正是在商業經濟活躍與繁榮的刺激和帶動下，元朝的租賃業也迅速地發展起來。因此，商業的發展與繁榮是元朝租賃業能夠得以發展的主要原因，而元代租賃業的發展，也是元朝商業發展與繁榮的表現之一。

元代租賃的對象較多，大凡土地、房屋、車、馬、驢、舟船等交通工具等都在租賃之列，其中土地、房屋的租賃就比較普遍。例如：黑城出土的文書有一份是租賃土房的契約，時間是「至正廿年（1360 年）四月初一」，出租的地點在亦集乃城東關外，租金是每月「小麥伍升」。[11] 27 還有一些商人、旅客行走外地，往往也會租用各種交通工具。例如：船、馬、驢等。顯然，當時元順帝時期的租賃業還是繼續存在與發展的，這也是充分反應出了元順帝時期商業繁榮狀況的證據之一。

（三）國內商業城市的繁榮狀況

國內商業經濟的繁榮與發達也促進了城市的發展，元朝也因此形成了很多商業中心。例如：大都、上都與杭州等。首先，大都是元朝的首都，是元朝的政治中心與經濟中心，也是元朝北方最大的經濟中心和商品集散地。所以全國的商品都彙聚於此。「在市者則四方之商賈與百工之事為多」，上都在元代已經成為北方商旅會聚的重要中心之一，南北貨物在這裏集散，往來此地的車馬行人不絕於道。[5] 160~161 杭州原來是南宋的首都，經過經濟重心的南移，杭州也發展成為著名的商業都市。據吳自牧《夢粱錄》記載南宋都城臨安的情況說：「自大街及諸坊巷，大小鋪席，連門俱是，即無虛空之屋，」[12] 117 「萬物所聚，諸行百市，自和寧門杈子外至觀橋下，無一家不買賣者。」[12] 115 但是經過戰爭的破壞以後，杭州一度衰落，由於元朝的「重商主義」政策，杭州的商業經濟又迅速地恢復與發展起來，這不但使它成為元朝東南的大都會，而且又是當時世界經濟發達的城市之一。這三個城市是元朝非常著名的商業都市，即使在元順帝時期，它們的商業經濟也非常繁榮與發達。

（四）對外貿易的繁榮狀況

在另一個方面，元朝不但國內的商業經濟繁榮，而且對外貿易更是非常發達。元朝建立了中國歷史上最大的疆域，元朝的統治者在元朝初期就開始利用和四大漢國的特殊關係，積極地加強和中亞、西亞和歐洲的聯繫，利用海洋的便利條件和東亞的日本、高麗，東南亞、西亞以至與非洲都保持非常

密切的經濟往來。在元世祖以後，海路貿易逐漸佔據了主要的地位。當時的泉州和廣州作為對外貿易的主要港口，商業經濟也非常發達。而南宋有海外貿易關係的國家和地區大約有 51 個，但是據《（至正）四明續志》記載，與元代有海外貿易關係的國家和地區達到了 140 多個；在南宋的海外貿易最發達時，進口商品的品種有二百多種，而元朝達到了 250 種以上。[13] 70 即使到了元朝末年的元順帝時期，元朝仍然與外國保持着密切的貿易聯繫。

據《元史》記載，「是月，爪哇遣使淡濛加加殿進金表，貢方物。」[3] 806「九月丁卯朔，遣爪哇使淡濛加加殿還國，詔賜其國主三珠金虎符及織金紋幣。」[3] 807 從這兩句話中，可以得出：即使在元順帝時期，當時政局動蕩，起義不斷，元朝仍然與爪哇保持著貿易往來。而當時的元朝不但與鄰近的國家保持貿易聯繫，而且還與遙遠的歐洲羅馬教廷保持著聯繫。據馬黎諾里記載，元順帝曾要求羅馬教廷再派一任主教到中國。[14] 31 這些都充分顯示出了元朝對外貿易的繁榮與發達，在元朝的衰落與動亂時期都如此，而在元朝的強盛與和平時期的貿易盛況更不在話下。

根據汪大淵《島夷志略》記載的不完全統計，經由泉州港外銷到海外的商品種類多達一百餘種，其中可以分為帛布、陶瓷、金屬礦產以及農副土產四大類。[15] 70 這個記載也充分顯示出了元朝對外貿易的繁榮與發達。

四、「重商主義」政策帶來了積極作用和消極影響分析

元朝歷代統治者都堅持實行「重商主義」政策，這顯然會對中國的商業和社會發展帶來了極大的推動作用。即使到了元順帝時期，當時社會動蕩，起義不斷，人民生活在水深火熱之中，但是重商主義政策仍然為當時的元朝社會帶來了許多的積極作用。然而，任何政策都有其好的一面，同時也帶來了負面的影響。

（一）積極作用

第一，「重商主義」政策對維護當時元朝政權的穩定起過一定的積極作用。眾所週知，元朝不但海外貿易發達，而且國內的內河貿易也非常發達。據《元史》記載，在元朝末年，張士誠曾經幾次向大都運送糧食。這無疑是對當時已經危機四伏的元朝政權起到了雪中送炭的作用。元朝的國內貿易一直以來都是南北經濟互通有無，而這種國內的內河貿易對維護當時社會穩定

與維持人民的日常生活起到了非常巨大的作用。在另一個方面，通過商業的暢通無阻，這也加強了當時元朝城市與城市之間的聯繫與交流，起到了穩定元朝政權的積極作用。

第二，「重商主義」政策有利於促進當時商業城市的繼續發展與繁榮，社會也出現了比較細的分工。由於元朝歷代統治者都很重視發展農業、手工業、商業貿易和交通運輸業，這就使得元朝出現了幾個非常著名的商業中心城市，甚至連在當時的其它國家也頗負盛名。例如：大都、泉州、杭州等城市都成為了當時元朝著名的商業城市，作為元朝當時商品貿易的集散地。而在元順帝時期，順帝繼續推行「重商主義」政策，這就更加促進了這些商業中心城市的繼續發展與繁榮。

第三，「重商主義」政策繼續加速了當時元朝北方與中原文化的交流與融合。縱觀中國的經濟思想史，便可以知道：在西周以前，中國的思想史上重商思想非常流行，但是從西周開始逐漸被「重農主義」所代替，並且最終形成了「農為本，商為末」，重商為「本末倒置」的經濟倫理觀。到了元朝，重商思想重新開始盛行，成為元朝統治者的重要執政方略。顯然，即使到了元順帝統治時期，統治者仍然十分重視和發展商業。「元代的商業政策與前代有所不同，至少在蒙古統治者的心目中沒有賤商的觀念，相反，從很多措施上可以看到，政府不僅重視商業，還保護商業，因而元代商業經濟得到長足發展，舉國上下呈現出一片繁華景象」。

第四，「重商主義」政策推動了商業資本的發展，給中國社會帶來了超常發展的機會。元朝是中國歷史上唯一重視與發展商業的朝代，其歷代統治者都實行了有利商業發展的政策，這極大地推動了我國商業經濟的發展。然而，到了元順帝的統治末期，已經到了黃昏時期，社會矛盾變得異常尖銳，起義不斷，社會動盪不已，這已經敲響了元朝走向滅亡的警鐘。隨著朱元璋的大軍攻進大都，元朝的殘餘政權北徹，這標誌着元朝統治的滅亡。我們可以從《風暴帝國》作者的分析中得到更多的啓發。他們認為，蒙古人衰敗，從中原退出，撤回草原後，中原文明也失去了新鮮血液，中國歷史上喪失了一次轉型的機會。因為「在中國歷史本身的發展中，這是近代化的前夜，商品經濟高度發展，在一些地方已經出現了資本主義生產方式的萌芽，科學技術更上一層樓，為近代科學發展準備了足夠充分的條件，西方近代民主制便由此啓發而來。蒙古族注入的新血統，使中國人從宋人只知苟且偷生、毫無大志

的頹靡狀態中清醒過來，懂得了生存法則的殘酷性，已經具備了征服海洋，走向世界的野心和能力。按照這種趨勢發展下去，到了 14～15 世紀，近代文明的曙光應該出現在東方，而不是西方！」[1] 43

第五，「重商主義」政策促進了東西方物資文化的交流。元朝的疆域非常遼闊，使元朝統治者認識到自己在世界上的「天朝上國」地位。因此，元朝的統治者與當時的許多國家開展以供奉貿易爲主的經濟往來。據《元史》記載，當時元順帝時期仍然與爪哇等國保持着這種貿易往來。正是在這種對外貿易的刺激下，這就使得中國許多重要的發明和諸多物質文化西傳，而其它國家的物質文明也傳到了元朝。因此，開闊了元朝統治者的眼界，繼續積極鼓勵與發展對外貿易，提高了人民的生活水平，增加了我國對其它國家的瞭解，促進了各國之間的友好往來。同時，這也擴大了中國對世界的影響，增進了世界對中國的瞭解和認識等。

（二）消極影響

第一，商業經濟的發展引起了奢侈貿易十分盛行。因爲蒙古貴族、大臣特別嗜好金銀珠寶等奢侈品。而西方各國商人爲了迎合他們的喜愛，爭相將珍奇異物送到他們的家中進行交換。[13] 69 顯然，這就造成了蒙古上層分子奢侈之風的盛行，互相攀比，爲日後官員的貪污腐敗埋下了伏筆。而元朝貴族與官員的日益腐敗，這也是元朝滅亡的重要原因之一。

第二，元朝統治者實行「重商主義」政策的眞正目的並不是主要恢復與發展社會經濟，而是主要爲了元朝上層分子的經濟利益。據《元史》載，「十一月戊子，中書省臣請發兩艚船下番，爲皇后營利」。[3] 689 顯然，從這句話中可以看出：元朝統治者發展商業經濟的眞正目的。而在這種目的的引領下，造成了元朝商業經濟的畸形發展。

第三，濫發紙幣是元朝滅亡的重要原因之一。紙幣的大量出現與發行，標誌着商業經濟的高度繁榮與發展。然而，在元順帝統治時期，連年征戰，官員貪污腐敗等，造成了國內的財政赤字非常嚴重。面對天文數字的財政赤字，元朝政府沒有能力解決收支平衡問題，最後選擇的辦法是增加貨幣發行量，通過惡性通貨膨脹解決財政赤字，用漂亮的廢紙來掠奪百姓的黃金白銀。這造成了國內的物價上漲，社會動蕩，最後元朝的紙幣完全喪失了它的支付信用與流通功能。有首民謠充分反映了惡性通脹下百姓的憤怒：「堂堂大元，

姦佞專權。開河變鈔禍根源，惹紅巾萬千。官法濫，刑法重，黎民怨。人吃人，鈔買鈔，何曾見？賊做官，官做賊，混賢愚。哀哉可憐！」因此，元順帝時期的濫發紙幣，引起通貨膨脹，造成物價上漲，人民的購買力下降，社會動蕩不安等，最終也是導致元朝滅亡的重要原因之一。

第四，「重商主義」政策使一些商人階層獲得了做官的機會，他們也相應取得了一些特權，從而也導致了他們的腐敗。元人許有壬云：「我元始征西北諸國，而西域最先內附，故其國人柄用尤多，大賈擅水陸利，天下名城區邑，必居其津要，專其膏腴」。[15] 71 從這句話中，可以得出：元順帝時期的官員腐敗情況已經相當嚴重了！另外，由於封建王朝的腐朽，元代末年，官商勾結，不斷加印鈔票，通貨膨脹，紙幣價值下跌，交鈔如同廢紙，鈔法名存實亡，民間交易拒用紙幣，純紙幣流通制度終結，相繼恢復物物交換。[16] 57 而元朝末年的官員腐敗，導致政局混亂，人民生活在水深火熱之中。這也是導致元朝滅亡的重要原因之一。

綜上所述，元朝是最重視商業的一個朝代，它不像其它封建王朝那樣對商業進行限制，而是通過制定一系列法律和政策去保護和鼓勵商業的發展。從成吉思汗開始，元朝的歷代統治者都非常重視和發展商業。而元代的商業呈現出繁榮的景象，商人的足跡遍佈全國各個地區，大批的西域商人東來進行貿易，海外貿易也達到了前所未有的高度，從商業中所得的稅收已經在政府財政收入中佔據著重要的地位。因此，元朝的經濟特別是商業在中國古代商業史上佔據著非常重要的地位。

雖然元順帝在位期間也採取過有利於商業經濟發展的政策或者措施，這在一定程度也有利於當時商業經濟的發展，有利於維護與鞏固元朝的統治等。但是已經無力迴天了，這些政策措施在推行的過程中，由於統治階級的腐敗無能，貴族權豪的破壞以及整個官僚集團的腐朽，加上元末社會矛盾尖銳，農民起義不斷，社會動蕩不安，再受到災荒頻繁的侵擾等，加之後來的濫發紙幣，引起通貨膨脹，造成物價普遍上漲，人民的購買力下降，紙幣也失去了支付信用與流通功能。它既不能緩和社會矛盾，也不能改善人民的生活，人民依然生活在水深火熱之中，農民起義不斷，最終導致了元朝的覆滅。

參考文獻

〔1〕倪健中，風暴帝國〔M〕，北京：中國國際廣播公司出版社，1997。

〔2〕宋濂，元史〔M〕，北京：中華書局，1976。

〔3〕許嘉璐，二十四史全譯・元史〔M〕，上海：漢語大詞典出版社，2004。

〔4〕烏蘭，劉振江，淺談成吉思汗與忽必烈的「重商政策」〔J〕，前沿，2012，
（01）：112。

〔5〕汪興和，元代上都的商業經濟〔J〕，江蘇商論，2004，（04）。

〔6〕賴晨，元朝的紙幣與通脹〔J〕，東方收藏，2012，（08）：104。

〔7〕陳賢春，試論元代商人的社會地位與歷史作用〔J〕，湖北大學學報（哲
學社會科學版），1993，（03）：71。

〔8〕司馬遷，史記〔M〕，北京：中華書局，1959：3256。

〔9〕孔齊，至正直記〔M〕，上海：上海古籍出版社，1987。

〔10〕史衛民，元代社會生活史〔M〕，北京：中國社會出版社，1996：202。

〔11〕陳廣恩，元代租賃業淺析〔J〕，寧夏大學學報（人文社會科學版），
2005，（06）：27。

〔12〕吳自牧，夢梁錄〔M〕，杭州：浙江人民出版社，1980，。

〔13〕陳賢春，試論元代商人的社會地位與歷史作用〔J〕，湖北大學學報（哲
學社會科學版），1993，（03）。

〔14〕沈自強，淺析元朝海外貿易政策〔J〕，遼寧教育行政學院學報，2007，
（11）：31。

〔15〕劉政，元代商業繁榮及其原因〔J〕，南京林業大學學報（人文社會科學
版），2010，（03）。

〔16〕湯標中，元代和忽必烈的商業政策〔J〕，北京商學院學報，1997，（01）：
57。

第六章　元代重商傳統下民商的
興起研究

　　元代是中國歷史上唯一重商的朝代，其商業經濟高度的繁榮，民間商人也在這片沃土中得到了成長。然而由於史學界對元代商人的研究起步較晚，且多側重與色目商人、回回人等特權階級，缺乏對民商的研究。因此，本文將就元代民商興起的背景、表現及其影響等方面進行初步的探討。

一、元代民商興起的背景

　　元代民商的興起與當時元代的社會情況及經濟政策等有着千絲萬縷的關係。

（一）大一統的國家是元代民商興起的首要條件。

　　公元 1279 年，元朝的統治者忽必烈統一中國，結束近 400 年的分裂局面，擁有中國古代最廣闊的疆土。「若元，則起朔漠，並西域，平西夏，滅女眞，臣高麗，定南詔，遂下江南，而天下爲一。故其地北逾陰山，西極流沙，東盡遼左，南越海表。……元東南所至不下漢、唐，而西北則過之，有難以里數限者矣。」[1] 1345 疆土如此的廣闊且又統一的國家，爲商業的發展創造了和平統一的環境。

（二）四通八達的水陸交通網是元代民商興起的重要推動力

　　在陸路方面，元代建立了以都城大都爲中心的四通八達的驛站。這些驛站既是傳遞公文的據點，又是爲來往行人提供食宿和安全保障的重要處所。

自從設置了驛站，「四方往來之時，止則有館舍，頓則有貢帳，饑渴則有飲食。」[1] 2583 這也爲商人的遠途經商提供了生活上的保障。同時，一度衰落的絲綢之路也因元朝的統一而重新得到恢復，並且還開闢出一些新商路，如從漠北經阿爾泰山西行以及由南西伯利亞西行的道路等。元朝通過欽察汗國與歐洲建立貿易聯繫，通過伊利汗國則溝通阿拉伯半島及小亞細亞地區。可以看出，元代當時的陸路交通極爲便利，既有中轉站作保障通往國內各地經商，又有絲綢之路及新商路通往西域、西亞等地貿易。

在水運方面，元朝在繼承前朝的基礎上又有所發展，重新疏濬了在宋金對峙時期已多處堵塞的京杭大運河。至元二十六年（1289 年），在山東開鑿會通河，起於須城（今山東東平）西南之安山，向西北達於臨清，全長 250 餘里，建閘 31 座。至元二十八年，採納著名科學家郭守敬的建議，在京郊開鑿通惠河，引大都西北諸泉水，東至通州（今北京通縣），全長 164 里。經過重新疏鑿，大運河基本改變了過去迂迴曲折的航線，河道大多取直，航程大爲縮短，運糧船可以駛入大都積水潭（今北京什刹海一帶）停泊。「江淮、湖廣、四川、海外諸番土貢、糧運、商旅懋遷，畢達京師。」[2] 203 大運河的疏通，加強了南北之間的經濟聯繫和交往，方便了商業的發展，這條大運河到明清兩代都還在發揮著作用。

在海運方面，元朝也有很大的創新。在至元十三年（1276）年，元朝官員進行了一次海道運糧，並在此後繼續探索新航路，最終找到了一條理想的航道，「明年，千戶殷明略又開新道，從劉家港入海……當舟行風信有時，自浙西至京師，不過旬日而已，視前兩道爲最便云。」[1] 2366 海運的開闢和大規模的採用以及它廉價的運輸費，刺激了越來越多的人來經商，帶動了商業的發展。

元代四通八達的水陸交通網絡，爲商業貿易的發展提供了便利的交通條件。

（三）元政府的重商政策是民商興起的精神支柱

元朝推行的是與漢族傳統相悖的「重商」政策，實行開明的經濟管理，對商人採取保護和鼓勵政策，主要表現在三個方面：

1、保護商賈安全

元朝初期，社會秩序尚未恢復，以致「盜賊充斥，商賈不能行」。爲了改變這種狀況，政府採取種種安全措施，規定：商旅所至，「官給飲食，遣兵防

衛」。「州郡失盜不獲者，以官物償之」。凡商旅往來要道及止宿處所，地方官均設置巡防弓手。「自泉州至杭州立海站十五，站置船五艘、水軍二百，專運番夷貢物及商販奇貨，且防禦海道」。[1] 320 伊本・白圖泰在遊記中對此有很高的評價：「對商旅來說，中國地區是最美好最安全的地方。一個單身旅客，雖攜帶大量財物，行程九個月也盡可放心。」[3] 456

2、救濟商賈困難

蒙古帝國初期就有幫助商賈解決困難，扶持小商販擴大經營，增加漁利等措施。元朝建立之後，這一做法尤爲明顯。如對因戰爭阻礙的商旅，或「給資歸之」[4] 601，或「視商旅有貧喪其資，滯不能東者，召以其所有畜來，無問幾何蹄，畜給一石」等。[4] 613 除了救濟商賈外，政府還對商賈不能收回的高利貸用官款來代償，不使高利貸者受損失。

3、減輕商稅，鼓勵經商

元代商稅本來就輕，規定「三十取一」。[1] 2397 在此基礎上，爲了鼓勵商人到邊遠地區經商，元政府對商稅不斷減低。如「至元二十年（1283 年）七月，敕上都商稅六十分取一，二十二年（1285 年）五月，又減上都稅課，於一百兩中取七錢半。」[5] 388 有時甚至對過往上都、和林等地經商之人，給予「置而不徵」的免稅政策，[6] 341 大大刺激了商人經商的積極性。

由於元代政府非常重視商業，對商人也給予極優渥的待遇，使較爲脆弱的民間商人在歷經種種艱辛之後還願意經商提供了強大的精神支柱。

（四）元代手工業的工藝改進及發達也是推動民商興起的動力

雖然元代沒有什麼大的發明創造，但是前代的許多發明和技術卻愈發成熟和完善。松江的黃道婆改進了織布工具，提高了織布的效率，產品的樣式也豐富起來，滿足了市場的不同需求。製瓷業中青花瓷的製作，製鹽業中曬鹽法的推行，在食品加工業中蒸餾酒的引用和推廣，白砂糖的提煉等。這些工藝技藝的改進大大地提高了社會生產力，生產力的提高必然會促使工藝品、生活用品等商品化，而且工藝的改進也提高了商品的質量、款式等，吸引了更多消費者，如元代的紡織品和陶瓷就很受海外的歡迎。這種情況之下，自然就需要一個中介——商人來經營這些產品，擔起產品運輸、營銷等功能，有一部分民商就是這樣興起的。

（五）紙幣在全國推廣也是民商興起的一個推動力。

雖然在北宋時期就已經發明了紙幣，但在全國範圍內沒有出現統一的紙幣。元朝時期推出了全國性的紙幣（吐蕃和雲南地區由於情況特殊而例外），早在忽必烈時期就發行了中統元寶交鈔，後來還發行了至元寶鈔等紙幣。由於元朝政府對紙幣發行採取慎重的態度，在中統寶鈔發行的六十多年中，鈔價平準，貨物穩定，而民眾樂於用鈔，商賈喜於攜鈔，市場欣欣繁榮，使紙幣成為當時流通最快的貨幣。紙幣的推廣，解決了金屬貨幣在進行大宗運輸的不便，也節省了運輸成本，提高了商業利潤。商業利潤變高了自然就吸引更多的人去經商了。

在上述種種因素的推動下，越來越多的人參與經商，民商在這種背景下慢慢地茁壯成長起來。

二、元代民商興起之表現

元代統一全國之後，由於農業的發展和糧食商品化程度的提高，商品經濟不斷發展，「舍本農，趨商賈」的風氣越來越盛，正如張之翰《議盜》中所說的：「觀南方歸附以來，負販之商，遊手之輩，朝無擔石之儲，暮獲千金之利。」

（一）民商的社會來源廣泛

元代除了貴族、色目商人等官商之外，民間也興起了一大批商人群體。當時民間參與經商的群體主要有：

1、宗教人士參與經商

一般僧人給人的印象就是「不戀經商利萬金」，一心在寺清修。但在元代，這卻是少數僧人的想法，而多數僧侶的想法都是嚮往經商、熱衷經商。身在寺院，心繫市場，故從事商貿營運的僧侶、道士也越來越普遍。如元曲《玉壺春》稱：「一任着金山寺擺滿了販茶船」，[7] 264《青衫淚》亦稱：「我則道蒙山茶有價例，金山寺裏說交易。」[8] 893 而且在元代僧侶經商的種類廣泛，除經營解典庫、邸舍、酒店以及其它各種店鋪外，還經營海外貿易，更有部分僧侶因此財富猛增，躋身到富人階層，如泰定二年（1325 年），中書省稱：「江南民貧僧富」，[1] 653 當時更有一些女子為了貪圖榮華富貴，嫁給了經商致富的僧侶。據朱德瑞的《外宅婦》記載：「外宅婦，十人見者九人慕，綠鬢輕盈珠

翠妝。金釧紅裳肌體素，貧人偷眼看。問是誰家好宅眷，聘來不識拜姑嫜。逐日綺筵歌宛轉，人云本是小家兒，前年嫁作僧人妻。僧人田多差役少，十年積蓄多財資。寺旁買地做外宅，別有旁門通巷陌。朱樓四面管絃聲，黃金勝買嬌姝色。鄰人借問小家主，緣何嫁女作僧婦。小家云，……小女嫁僧今兩秋，金翠珠玉堆滿頭，又有肥羜充口腹，我家破屋改作樓。」[9] 229

　　僧侶、道士積極參與經商，除了與元代的宗教日益世俗化、經商社會化有關，也與元統治者對僧侶、道士的照顧有關，如給予其經商免稅的特權、保護僧侶財產等政策有關。

2、農民兼而為商

　　中國傳統的經濟結構就是自給自足的自然經濟，農民的生活必需品幾乎能自足。在元代，隨著社會生產力的恢復和發展，商品經濟的發展，糧食生產開始趨向商品化，使廣大農村自給自足的自然經濟受到了衝擊，農民也被捲入商品流通領域。農民參與經商的表現主要是以自家種植的農副產品到城中出售，他們既是生產者，又是小商販。如楊瑀《山居新話》載：「有一賣菜人，早往市中賣菜。」「霜落大湖淺，漁家懸破罾。此時生計別，小艇賣秋菱。」[10] 628 王禎《農書‧百穀譜五‧蔬屬‧韭》謂：「凡近城郭園圃之家，可種三十餘畦（韭菜），一月可割兩次，所易之物，足供家費。」[11] 378 除農副產品外，魚類、家禽類、棉紡織品等亦為其出售的產品。可見農民從事商品貿易亦是常有之事。

3、個體手工業身兼為商

　　元代匠戶雖與民戶不同而另入匠籍，但就其多數而言，其身份地位與一般民戶沒有多大區別，他們除了在規定的時間入局應役外，其餘時間通常可以自由支配。[12] 451 為了家用或出售，大多數工匠都從事家庭生產，如兩浙地區的髹器製造，髹工除了入局應役之外，也在家自造，「髹工自家造賣低歹之物，不用膠漆，止用豬血厚糊之類，而以麻筋代布，所以易壞也。」[13] 745 成宗大德年間，鄭介夫上書說，在京師的匠戶，「月給家口衣糧鹽菜等錢，又就開鋪席買賣。應役之暇，自可還家工作，皆是本色匠人供應本役，雖無事產可也。」[14] 937 也就是說，這些「無事產」的匠戶，既在官府的局院中服役，又自行開鋪席買賣，融生產、貿易於一體。除在籍匠戶外，其它不在匠籍的個體手工業者也身兼商人角色。

4、文人士子亦涉足商業

自隋唐開創科舉考試以來，文人士子一直將其作爲進取功名的通道，大部分人爲此而奮鬥終生。到了元朝，情況爲之一變，科舉取士不再被重視，科考時廢時舉，且錄取人數極少。在現實生活的逼迫下，文人士子必然屈身於社會的各行各業。「貢舉法廢，士無入仕之階，或習刀筆以爲吏胥，或執僕役以事官僚，或作技巧鬻販以爲工匠商賈。」[1] 2017 從商便成爲他們改善生活的一種手段。當時元代著名詩人薩都剌亦曾一度服賈遠方。「佳節相逢作遠商，菊花不異故鄉人。無錢沽得鄰家酒，一度孤吟一斷腸。」[10] 638 寫出了重陽時節自己孤身一人在外經商時的惆悵。可見當時也有不少文人士子爲了生活投身於商業。

當時投身於經商行列的，除了這些文人士子之外，還有地主、官吏等。這麼多的社會階層參與商業活動中，說明元代民商的興起是一股不可阻擋的趨勢。

（二）民商的類型多種多樣

元代民間商人種類繁多，按不同的標準可將其分爲不同的類型。如按商人的資產爲標準，可分爲上賈、中賈、小賈；按商人的活動區域爲標準可分爲海商、內陸商；按商人經營的商品類別爲標準，可分爲各行業的商人，米商、鹽商、木材商、茶商、珠寶商等等；按商人經營活動的方式爲標準，可以劃分爲行商、坐賈及小商販。[15] 15～16 爲了便於論述，本文將以民間商人經營活動的方式爲標準來進行分析論述：

1、坐賈

坐賈就是專門從事直接向消費者售賣貨物者，這些人的特點是有固定的銷售地點，即「居肆列貨，以待民來」。在元代，城市中有較多的商人依託固定的場所如店鋪，進行買賣經營。元代的市肆店鋪分佈較廣較多，如馬可波羅在記述杭州城的店鋪時說：「城中有大市十所，沿街小市無數，尚未計焉。……上述之十市場，周圍建有高屋，屋之下層則爲商店，售賣種種貨物，其中亦有香料、首飾、珠寶。有若干商店僅售香味米酒，不斷釀造，其價甚賤。」[16] 358～359 這說明當時杭州城的店鋪之多，商賈之多。而且當時的商賈除了經營生活用品、商品批發零售之外，還經營服務員，如客棧、茶坊等。

2、牙人

在現代，我們常聽說中介、代購等詞語，其實在元代在商業活動中，也有類似中介的群體存在，他們也屬於商人的一種。他們是專門從事溝通買賣雙方，收取一定傭金的商賈，也稱牙子、牙郎、經紀等。陶宗儀稱：「今人謂駔儈者爲牙郎，本謂之互郎，謂主互市事也。唐人書作牙，互與牙字相似，因訛而爲牙耳。」[17] 139 牙人在平息買賣糾紛、傳遞商品信息、促進產品走向市場諸方面有着積極的作用。元代的牙人、牙行廣泛存在於城市鄉村，活動滲透到海外貿易（舶牙人）各類商品交易、土地買賣乃至僕役的介紹等社會交易的所有領域。如商品買賣中，蔣祈《陶紀略》載：「一日二夜，窯火既歇，商爭取售，而上者擇焉，謂之撿窯。交易之際，牙儈主之。」其實牙人是封建商品經濟高度發展的必然結果。

3、行商

行商，即從事長途販運貿易的商人。據《元詩選二集・戊集》記載：「吳中富兒揚州客，一生涉利多金帛。去年販茶溢江東，今年載米黃河北。」這就是元代行商的形象記載。社會的穩定、交通設施的便利，對從事遠途貿易的商人來說至關重要。元朝統一全國後，大開海運，遍設驛站，使得交通便利，爲行商的興起營造較好的條件，遠途貿易開始繁榮起來。他們的活動不僅限於城市，而且深入農村，如「行商到門問有無，粟麥絲麻相貿易。」行商販運的物品主要是糧食、棉紡織品、鹽、茶、瓷器等大宗商品。相對坐賈來說，行商的生活較爲艱辛。

4、小商小販

小商小販就是活躍於街頭巷尾、入城下鄉、雜販百貨的商人群體，一般出現在農村定期或不定期的集貿市場上，還有一部分活躍在城市的大街小巷，進行零星叫賣的。相對於坐賈、行商而言，規模小，經營方式靈活，在不同時節裏能推出不同的商品，如二月俗稱龍擡頭，「市人以竹拴琉璃小泡，養數小魚在內，沿街擎賣。」三月寒食節時，又於「道途買賣，諸般花果、餅食、酒飯、香紙填塞街道。」但是小商販的經營易受到市場和季節的影響，生計極不穩定。

（三）民商的商業活動範圍較廣

1、元朝境內

元朝在統一之後，遍置驛站，大開海運，使交通便利，為商旅提供了「無此疆彼界，朔南名利之往來，適千里者如在戶庭，之萬里者如出鄰家」的優越環境。故民商在元朝境內的活動範圍也隨之擴大，東西南北商業人口流動頻繁。元詩對此有較多的描寫。「煌煌千賈區，奇貨耀出日。方言互欺詆，粉澤變初質。開張通茗酪，談笑合膠漆。憶昔關市寬，崇墉積如銍。梯航際窮髮，均輸乃疏術。」[18] 216 這是來自全國各地的商人操著不同的語言在上都市場上交易的生動寫照。說明元代民商在本國範圍內活動範圍較廣。

2、元朝境外

中國歷史進入元代之後，對外貿易也進入了歷史最高峰的繁榮時期。元代的貿易範圍，東到高麗、日本，南到印度和南洋各地，西南通阿拉伯、地中海東部，西邊遠達非洲，活動地區之廣，交易之頻繁，是中國歷史上前所未有的。「海外夷國以萬計，唯北海以風惡不入，東西南數千里，皆得梯杭以達其道路，象胥以譯其語言。惟有聖人在乎位，則相率而效朝貢互市。雖天際窮髮不毛之地，無不可通之理焉。」[19] 5 由此可見元代的對外貿易範圍也是非常廣的，雖然這跟元代疆域的擴大、自身實力的增強有關，但也是民商的積極活動離不開關係。

三、民商興起的作用和影響

（一）對溝通全國物資交流、繁榮經濟起了很重要的作用

元朝沒有統一前，出現過中原所產土貨「棄擲腐朽而不為用」，北方缺南貨而「價增數倍」的現象。造成商價無業、舟車留停、道路蕭條、物價踴貴的局面。[20] 78 元朝統一全國後，民商興起，開始出現了南北奔波的行商。這些行商的商業活動一般採取「南缺北補，北缺南補」的原則。如南方盛產糧食，大大超過生活需要，而北方有些地區則比較缺糧食等，商人則利用這一商機，往來南北經商，溝通了全國物資的交流。如元朝建立後，上都及和林，人口激增，需要糧食數量較大。元朝政府每年除從中原和江南轉運官糧以外，又以數倍的優厚價格鼓勵商人販糧到上都與和林，各地富商大賈爭先搶運，以至糧倉

滿溢，倉庫官員不再買糧。而行商在進行遠途經商的過程中，不僅帶動了驛站的服務業發展，還促進了江南地區的糧食商品化、市鎮的興起和發展。

（二）帶動了一批市鎮的興起和發展

馬克思曾說過「商業依賴於城市的發展，而城市的發展也要以商業爲條件。」元時大批市鎮興起，尤其是江南地區的市鎮，與民商的商業活動有密切的聯繫。如一些處於交通要道的地區，必然會有大量的商人聚集。長期大量人流彙集，必然會帶動該地區的經濟、城市發展，故一些市鎮就這樣興起了。如杭州路的長安鎮、浙江市以及北郭市。也有一些因生產具有地方特色的產品，並在民商作爲中介操持下，遠銷全國、甚至海外，因此而發展爲專業性市鎮。如因瓷器而出名的景德鎮、因鹽而興起的長蘆、因棉而出名的松江等。由此可看出民商是帶動商業市鎮興起的一個重要動力。

（三）對社會觀念、社會風氣的變化有一定的影響

1、對社會觀念的影響

這裏的影響指的是知識分子對商人的看法改善以及商人這一職業被越來越多的人認同。一直以來士人階層因受到孔子「君子喻於義，小人喻於利」義利觀的影響，對商人一直採取批判、蔑視的態度，但在元朝，這種觀念逐漸淡薄，反而出現了市商親融的現象。在元雜劇中，商人越來越被做爲正面角色出現。人民對商人有了新的認識，主要與商人群體的壯大、商業的發展給社會生活帶來的變化有關。還有隨著商業的不斷繁榮，越來越多的人在擇業上選擇了經商，如「人生不願萬戶侯，但願鹽利淮西頭。人生不願萬金齋，但願鹽商千料舶。」馬祖常云：「近年工商淫侈，遊手眾多，驅壟畝之業，就市井之末。」[21] 150 人們紛紛放棄所從事的職業，轉而經商在元代已成爲一時的風氣。

2、對社會風氣的影響

主要指拜金主義和奢靡享樂之風盛行，以及慈善事業的興起。隨著元代商業的發展以及商人地位的提升，對人的金錢觀產生了影響。如元雜劇中所出現的諺語「錢親人不親」、「錢會說話，米會搖擺。無米無錢，失光落彩。」[22] 30 奢靡享樂之風盛行則可以從以下材料看出，江南流俗，以侈靡爲孝，凡有喪葬，大其棺槨，厚其衣衾，廣其宅兆，備存珍寶、偶人、馬車之器物，亦有寶鈔藉屍殯葬，習已成風。」

　　民商的興起對慈善事業有一定的影響。主要指一些商人在經商致富之後投資於修橋、築路、賑饑濟貧等慈善事業中。如澧州謝姓商人建義濟橋。有朱澤民《澄州謝氏義濟橋詩》為證。商人致富後販貸販濟的，如無錫華氏。可見民商的興起也帶動了慈善業的發展。

（四）民商遠涉重洋，經營海外貿易，促進了中國和亞非各國經濟文化交流

　　元代民間商人在經營海外貿易中，將我國的中國的絲綢、棉布、藥材、陶瓷器、金屬製品等日常生活用品和文化用品運往亞非各國。這些商品受到各國人民歡迎。如雲屯港（今越南海防港）人「其俗以商販為生業，飲食衣服，皆仰北客」（指中國商人）。（今柬埔寨）人喜愛「唐貨」，「以唐人金銀為第一，五色輕嫌帛次之」。[23] 41 他們穿的是用中國絲綢和棉布做的衣服，盛飯用中國瓦盤或銅盤，地下所鋪者，明州之草席」，「近又用矮床者，往往皆唐人製作也」。[23] 76 商人們又將亞非國家的珍珠、香料等奢侈品和布匹、藥材、各種食品、器皿、皮貨和木材等土特產運到國內銷售。受到時人的歡迎。海外貿易的興盛，中外商人的頻繁往來，各種商品的大進大出，不僅加深了中國與亞非各國之間的政治、經濟和文化交流，而且加強了中國人民與亞非各國人民之間的友誼。特別是有些中國商人長期定居國外，形成「番漢雜居」的局面，感情更加融洽。

　　綜上所述，由於在元朝統治者的重商傳統和重商政策的影響下，在全國空前大一統的環境下，商業貿易越來越受到社會各階層的重視和參與，從而使得元代的商業經濟得到空前的發展和繁榮，這裏面也包括了元代民商的努力和貢獻。

參考文獻

〔1〕宋濂，元史〔M〕，北京：中華書局，1976。

〔2〕蘇天爵，元朝名臣事略〔M〕，北京：中華書局，1996，203。

〔3〕馬金鵬譯，伊本·白圖泰遊記〔M〕，銀川：寧夏人民出版社，2000，456。

〔4〕姚燧，牧庵集〔M〕，北京：人民文學出版社，2010。

〔5〕馬端臨，續文獻通考〔M〕，文淵閣四庫本，388。

〔6〕袁桷，清容居士集：上都華嚴寺碑（卷二五）〔M〕，文淵閣四庫本，341。

〔7〕明·臧晉叔，元曲選：第二冊〔M〕，北京：中華書局，1979，264。

〔8〕明·臧晉叔，元曲選：第三冊〔M〕，北京：中華書局，1979，895。

〔9〕顧嗣立，元詩選（初集）：卷 46〔M〕，文淵閣四庫全書本，229。

〔10〕薩都剌，雁門集〔M〕，文淵閣四庫全書本。

〔11〕王禎，農書〔M〕，文淵閣四庫全書本，378。

〔12〕元代的工匠〔J〕，元史及北方少數民族史研究集刊，1981，（5）：451。

〔13〕明·陶宗儀，南村輟耕錄：卷 30《髹器》〔M〕，文淵閣四庫本，745。

〔14〕明·黃淮，歷代名臣奏議（第一冊）〔M〕，上海：上海古籍出版社，1989，937。

〔15〕唐力行，商人與中國近世社會〔M〕，北京：商務印書館，2006，15～16。

〔16〕馮承鈞譯，馬可波羅行記〔M〕，上海：上海世紀集團出版社，2001，358～359。

〔17〕明·陶宗儀，南村輟耕錄：卷 11 牙郎〔M〕，北京：中華書局，1980，139。

〔18〕袁桷，清容居士集：卷 15〔M〕，文淵閣四庫，216。

〔19〕蘇繼廎校譯，島夷志略·吳序〔M〕，北京：中華書局，1981，5。

〔20〕胡祗遹，胡祗遹集，紫山集〔M〕，吉林：吉林文史出版社，2008，78。

〔21〕李叔毅點校，石田先生文集〔M〕，鄭州，中州古籍出版社，1991，150。

〔22〕明·臧晉叔，元曲選：第二冊《凍蘇秦》〔M〕，北京：中華書局，1979，30。

〔23〕周達觀，眞臘風土記校注〔M〕，北京：中華書局，2000。

〔24〕楊軍琴，元代民間商人研究〔D〕，西北師範大學，2008。

〔25〕王秀麗，元代東南地區商業研究〔D〕，暨南大學，2002。

〔26〕元代商業繁榮及其原因〔J〕，南京林業大學學，2010，（3）。

〔27〕元代糧食生產和糧食商品化〔J〕，中國農史，1994，（10）。

〔28〕論元世祖忽必烈的經濟政策〔J〕，前沿，2009，（5）。

〔29〕試論元代「農商並重」政策及其影響，〔J〕，經濟研究導刊，2013，（14）。

〔30〕論元雜劇中傳統商業價值觀的裂變〔J〕，青海師範大學民族師範學院學報，2011（1）。

注：本文發表於《社科縱橫》2015 年第 6 期。

第七章 元代的重商主義與社會風氣研究

　　經歷了宋元和蒙金戰爭的洗劫後，戰後兩淮地區人煙斷絕，「荒城殘堡，草原頹垣，一片蕭瑟，狐狸嘯聚其間」，因此，面對著這種景象，元朝建立後第一件事情就是採取一系列的措施來恢復戰前的經濟，如重振城市，安置流民等，這才是保證元朝長治久安的根本。在新的形勢下，元朝面臨著新的挑戰和考驗，究竟應該怎樣才能不重蹈前朝的覆轍，來鞏固元朝這一新興政權的統治呢？「重商主義」傳統又對元代的社會生活到來了那些影響呢？

一、「重商主義」在元朝得到重視的原因

　　首先，經歷了蒙金、宋元戰爭是一個原因，經歷了戰爭的元朝迫切需要經濟的恢復與發展；而且蒙古族以前的生活方式大多以游牧爲主，生產力較低，爲了改變這種狀況，自忽必烈以來，歷代元朝的統治者都以農業代替了畜牧業，因爲在戰爭中他們就意識到，農業人民所能提供的財富遠超游牧畜牧業，消滅人民就等於斷絕了自己的剝削淶源，對於這些地主、貴族官僚來說，老百姓更是他們財產和兵力的根基，極力的制止屠殺 [1] 235，所以因爲統治者的重視，元朝的農業有了很大的發展。而且，統治者都有自己的私欲，追求物質的豐富，驕奢淫逸的生活，而我們也不應該忘了一個重要而又基本

的原因，那就是發展商業可以給統治者帶來大量的奢侈品，並且還可以給國家帶來大量的賦稅收入，因此他們開始重視商業，並極力的與商人勾結，出現了一種腐敗的現象，一切源於元朝統治者的貪欲。元政府爲了更多的搜刮財富，讓富人納粟補官，標出官價，公開拍賣，官有大小，價有高低，官職成了商品[2]9。這是重商主義所帶來的不利的影響，爲了一己私欲，使元朝的政局動盪不安，所謂的市井流氓來充當國家的棟樑，試問國家的長治久安又怎能維持呢？後來隨著元朝的疆域擴張，一直到了西亞地區，中國與歐洲的交往必然就更加的密切，技術交流也更加普遍，元朝在當時更具有對外開放，四海爲家的思想觀念促動，經濟的起步也是必然的趨勢，從而帶動了手工業與商業的發展。其次，在元朝年間，中國南方的棉花種植已非常普遍了，所以紡織業也隨之發展起來，而且使當時的棉紡織技術達到相當高的水平，出現了以黃道婆爲首的一批手工業者。此外，因漕運、海運的暢通及紙幣的流行，激發了中國學者、旅行家、商人等等一些先進分子對異域風情，不同文明的興趣和嚮往，在這種興趣的觸動下，商業在元朝也極度繁榮起來，使其成爲當時世界上最富庶的國家之一。元世祖年間，威尼斯商人馬可波羅曾到過中國，在它撰寫的《馬可波羅遊記》中詳細的記載了當時元朝大都的繁榮景象。上述就是元朝爲什麼不以抑商這一中原歷代王朝傳統政策來指導自己的國民經濟管理活動的原因，抑商不是它的國民政策。但是，元朝重商雖然有別於歷代王朝的抑商，它們的最終目的都是最大限度的聚斂財富，兼併土地，壓榨老百姓的血汗，只是形式不同而已。

二、早期重商主義對社會風氣的影響——官商勾結，官吏貪污問題嚴重

要研究元朝的早期重商主義對社會風氣的影響，那麼首先是着重研究它早期的社會經濟就必須研究當時的社會階級和等級，因爲這時的階級正是由於人的當時的經濟地位去決定的[2]1。元朝社會地主階級和農民階級兩大階級組成。以皇帝爲首的地主階級往往兼營工商業，放高利貸，利用民脂民膏來滿足自己的私欲。所以元朝的商業往往是與政治權利結合的，因爲元朝政府和貴族往往要通過商人幫助流通物貨，增加稅收，放高利貸，來獲取更加多的財源，所以他們對商人大多是予以保護和鼓勵的，甚至還扶持商人入朝當官，而不用「眞儒」理國政。比如阿合馬本回回商人，「爲人多智巧言，以功

利成效自負」，是一個「培克斂財爲事」的人，忽必烈「授以政柄，言無不從」。
繼阿合馬之後的是盧世榮，也是一個「主權倖，驟升中書右丞」的商人，深
得忽必烈的重視，每當議事忽必烈必曰「依世榮言。」[2] 16 因此在元朝特定的
歷史條件下，官員的政治素養和文化素質偏低都是可以理解的，他們不諳政
事，而盡可能的利用自己的職務，推諉公務，盤剝百姓，造成了嚴重的「吏
弊」。而皇帝是最大的地主兼最大的商人，皇帝和貴族官僚們榨取的對象往往
是被統治階級，農民、佃戶、驅口、小工商業者等等，元朝政府雖然鼓勵勸
課農桑、鼓勵大量種植棉花等農作物，但是在後期都會成爲人民苦難的根源，
因爲廉訪司所記載的無疑是「紙上栽桑」「紙上種棉」，人們往往承擔不了過
重的稅收，所以明明是好的措施，最後卻成爲了貪官污吏斂財的手段，搞到
民不聊生，嚴重擾民，而元朝政府和大商人勾結得到的不義之財，大大的擴
展了宗教的作用，用來建造寺廟，削弱人民的鬥爭意識，來控制人民的精神，
使官商勾結更加鞏固。因爲當時在統治階級的壓榨之下，人民的生活苦不堪
言，而元政府卻對宗教人士非常禮遇，因此出現了當時的一種現象：「爲了躲
避差稅，多有一等不諳經教、不識齋戒、不曾諳練寺務避役之人，用財冒據，
冒然爲僧」[3] 27。針對這一狀況，朝廷不得不對僧侶做了一定的要求。

　　元代的大商賈，由於政府的保護，所以他們的經營規模一般都很大，例
如：仗著權勢經營邸店、商鋪、作坊、質庫、船舶運販等，席卷「水陸之利」，
元人鄭廷玉在元曲《看錢奴》中描寫這些大地主時說：「有萬貫家財，鴉飛不
過的田產，物業油磨坊，解典庫，金銀珠翠，綾羅緞匹，不知其數 [1] 371。這
就是對當時社會上地主階級極其眞實的描寫，他們有的經營商業，有的搞對
外貿易，爲了發財致富，可謂無孔不入，不斷的向皇帝進獻，爲元統治者的
驕奢淫逸的生活提供了一定的物質基礎，名爲「進奉」，實則是向統治者放高
利貸，讓其無法償還，就必須拿鹽引等作抵押，因此往往誰進獻得多的，陞
官發達的可能就更高，這種官本商辦的形式在元人著作中稱爲「官本船」。因
此可以知道，元朝早期「重商主義」，即重視商人，也給社會造成了嚴重的影
響，商人與政治權利相結合，組成了漁利的網羅，貪官污吏橫行鄉里，欺壓
民眾，動不動挑人眼，剔人骨，剝人皮，落到這些貪官污吏手裏的民眾，冤
苦不堪，官商勾結成爲了當時的一種社會風氣，給元初得到恢復的農業又遭
受重創。但是，在這種狀況下，元政府還下詔曰：諸藩國列居東南島嶼者，
皆有慕義之心，可因蕃舶諸人宣佈朕意，誠能來朝，朕將寵禮之，其往來互

市，各從所欲 [4] 79。詔令明顯擺明了元朝政府重視商業貿易的決心，特別是海外的貿易，無論能不能來朝，元朝政府都一律優待，元朝採取的這種態度，重視商人地位，重視商業的發展，除了給農民、投下戶等帶來不利的影響之外，就真的沒什麼益處了嗎？

三、元朝中期的「重商主義」對社會風氣的影響──文化生活豐富

元朝中期，農業、手工業、商業的發展，而且，元政府對國內的商業採取了保護政策，使南北物資交流通暢，來自世界各地的貨物，川流不息，城市經濟繁榮，出現了大都、泉州、廣州等國際大都市，大都可以說是全國商業繁榮情況的一個縮影，並成為了世界各國商品的集散地，「百貨商積」，有國外運來的胡椒、豆蔻、珍珠、鑽石等，有等待出口的中國手工業品和農產品。在當時，世界上沒有一個可以與之相比的大都市出現，可見其繁榮程度。當時的經商不僅已經成為了一種風氣，一種搏得功名利祿的途徑了，而且對外貿易頻繁，元時、歐、亞、非諸國諸民族商人接踵來華，在元朝各著名工商業大都會中珍奇彙萃、商賈雲集。其時，中國南北東西都形成了商業發達區。在對外貿易的情況下，自然也帶動了雙方之間的經濟、文化等方面的交流。例如看看當時元朝與亞非國家之間的關係，主要說說高麗和日本兩個國家，高麗和日本在經濟文化都與元朝有一定的交往，雖然在政治方面有些衝突，但是也不影響他們的民間貿易交往，而其據《元史》記載，至元十六年，有日本大商船四艘，載商人，水手共計二千餘人的大商隊至慶元港口，地方官偵查，確實是來貿易的，並無其它目的，即許日商登岸市易，出現了「賈區市壚，陳列分錯，咿嘎爭奇，踏歌轉舞」的熱鬧景象。這是經濟上的交往，在經濟往來的時候也帶動了文化等方面的涉獵，許多精通漢文的學者和僧人或奉命出使或遊學，與中國文人結交，研究中國文學 [5] 415。這體現了中國與日本等亞非各國在經濟文化的交流在中元時期就有所發展。同時，元朝與歐洲一定的交流，蒙古的統治者早在建國之初就利用「西域「商人來幫助他們搜刮財富，元朝的貴族和官僚們往往勾結起來，利用他們的權勢，從事貿易活動或者放高利貸。因此，元朝政府不但容許和鼓勵各國商人在中國境內經商或經營中西國際貿易，而且還給予種種優待。曾經有元朝人說：「當時西域商人往往」擅水陸利，天下名城巨邑，必居其津要，專其膏腴」雖然這裏指的是回回商人，但是歐洲人在元朝也享有與回回商人同樣的待遇，據元代來

過中國的傳教士和商人報告，在大都、泉州等地，都有歐洲商人長期居住經商或者往返貿易 [5] 435。在經濟密切接觸了之後，元朝都對各國的宗教兼收並蓄，用各國的宗教加強對人民的統治，所以這些因素都能加強元朝和歐洲關係的發展。這就是元朝時期的對外關係的發展，發展了元朝的經濟貿易的同時也豐富了元朝文化傳統，使其能走向世界，和世界的文化融合在一起，取其精華，不斷的昇華。可是，讓我們回顧一下國內的狀況：

國外的貿易權主要掌握在權貴手中，國內的貿易也不例外，由元朝的貴族和官僚們掌握着貿易權，然後交由商人經營，政府抽利。例如：忽必烈的孫子威順王寬徹普化，封王在湖廣，糾集了一批巨商，進行經商活動，他們依仗威順王的權勢，當地政府不敢干預；西域商人阿合馬、桑哥，漢人盧世榮等都是以經商、理財得寵，爬上高官的 [6] 181。這都是元朝政府重商主義的產物，依仗元朝政府的保護，就連從事宗教的寺院、道觀也廣占土地，開設酒店、旅館、浴室等從中牟利，本來是從事教化人們的宗教組織也經營商業，可見當時元朝統治者對商業的重視，而爲了迎合統治者的口味，幾乎國內的所有人們都投入到發展商業的氛圍中。同時，廣州作爲元朝的貿易大港，所擁有的船隻比意大利還要多，當時就這一港口就與世界上 140 多個國家進行通商，而且吸引了很多外國商人到中國開展商業，很多穆斯林商人都很願意來中國經商，因爲在中國經商被他們認爲是最安全的，即使一個人攜帶者大量的財物行走九個月也不用害怕，因爲從廣州到大都的沿途，都有士兵保護，而且因爲嚮往中國的物質文明，他們都很願意到中國買田蓋房，與中國人友好相處 [6] 184。

在商業發展的帶動下，元朝的文化生活也逐漸豐富起來，戲院裏演出雜劇、評話、散曲，並且擁有許多著名的雜劇作家和演員。元朝雜劇的中心主要在大都，雜劇分前後兩期，前期時，由於作者大部分是下層知識分子，元朝前期沒有科舉制度，他們失去了通過科舉當官的希望，地位較低，且生活在城市市民中，所以作品充滿著生活氣息，偏現實主義居多，爲廣大市民歡迎；而後期不像前期那樣富有現實主義，比較追求曲辭的典雅工巧。在當時出現了著名的「元曲四大家」，關漢卿、馬致遠、鄭光祖、白樸，大多出產抨擊封建禮教揭露封建道德的虛僞性作品。雖然元朝由於對經濟的重視，而使其文化生活豐富，但最豐富的莫過於是蘇杭了，因爲杭州是南宋的都城，其影響力在元朝還留存著，就是杭州這地方成爲了元朝後期雜劇的中心，而且

由於絲織業發達被馬可波羅稱作「天城」。現在先讓我們來瞭解一下杭州的文化：許多著名的雜劇家和著名小說家如施耐庵、羅貫中等都在這裏從事過創作活動。西域音樂在杭州也很流行，摩洛哥旅行家伊本白圖泰在杭州遊覽運河時，看見奏樂和歌唱的節目，不僅有中國曲調，還有阿拉伯和波斯音樂，很受人們的歡迎，和他一起的旅行的人一再要求演奏者再來一個[6] 178。那麼既然有「天城」就肯定有「地城」的啦，自古人們就傳頌「上有天堂，下有蘇杭」，因此蘇州就是傳說中的「地城」了，蘇杭不僅絲織業極其豐富，大多充斥著商人和手工業者，也有文人和醫生各色各樣的人，不計其數，所以這裏的文化生活，娛樂多樣化也是可以想像的。

四、元朝末期的「重商主義」對社會風氣的影響——農民起義不斷

在中國歷史發展的長河中，元朝的歷史有其光輝的一頁，首先在歷代這麼多個封建國家中，沒有一個是像元朝這麼重視商業的發展，他們只會選擇抑制資本主義的萌芽，從而阻礙商業的發展，並且把商人的地位規定在「士、農、工、商」中的最低等級，而不像元朝，通過各種方法把商人擡升到元朝的官場中，出現一批以高官身份經商和依靠政府經商的人。但是最光輝的歷史也有它凋敝的時候，隨着元朝統治者本身的日益腐朽，無法克服的各種社會矛盾的尖銳，它的統治走向了末期。

在元世祖忽必烈在位的時候就窮兵黷武、大建豪宅，而且也沒有建立起穩定的徵稅制度，並且數次徵調過紙鈔準備金，已經破壞了元代經濟的可持續性。而最終元世祖沒有留下穩定的社會經濟狀況。而到了成宗時，經濟有所恢復，但是成宗後的紀幾位皇帝在爲時間不長，每一位皇帝的上臺制度就變更一次，缺乏長期性。直到到了元順帝時期，脫脫爲相後，決心改革被繼承下來的弊端，他在經濟上進行了一系列的改革：即通過政府花錢的方式，來帶動經濟的發展，一旦政府出手進行刺激、控制和指導經濟，就馬上讓問題有好轉，剛開始脫脫就是在這一理念的驅動下進行的改革。脫脫在改革中有些措施是可取的，比如他發現了糧食的運輸問題是個大問題，開鑿京杭大運河解決糧食的運輸，使北方大都的糧食供應問題得以解決，但後來，由於堵塞的問題而不得不中斷；其次爲了發展北方的稻米種植，還專門從南方請熟練的人教北方人種植稻米；這些經濟當面的措施給當時面臨着嚴重自然災害的元朝政府起到了一定的積極作用的，使黃河泛濫得到了治理；但是脫脫

在刺激經濟的計劃中出現了很大的漏洞：印紙鈔。因爲他在實行措施的時候，是需要政府大量的開支的，但是對於一個國庫空虛的國家來講如何承擔起這些工程呢？就是說如何籌錢呢？

　　因爲元順帝上臺後，對貴族官僚濫行賞賜和宮廷的揮霍無度，國庫入不敷出，爲了擺脫財政危機，脫脫採取了兩種途徑：首先是最大限度的把國有企業鹽、茶專賣等榨乾；其次是大量地印發紙鈔，最後造成了惡性的通貨膨脹，造成了經濟的崩潰；而且大量的工程擠佔了太多的勞動力，黃河泛濫這幾年來，沿河兩岸的貧苦農民遭受了洪災、饑荒和瘟疫，長期在死亡線上掙扎，本來已經怨聲載道，現在被強徵爲河工後，伙食和工資又遭到治河官吏的剋扣，怨恨、憤懣的氣氛籠罩著治河的工地 [5] 91。去修治黃河運河的人很多，人民實際上脫離了勞動，不再創造產品，於是種地的人少了，糧食減產，也造成了經濟的崩潰；脫脫依靠政府花錢刺激經濟的措施走到了盡頭，隨着黃河的決口，以及經濟秩序紊亂帶來的民不聊生，帶動了起義的爆發。當時流傳的一首《醉太平小令》堂堂大元，奸吏專權，開河變鈔禍根源，惹紅巾萬千。人吃人，鈔買鈔，何曾見？賊做官，官做賊，混賢愚，哀哉可憐 [5] 89！這首小令揭示了正是「開河變鈔」導致了元末的紅巾軍起義，是元朝政府處於搖搖欲墜的邊緣。而在韓林兒、劉福通、彭瑩玉等發動了紅巾起義後，全國各地響應起義的「無慮千百計」，其中大部分後來都歸紅巾軍建立的政權所統轄。此外還有大小不等的其它農民起義，他們不以紅巾爲號，不信奉白蓮教，也不屬於紅巾軍建立的政權統轄。在這些起義隊伍中，以張士誠、方國珍兩支最強大，活動範圍最廣，但這兩支起義軍時而投降時而反抗，所以很快就變質了 [5] 106。由上述可以總結出，有好的措施不一定有好的結果，脫脫他發動政府花錢刺激經濟改革弊端這個出發點是好的，但是，一個富有進取心的政府，必然會大手大腳的花錢，大手大腳的花錢的最終結果就是最大限度的斂財，斂財的最好手段就是加重賦稅或者大量地印發鈔票，最終必然導致惡性的通貨膨脹，民不聊生。所以在元中後期的社會本來就動蕩不安，政局不穩，而脫脫的刺激經濟的計劃無疑是加速了元朝的滅亡，元朝的滅亡已經是成爲了不可避免的趨勢了。

　　通過對元朝早期、中期、晚期的重商主義的研究，可以得知元朝的重商主義政策在各個時候給元朝帶來的社會風氣也不盡相同的，其中有積極的作用也有消極的影響，總得來說，積極的作用無外乎因爲元朝比歷來的朝代都

重視商業，因此元朝可以說是另一個「開元盛世」，經濟貿易繁榮，商人的地位得到了提高，人們的物質生活和文化生活豐富，出現了一些當時國際無可比擬的大都市等等；消極的無非是在官商勾結的時代，貧苦大眾盡可能地被最大限度的榨取，徭役賦稅沉重，生活苦不堪言等。雖然這樣，但是在元朝每個時期有每個時期的主題，而重商主義在每個時期都發揮着舉足輕重的作用。

參考文獻

〔1〕韓儒林，元朝史（上冊）〔M〕，人民出版社，1986，8。

〔2〕李幹，元代社會經濟史稿〔M〕，湖北人民出版社，1985，12。

〔3〕史衛民，元代社會生活史〔M〕，中國社會科學出版社，1996，1。

〔4〕周少川，元朝的開放意識與域外史研究〔J〕，河北學刊，2008，9。

〔5〕韓儒林，元朝史（下冊）〔M〕，人民出版社，1986，8。

〔6〕邱樹森，元史〔M〕，中國青年出版社，1995，8。

第八章　元初的斡脫商人與商業經濟研究

　　元朝在中國古代社會中是一個特殊的朝代，它是第一個由少數民族建立的大一統的專制王朝，也是中國古代王朝中疆域最爲遼闊的朝代。對於中原的游牧民族來說，面對如此大的疆域，雖然他們一開始是採用「漢法」，以維護封建王朝的統治，但與傳統的統治是有所不同的。就經濟方面來說，元以前是高度的「重農抑商」，以維護封建小農經濟。但由於游牧民族特有的「重商主義」使得統治者對商業格外的重視，使得商業的地位變得尤爲重要。游牧民族逐水草而居的生活方式帶來的開放性的文化心態也更促使其重視商業，至忽必烈時代，隨着與外地聯繫的加強，商業更有所發展，貿易範圍擴大，特別是各族商人接躍而至，深入元朝腹地從事貿易。其中最爲活躍的商人就是斡脫商人，在元代發揮著重要的作用。關於斡脫這一研究，學者在這方面的研究也比較多，但就針對元初這一特殊時期斡脫商人在商業經濟方面的研究還是相對比較少的。

一、斡脫商人的由來

　　「斡脫」作爲一個外來詞，是從西域傳來的。在傳入蒙古之前是「共同者」或「合夥群體」，隨著西域商人頻繁地大規模地進入蒙古從事商業活動，不斷賦予其含義，與商業的關係越來越密切，發展爲用來指那些從事長途販賣貨物的商人團體。在這時「斡脫」其實也與一般商人沒什麼區別，只是有兩點要注意，一、是他們一夥人；二、是他們從事長途貿易。沒什麼特權，從事正當的商業活動。

　　隨着這些商人和蒙古貴族的聯繫和交往的加強，他們的身份和地位發生了巨大的變化，他們逐漸成爲蒙古貴族的私屬，專門爲其賺取財富，以前以經營長途販運貨物爲主的買賣也逐漸轉化爲發放高利貸，最終他們也脫離了蒙古貴族的人身依附關係，並登上政治舞臺，對整個元代政治產生重大的影響力。[1] 在修曉波先生的研究下，他將在元代的商人按類型將色目商人進行分類，其一是一般商人，其二是斡脫商人。可見斡脫商人在當時社會所處的經濟地位是比較特殊的。

二、斡脫商人所從事的商業活動

　　斡脫商人特別之處可以說是與當時社會的貴族在經濟上有着密切的聯繫，蒙古貴族的武力擴張和掠奪，使其擁有大量的財富和金錢。然而，因他們不善理財，不懂經營，就只好利用東來的西域商人幫助他們進一步擴大財富。而這些西域商人中最爲活躍的就是斡脫商人。

　　斡脫商人主要從事的商業活動其一是發放高利貸，他們所用的高利貸資本在當時就叫做「斡脫錢」，而他們經營高利貸最爲顯著的特點，正是其這些資本是由蒙古汗室和貴族提供的，正如《中國經濟通史》所提及的：「蒙古時期，大汗和諸王、公主、后妃都委託中亞的回回商人，發放高利貸，經營商業謀取厚利。這種爲蒙古貴族經營商業和高利貸的回回商人，在當時時被稱爲斡脫商人。」[2] 斡脫商人經營高利貸的另一個特點，是其利息非常高的。斡脫商人經營的高利貸，稱爲「羊羔利息」。《黑勒事略》「其賈販則自軸主以至僞諸王僞太子僞公主等，皆付回回以銀，或貸之民而衍其息。一錠之本，展轉十年後，其息一千二十四錠，或市百貨而撤遷，或託夜偷而責償於民。」[3] 據王國維的推算，一錠之本，至年底爲二錠，第二年底爲四錠，三年底爲八錠，到十年底剛好是一千二十四錠。可見利息是每年翻倍增加，利息之高，怪不得當時的人稱之爲羊羔利息。斡脫商人經營高利貸的另一個值得注意的特點，是他們經常利用超經濟的強制性手段收取利息。由蒙古汗廷提供的特權，對斡脫進行高利貸盤剝有很大的幫助。因爲他們專爲諸王、公主、駙馬等蒙古貴族服務的，所以享受比一般商人更多的特權，其貨物不納稅，他們不負擔差役，還可以攜帶武器，旅途住宿也受特別保護。外出經營時，可以獲取公憑。[4] 所以，這無疑是有助於這些斡脫商人發展其高利貸活動，並且獲得豐厚的利息。那麼至於蒙古貴族與斡脫商人的合作，一個出資，一個出

力，他們之間又是怎樣分配利潤的呢？據日本學者愛宕松男的考察，太宗朝時給斡脫貸與高利貸本錢的蒙古汗廷與貴族收回的利息在年息一成左右。這樣，從欠債者收到利息的九成，歸於斡脫商人[5]。看來，發放高利貸賺錢最多的並非是投資者，而是其經營幫辦。

斡脫商人主要從事的商業活動其二是經營海外貿易，斡脫商人便是「奉聖旨、諸王令旨隨路做買賣之人」。[6]修曉波先生在他的研究中說道：「早在成吉思汗時期，蒙古貴族就提供本銀，委託西域商人賈販貿易，自己坐收高額利息，那些為蒙古貴族經營的西域商人即成為斡脫，蒙古國時，斡脫主要往返於中西陸路商道，經營金銀珠寶、名貴皮毛等供皇室享受的奢侈品。」當時斡脫商人在當時統治者推崇的「重商主義」的政策和相對遼闊的貿易環境下，斡脫從事海外貿易是相當繁榮的。

可見，斡脫商人從事商業活動，早在元初前就已經出現了，只是發展到元初時又是一個階段的狀況。而成吉思汗時期是斡脫商業形成和確立的時期。[1]在人類社會發展過程中，很早就出現了勞動產品交換的商業活動。游牧民族逐水草而居的生活方式帶來的開放性的文化心態更促使其重視商業，至成吉思汗時代，隨著與外地聯繫的加強，商業更有所發展，貿易範圍擴大，特別是各族商人接踵而至，深入蒙古腹地從事貿易。成吉思汗對於商業非常的重視，可從其《必里克》中所說的：就像我們的商人帶來織金衣服和好東西並堅信能從這些布匹織物獲得巴里失那樣，軍隊的將官們應當很好地鼓勵兒子們射箭、騎馬、一對一格鬥，並讓他們練習這些事，通過這樣的訓練把他們練得勇敢無畏，使他們像堅毅的商人那樣掌握他們所知道的本領。[1]另外，成吉思汗對商業及其發展的重視，還體現在他的一些政策上，這些政策主要有：1、成吉思汗親令：凡進入他的國土內的商人，一律發給憑照，並保護其人身和財產安全，同時給予他們以優視厚待；《大箚撒》還明文規定：「要保護國與國之間的貿易」，要在大道上設置守衛，建立驛站，其中驛站雖一開始是為軍事服務的，但在經濟上發揮的作用不可低估，它保證了商路暢通，給商業往來及貿易活動提供各種方便；2、在政治上，更提高商人的社會地位，讓富商大賈充任顯官要職。在這背景之下，1218年成吉思汗派往花剌子模由斡脫商人組成的商隊，「這450人的商隊具備了後來斡脫商人的雛形」。[1]而成吉思汗的子孫後代也秉承着「重商主義」，最為突出的窩闊台汗和貴由汗時期，使斡脫商人迎來他們發展的「黃金時期」。

在 1260 年，長期經營漢地的忽必烈即位稱汗，建元中統，是唐末以來真正的大一統。隨後忽必烈更結束了和阿里不哥的汗位之爭，滅了南宋，完成了元朝的真正大一統，建立遼闊的疆域，從而也就形成了前所未有的遼闊的貿易網絡。忽必烈建立的元王朝雖然是蒙古國的延續，但畢竟國家性質已大有不同，在這樣的背景下，斡脫商人從事的商業活動又是怎樣呢？

忽必烈登上帝位，採用中原王朝紀年方式，標誌著其採行「漢法」的開始。在政治上建立了從中央到地方的行政管理機構，這些管理機構的設置完全是依照中原王朝傳統模式建立起來的，作為元代重要財政收入的斡脫商業自然也受到統治者的重視，斡脫開始走上真正的官商化。在這時，斡脫商人主要從事的商業活動發放高利貸，在高石剛對於高利貸在中國古代的起源與發展的研究中，他提及到了唐宋時期，中國高利貸可以說是進入了一個完備發達的時期。那麼在元代的時候，高利貸更達到了很大的發展，其中對社會影響最大的就是斡脫商人來經營的高利貸經濟活動。斡脫一詞也變得更加豐富，在元代又出現了「斡脫錢」，也就是由當時統治者提供的高利貸資本。斡脫錢」又稱作「斡脫官錢」。元代的文獻說：「斡脫，謂轉運官錢，散本求利之名也」。[3] 出現「官」這個字，就涉及到一個斡脫錢性質的問題：它應屬於官還是屬於民？在王希玲女士《淺談元朝的斡脫錢》和劉政的《斡脫商業與元代社會》的著作中，都認為斡脫錢的官民之分取決於其贏利者。元初提供發放高利貸本錢的貴族的最終目的不是為國家贏利，而是為自己贏利，所以元初的斡脫錢應定為民營行為；元朝建立專門管理斡脫事宜的機構——諸位斡脫總管府以後，在該機構的指導下經營的斡脫錢，以增加國庫為目的，因此，這時期的斡脫錢才屬於官營的。在下面將會更加詳細提及元朝建立專門管理斡脫事宜的機構。

三、官府對斡脫商人的管理

斡脫商人與其所從事的活動，對當時中國社會生活有相當大的影響，如斡脫經營的高利貸，對當時的人民帶來了很大的危害，因此必然會引起官方的注意。蒙古汗廷時已開始對斡脫商業進行管理，主要以限制他們的特殊地位為目標的。然而蒙哥汗的措施並沒有完全壓制斡脫商人的活動和他們對社會經濟的消極影響，但是為以後對他們進一步的管理和控制奠定了重要的基礎。忽必烈建立元朝以後，對斡脫商人管理的更加規範化、制度化。

　　建立元朝以後，忽必烈立刻開始對現存的政治體制和經濟結構，進行改革與整頓。他所採用的政策，是按照漢法進行的。對經濟結構進行的改革，自然包括對其重要組成部分——斡脱的整頓。對斡脱商人以及他們的商業活動的政策，主要表現在兩個方面：一方面，是限制的他們的特權。在修曉波先生的研究下，他歸納了斡脱商人的特權如下：他們行商時按照規定應當課稅，但他們依仗權勢，經常逃避或拒絕交納；可以攜帶軍器；行船鳴鑼擊鼓；辦買鹽引時欺侮倉官、販賣時霸佔行市；有時只承擔部分差役；在享受優待方面，與僧、道、也里可溫、答失蠻等戶計有相同之處；享有騎乘驛馬的特權。元廷對他們的跋扈行為予以限制，如限制諸王的私屬斡脱，或者說割斷他們與斡脱結交、勾通的渠道；至元元年（1264）八月，忽必烈下詔：「定立諸王使臣釋傳、稅賦、差發，不許擅招民戶，不得以銀與非投下人為斡脱，禁口傳救旨及追呼省臣官屬。」[3] 另一方面，是設置相關的管理機構。至元四年（1267年）立諸位斡脱總管府，這是元朝正式設置機構管理斡脱的開端。當時，平宋戰爭仍在繼續，海都在嶺北的葉密立河畔舉兵叛亂尚未平定，軍事上的龐大開支促使忽必烈意識到必須對國家的財政加強控制。至於斡脱商人，這當時特殊商業群體，忽必烈要把在貴族手下經營的私屬斡脱放置在中央政府控制之中。至元元年（1264 年），忽必烈下詔：「定立諸王使臣驛傳、稅賦、差發，不許擅招民戶，不得以銀與非投下人為斡脱，禁口傳救旨及追呼臣官屬。」此前，斡脱商人的活動主要給貴族私人帶來財富，而現在忽必烈的目標是讓他們為國庫贏利。忽必烈在這時重用理財之臣阿合馬，創立諸位斡脱總管府，既可以打擊諸王勢力、鞏固中央集權，又能夠解決急劇增長的軍費開支。

　　至元九年（1272）八月，元廷又建立了斡脱所。對於這機構和斡脱總管府的關係，在修曉波先生研究中提及，斡脱所設立之前，元朝已存在地方上管理斡脱之事的機構，如至元六年十月以前設於琢州斡脱局；從名稱上看，斡脱所又不是中央機構。因缺乏史料，他只能推測斡脱所是由斡脱局演變而來的地方機構。

　　至 1280 年，元朝又設置泉府司，其功能是「掌領御位下及皇太子、皇太后、諸王出納金銀事」。泉府司是由斡脱總管府升置來的。翁獨健先生曾據《元典章》卷七《官制·職品》勾勒出泉府司的吏員職品：泉府大卿從二品，卿正三品，少卿正四品，司延正五品，經歷從六品，都事從七品，富藏庫使從

七品,照磨兼管勾承發架閣庫正八品,富藏庫副使從八品,行泉府司鎮撫正五品。[3] 可見泉府司確是在諸位斡脫總管府的基礎擴大而成的。在穆和坦爾先生的研究中,他分析了在已經有專門管理斡脫之事的中央及地方機構系統的情況下,元廷為斡脫總管升格而在其基礎上再設置具有同樣功能的部門的問題上,他得出的原因是:1276 年,即升置泉府司四年之前,元軍攻入了南宋首都臨安市,宋恭帝奉上傳國玉璽和降表,南宋滅亡,元朝成為全國性政權。這說明,中國東南沿海地區的若干貿易港口也轉向元廷控制之下了。此後,斡脫經營的範圍包括了從事海外貿易,這要求他們人數的增加,同時要求中央對他們的管理、控制的進一步強化。這自然導致相關管理機構規模擴大。因此按照封建時代貿易管理的通常體制,元朝相應統領層次是中書省~行省~市舶司,然而,在這一時期,元朝市舶司之上卻有行泉府司之設。這樣,元廷通過泉府司的分支(行泉府司)介入了海外貿易。[6] 泉府司的設置,給斡脫商人和貴族獲取更大的財富提供了更好的機會。

四、斡脫商人對元初商業經濟的影響

在元代完成大一統以後,商業的風氣席卷全國,下至平民百姓上到達官貴人都爭相從事商業活動,甚至於皇室貴族也將錢物交由斡脫商人讓其代理經營。斡脫商人對元初商業經濟的影響主要是從他們所從事的商業活動來看,一方面我們可以看出他們為元初商業經濟發展作出了重要的貢獻。作為西域商人的斡脫商人東來對中國商業的最大貢獻就在於他們衝擊了傳統的社會風氣——重農抑商,顛覆了漢人的思想,社會風氣由原來的重視男耕女織和讀書做官轉變為重視賈利。重商思想為古代中國商業的發展提供了良好的社會氛圍,它直接促進了與商業有密切關係的生產部門產生了一種新的生產方式——雇傭關係,從而又刺激了商品經濟的發展,最終,為明代出現資本主義萌芽奠定了基礎。[1] 其次,在官方的鼓勵之下,斡脫積極的參與海外貿易。專門管理斡脫的機構——泉府司也是這一時期設立的。元政府通過泉府司控制斡脫經營海外貿易。這種做法對國家財政收入有了積極的影響。另外,斡脫下海時到達了很多的國家與地區,這對中國文化在外地的傳播有所好處。再次,商品的買賣是斡脫商人的重要經營業務,所謂的斡脫官商只是斡脫商人中的一部分,而更多的斡脫商人從事的是商品的販運。他們的販運、轉賣貿易在一定程度上促進了手工業和商品經濟的發展,對元代經濟的發展

具有一定的積極意義。另一方面，元代的高利貸尤其是斡脱高利貸非常的殘酷，不僅僅表現在利息很高，而且借貸斡脱高利貸就意味著一旦有意外還不了債，就會傾家蕩產、家破人亡，貧民家庭的子女往往就此失去人身自由，成爲放貸人的奴僕。對民間社會的負面影響，使官方對斡脱錢採取一些限制性的措施，壓制羊羔息，但成效不是很顯著。元代高利貸的盛行必然會造成社會的不穩定和平民的大量破產，平民子弟大量的淪爲權貴富商的奴僕必然不利於專制王朝收取賦稅，它加劇了社會分化，加深了社會矛盾，成爲元代迅速走向滅亡的一個重要原因。

斡脱商業作爲一種外來現象，它的出現必然是時代發展的產物，並適應了當時的經濟需要，至於其在元代晚期基本消失那就是後話了。

參考文獻

〔1〕劉政，斡脱商業與元代社會，〔D〕，浙江大學，2011：16～36。

〔2〕陳高華等，中國經濟通史〔M〕，北京：經濟日報出版社，2007：336。

〔3〕修曉波，元朝斡脱政策探討〔J〕，中國社會科學院研究生院學報，1999，03：5～10。

〔4〕馬建春，元代西域人的商業活動〔J〕，普南學報哲學社會科學版，2006，03：3～6。

〔5〕穆和坦爾，蒙元斡脱研究〔D〕，南州大學，2012：17～53。

〔6〕高榮盛，元代海外貿易的管理機構〔J〕，中國元史研究會編元史論從，1999，07。

第九章　元初「重商傳統」對統治階層的影響研究

　　「重商主義」一詞並不陌生，但元初「重商主義」政策對統治階層有何影響，對於這一點瞭解的人不多。如今，國內學術界已開始關注元初「重商主義」政策的研究，也積纍了相關的研究成果，如《試論成吉思汗重商主義》和《蒙元斡脫研究》，較為詳細地披露了元代重商主義的政策和商人活動，但對於元初「重商主義」政策對統治階層有何影響並沒有詳細的研究。有鑒於此，本文主要從探討元初統治階層間接參與商業經營的方式、原因和對元初統治階層積極作用，以及元初統治階層構成的商人類型和其霸道的生活進行介紹，並且在最後總結元初實行重商主義對統治者國家的影響等方面進行研究。

一、元初統治階層間接參與商業經營

　　作為游牧民族的統治者，元初統治者的想法都非常透徹，他們重視發展和保護商業貿易，剷除閉塞，讓貿易得到一定的自由，因此他們使用手中的權力即利用法律政策間接參與商業經營，從而他們的重商思想和政策鞏固他們的統治王國。

（一）元初統治階層間接參與商業經營的方式──法律政策

1、減輕商稅

　　元初，商稅未有定制，「至元七年，遂定三十分取一之制，以銀四萬五千錠為額，有溢額者別作增餘」，至元二十年，「始定上都稅課六十分取一；舊

城市肆院務遷入都城者，四十分取一。」[1] 很明顯，我們可以從中得知商稅稅率正在減輕，統治階層間接參與到商業經營的環節中，利用稅收促進商人的商業經營，從而達到了重商的目的。

2、保護商人的安全

政府規定：「諸漕運官，輒拘括水陸舟車，阻滯商旅者，禁之。」[1] 同時我們可以在「成吉思汗大紮撒」中可以找到明確的規定：保護國家間的商業貿易。這就意味著，成吉思汗嚴懲破壞商業貿易的人，這為商人的往來提供很好的安全環境，促進商業的發展。

3、發行紙幣

鈔法適於蒙古太祖時，太宗、憲宗迭仿其法，印造交鈔，而未大行，世祖中統初始造中統元寶，交鈔自十文至二貫，文凡十等，不限年月，諸路通行，賦稅並聽收用。[2] 154 紙幣政策的發行，使得商業的貿易更加的繁榮，因為紙幣便於攜帶與保存，同時也標誌著經濟發展到了一定的階段。

（二）元初統治階層間接參與商業經營的原因

（1）太祖成吉思汗的重商思想是作為游牧民族固有的一種商業態度和典型的代表之一。正如馬克思在《資本論》中所說：「正好與城市發展及其條件相反，對那些沒有定居的游牧民族來說，商業精神和商業資本的發展，卻往往是他們固有的特徵。」[3] 371 而倪建中也指出：「蒙古人是重商主義者，這也是其它少數民族的特點，因為，他們所居之處，往往不利用農耕，資源也相對缺乏，要想得到糧食、食鹽和工具，就必須發展貿易。」[4] 1033 這可以證明太祖的重商思想的必要性，同時也可以從中看出，統治階層的重商主義歷來已久。

（2）為了鞏固統治，早期的統治者繼承了太祖的重商思想。太祖成吉思汗是一位「重商主義」者，他的重商思想不僅僅體現在他的措施政策上，我們還可以從他的繼承者那裏找尋到他重商思想的繼承，如太宗窩闊台、元定宗貴由、元憲宗蒙哥，特別還有世祖忽必烈身上的重商主義尤為突出。蒙古帝國是一個很龐大的帝國，一提起他的侵略手段，我們立刻就會想到就是戰爭。可是這麼龐大的國家建立之後，不可能僅僅靠戰爭鞏固國家的統治，所以商業就是一個很好的控制手段，通過物質的交流，進行物質的調劑，加強對四大汗國的統治，從而鞏固國家的統治。

從種種的情況來看，重商思想不僅僅是太祖的想法，更是他繼承們和統治階層的想法，因爲他們本身的民族特性和爲了鞏固自己的統治，統治階層大力實施「重商主義」。

（三）間接參與商業經營對元初統治階層積極作用

1、鞏固了統治者的統治

（1）由於統治階層對南北運河的整治，爲糧食的運送提供了便利條件，特別使得農業商業化，使得糧食得到很大程度上的買賣。

（2）農業和手工業的分離。例如蠶絲業與絲織業的完全分離，棉花種植與棉紡織業的發展等等。而且在某些商品經濟高度發展的城鎮郊區，農民中已經有一些人部分地捲入商品經濟的旋流，這些都有利於商業的發展。[5] 511 從這些可以看出商業的具體變化的內容，更可以看出這鞏固了統治者的統治。

2、統治者獲取巨大的利潤

（1）因爲當時的海外貿易已經非常發達。國際貿易的範圍，東到高麗、日本，南到印度和南洋各國，西達中亞、波斯、斡羅思以及阿拉伯各國、地中海東部、直到非洲東海岸。[6] 182 所以元廷設置市舶司、泉府司等機構管理海外貿易，側重於抽解、徵稅獲取利潤，在一定程度上促進商業的發展，更使得當時的統治者很好的在外國面前樹立「威嚴」和「富有」的形象，更好的獲取更巨大的利潤。

（2）成吉思汗從各級「貴族軍將」麾下抽調 450 名穆斯林，組成赴花剌子模的招聘商團，其經濟目的便是作生意，「收購奇珍寶」。而所謂「斡脫」係指回回豪商，他們手持分珠寸石，叫價卻在數萬、十萬乃至 60 萬錠之巨。[7] 332~333 從這些種種，我們可以清楚的瞭解到珠寶生意的繁榮，以及珠寶的盈利是非常大的，而統治階層不可能放掉這一塊的暴利。

3、促進統治階層的統治王國中城市的繁榮

由於農業、手工業和商業的發達，元代的城市規模是很大的，城市經濟也很繁榮。元代城市以大都和杭州最爲繁榮。馬可波羅曾記載：「汗八里（大都）城內外人口繁多，有若干城門，還有不少附郭，居住在這些附郭中的有不少來自世界各地的外國人，他們或是來進貢方物的，或是來售貨給宮中的，所以城內外都有華屋巨室，有的是給貴族居住的，有的是供商人居住，每個

國家都有自己的專門住宅，國外運來的價格昂貴的珍品和各種商品之多，世界上沒有一個地方可以與之相比，來自各地的貨物，川流不息，僅絲一項，每天進城的有成千車。」[6] 177 而元代的杭州繁盛不減南宋，「城內外居者，無慮數十萬家」商賈甚眾，非常富足，貿易之巨，無人能言其數。

除了大都和杭州以外，一些傳統工商業城市繼續發展，例如蘇州，濟南，揚州等等，還有新興的一些工商業城鎮，太倉，淮安，東昌等等。[8] 375 從這些記載，我們能夠瞭解到元初的城市經濟繁榮發展。

二、元初統治階層構成的商人類型

從上述統治者實施的重商主義法律政策措施和原因中，我們可以看出什麼呢？不言而喻，商人的運營及構成深受政治體制的影響，而以政治權勢為標準，我們可以把元代商人分為兩大類：由統治階層構成的「商人」和沒有貴族身份但有官位的官僚商人。

（一）統治階層構成的「商人」──貴族的代理人

貴族商人接受了重商主義影響，由於政治上的優勢，因此他們掌握着商業的重要部門，但是他們通常不是親自出面經營，而是通過自己代理人──色目人大放高利貸。由於當時的種族歧視，色目人的地位在當時是很高的，所以貴族選擇色目人幫助自己獲取暴利，並且蒙古貴族把色目人親切地稱為「斡脫」，意思是同伴、同僚。因此在元朝早期的時候，「斡脫」就代表商業和高利貸的結合，更代表農民眼中的官商。可想而知，高利貸給蒙古貴族帶來了多大的利潤。斡脫商人不斷向元廷和諸王貢獻財物，而且皇室、妃子、諸王的斡脫不斷發展，專門成立了「斡脫總管府、斡脫所」等等。

這就是元初蒙古貴族商人的經商方式，這是因為他們的政治力量，更因為他們對暴利和奢侈生活的「喜歡」。他們重視商業的發展，直接和間接的推動商業的發展，更是間接的殘害百姓的兇手。

（二）沒有貴族身份但有官位的官僚商人

提及元朝早期的位高權重的官僚商人，我們不得不提這兩位人物：阿合馬、桑哥，他們是元朝初期忽必烈重用過的兩位主張「重商主義」的理財大臣，他們主要以貪財聚斂、禍亂朝綱等罪行而著名與元朝的歷史。除了這些

位高權重的官僚商人之外，當然還有很多負責貿易和商業的重商主義的官僚商人得到了很大的錢財，生活極其奢侈，例如負責海運的朱清、張瑄二人和江浙行省平章阿里、左丞相高翥安祐、張裕。

三、元初統治階層作為「商人」的「霸道」

（一）統治階層「商人」的「霸道」

（1）貴族通過色目人做大生意，依仗自己的特權，驕橫特尤。如元世祖時北方諸投下戶常到江南經營商販，而且元世祖孫威順王寬徹普化在湖廣地方「起廣東園，多萃名娼巨賈，以網大利，有司莫敢忤」[9] 435 從中可以得出，貴族的生活是多麼的奢侈荒唐，但是這種生活的支撐點就是他們掌握的商業控制權。

（2）貴族通過色目人大放高利貸，從而獲取暴利，但是卻使得農民階層成為受害者。元政府曾規定「諸王投下取索債負人員，須至宣撫司彼此對證，委無異詞，依一本一利還之，毋得將欠債人等強行拖曳人口、頭匹，准折財產」。從另外一個側面可以得出，這種大放高利貸在當時是被法律保護的，而且當時的欠債人員因為還不了錢，極有可能他的財物很多都被強行拿走。這些極其體現出他們統治階層的霸道，肆無忌憚的生活是得到法律的保護，從而使得統治階層更加殘害百姓，揮霍著搶來的財富。

（二）官僚商人的「霸道」

（1）元世祖至元年間，阿合馬擅權，與中書左丞張惠等「挾宰相權，為商賈，以網羅天下之利，荼毒黎民，因無所訴」[9] 436 而且他利用忽必烈對他的信任，任人唯親，不擇手段排除異己，強奪民女，霸佔田產，貪贓枉法，一些罪惡雖不是他親自所為，但其子侄輩的惡行，與其也有密切的關係。[10] 375 從這些記載，我們可以清楚地明白當時的位高權重的阿合馬作為一名官僚商人，他的生活是非常隨心所欲的，並且他的親人的生活也是很霸道的。

（2）另一權臣桑哥同漢人官吏爭奪販油之利，中書省要買油，桑哥「自請得其錢市之」，別人勸他不宜這樣做，桑哥不服，聲言：「以其使漢人侵盜，曷若與僧寺及官府營利息乎？」結果「以油萬金」，轉手之間所營息錢不少。[9] 426 從中我們可以瞭解到桑哥的「聰明」，更可以明白桑哥的財富是怎麼來

的，並且他所掌握的權力在一定的時期內是非常的強大的，他們貪財弄勢，橫行霸道，急功近利。但在當時我們不能夠否認他們所提的某些財政政策的在一定的時期起到了挺大的作用。他們的理財原則介於中原農業、城市經濟和蒙古草原游牧經濟之間，是一種過渡的、混雜的理財思想，這種思想適應了忽必烈的願望和需要，因而得到他的重用，從而在財政方面收到一定的效益。[10] 382~383 從這個方面來看，他們的人生還是掌握在最高統治者的手中，一旦他的思想不能滿足最高統治者，那麼他們的種種行爲都是錯誤的。

（3）據明人丘濬估計：「河漕視陸運之費省什三四，海運視陸運之費省什七八。」負責海運的朱清、張瑄二人，也因此「父子致位宰相，弟侄甥婿皆爲大官，田園宅館遍天下，庫藏倉庾相望，巨艦大船，帆交番中。」從中我們可以深刻地瞭解到統治階層實施重商主義後的生活是如此的奢華、財富是如此的驚人。[5] 510 而江浙行省平章阿里、左丞相高翥安祐、張裕等集體作弊，詭名買鹽 1.5 萬引，增價賣給百姓。[9] 436 他們利用權力之便，提高價格買賣，橫行霸道，獲取暴利，然後使得自己和親人的生活極其富裕，乃至奢侈成風，以及在很大程度上傷害百姓的利益並且強奪百姓的財產和生命。

爲了滿足自己的鉅額消費和享受的需要，這就是統治階層參與盈利、放任行商的原因，雖然在一定程度上推動當時的商業發展，當時更多的是給百姓帶來災難，給自己帶來財富和權力，任意妄爲的做自己的想做的事情，同時使得自己的親人也能夠享受到這奢侈和肆無忌憚的生活，這便是統治階層實行重商主義最重要的原因。

四、元初實行重商主義對統治者國家的影響

1、促進元初社會的安穩和人們的安居樂業。在成吉思汗統治時期，更準確的說是蒙古帝國時期，蒙古地區社會穩定、經濟繁榮、百業俱興，人民的生活水平普遍提高。[11] 44 因此重商主義的實施爲當時的社會穩定和經濟發展帶來了很大的積極作用。

2、爲元初的蒙古民族開闢了一條走向富裕文明之路。可見，13 世紀開始，從蒙古皇帝到一般老百姓已經普遍參與經商活動，商業貿易成爲他們的一種謀生及致富手段。[11] 45 在文章中，我們已經瞭解蒙古族是一個游牧民族，當他實行重商主義政策之後，他們的主要精力集中於此，從而讓商業帶領他們走向更富裕的道路。

3、加速了元初北方和中原文化的融合，在本文之前已經說過，中原歷來的傳統是「重農抑商」，而蒙古統治者所推行的是「重商主義」，並且把商業排在農業的後面，這便是兩者文化的衝突，到最後的融合。

4、促進東西方的文化和商品的交流。在本文中說到的「珍異珠寶貿易繁榮和城市的繁榮」恰好就是實行「重商主義」後東西方文化交流的主要體現，不僅僅是商品種類的豐富，更是各地文化物質的豐富。

5、推動商業資本的發展，給中國社會的超常發展提供了契機。馬克思談到商業資本的歷史作用時，認為商業資本本身產生不了新的生產方式，但對新的生產方式的確立和發展具有「壓倒一切的影響」。我們可以從《風暴帝國》的作者的分析中得到更多的啟發。他們認為，蒙古人的衰敗，從中原退出，撤回草原後，中原文明也失去了新鮮血液，中國歷史上失去了一次轉型的機會。

綜上所述，元初的「重商主義」相比於之前的「重農抑商」有莫大的區別，正是由於這種「重商主義」，使得元初的政策和商業的表現都有了明顯的時代的痕迹。作為統治階層，他們相比於商人、手工業者以及農民更加注重「商業」的發展，他們利用自己政治上的優勢和經濟上的實力為「重商主義」政策的實施採取各種法律政策以及措施，以獲取利益和鞏固統治地位，並且從成吉思汗時代起，蒙古大汗和后妃、諸王，公主、駙馬等貴族就開始進行商業和高利貸活動，進入元王朝之後，蒙古貴族經商之風更加旺盛，除了經過代理人——色目商人代為經營外，貴族也開始自己出面經營商業。這就導致了「重商主義」政策同時也反作用於統治階層，對統治階層產生了各種影響。「重商主義」政策給元初的統治階層帶來莫大的財富和享受奢侈、蠻橫霸道的生活，但更給早期的統治者帶來了社會穩定，文化和經濟都在發展的國家局面。

參考文獻

〔1〕宋濂、王濂，元史〔M〕，北京：中華書局出版社，1976。

〔2〕王孝通，中國商業史〔M〕，北京：團結出版社，2006。

〔3〕馬克思，資本來（第三卷）〔M〕，北京：人民出版社，1977。

〔4〕倪建中，風暴帝國〔M〕，北京：中國國際廣播公司出版社，1997。

〔5〕顧菊英，周良霄，中國斷代史系列，元史〔M〕，上海：上海人民出版社，2003。

〔6〕邱樹森，中國小通史，元朝〔M〕，北京：中國青年出版社，1995。

〔7〕高榮盛，元史淺識〔M〕，南京：鳳凰出版社，2010。

〔8〕鄭學檬，簡明中國經濟通史〔M〕，北京：人民出版社，2005。

〔9〕吳慧，中國商業通史（第三卷）〔M〕，北京：中國財政經濟出版社，2005。

〔10〕楊建新，馬曼麗，成吉思汗忽必烈評傳〔M〕，南京：南京大學出版社，2002。

〔11〕王來喜，試論成吉思汗重商主義〔J〕，內蒙古師大學報，2000，29（3）。

第十章 元代「重商傳統」對農民階層的影響研究

　　元王朝是由少數民族建立的第一個「大一統」的中央封建王朝，它的建立顯示出國力的強大和經濟的昌盛，在經濟尤其是商業方面引人矚目，備受關注。元朝不像其它封建王朝那樣對商業進行限制，而是鼓勵商業的發展，正是這種重商的思想促使元代的商業格外繁榮。因此元代商業在中國兩千多年的封建社會中佔據着非常重要的地位。而農民作為每朝每代的主角，他們的生活、工作狀況以及思想變化與統治者的政策和經濟發展有着密切的聯繫。因此，對於研究入主中原的蒙古商業傳統對農民階層的影響很有必要。現今，對於元朝重商政策的研究很多，但對於重商政策對農民階層的影響很少。本文通過重商傳統出現的歷史背景和原因研究，就元代「重商傳統」政策對農民階層的影響作一闡述。

一、蒙元時期重商傳統出現的歷史背景及其原因分析

　　蒙元時期的重商傳統由來已久。十三世紀的蒙古社會，不僅經歷了傳統的家庭分工，而且經歷了畜牧業、農業、手工業三大社會分工。當時蒙古社會最高的統治者，及時適應了這一社會經濟現象變化的需要，採取相應的措施發展社會生產，其中商業的發展對於他的對外政策及帝國統治都具有積極意義。同時，蒙古社會的處境是外有強敵金兵壓境，內有各部族相互吞併，強凌弱，眾暴寡，道德秩序非常混亂。所以，這時候安定和富足是統治者和人民的迫切願望。當用武力征服外敵，壯大自身軍事力量的同時，戰爭使得

本來生產發展落後的蒙古族沉重的打擊，使人民處於水深火熱之中，這時如何安定民族內的秩序成為當時蒙古帝國的首要目的。當時的統治者強烈地意識到只有發展商業貿易才能補充自身經濟的先天不足，實現繁榮穩定。這種思想特別是在成吉思汗和忽必烈統治期間，表現得更為突出。

（一）與民族性格有關

重商思想的產生源於游牧經濟的生產方式，重商傳統的出現與蒙古族的民族性格有關。蒙古族世代居住在蒙古草原上。由於自然環境的限制，使得蒙古草原更適合養殖畜牧，而不適合耕作，因此草原上的居民大多以游牧為生，很少從事農耕。也就使得他們的生產方式比中原落後，很多食物、生活用品等都不能自給自足。「游牧業生產的單一性與人們需要的多樣性之間的矛盾，決定了這種經濟形態的半自給性和依賴性」[1] 44 這就決定了他們不得不與其它民族進行交換，以獲得自己所需要的產品。這樣一種交換的生活方式使其有了更多與其它民族接觸的機會，也相應的增加了產品交換的可能。與此同時，長時間的交換活動逐漸演變成蒙古族的商業活動。正如馬克思在《資本論》中所說：「正好與城市發展及其條件相反，對那些沒有定居的游牧民族來說，商業精神和商業資本的發展，卻往往是他們固有的特徵。」[2] 371 倪建中指出：「蒙古人是重商主義者，這也是其它少數民族的特點。因為，他們所居之處，往往不利於農耕，資源也相對缺乏，要想得到糧食、食鹽和工具，就必須發展貿易。」[3] 1033 這就使蒙古族逐漸形成了與農耕民族「重本抑末」不同的思維和性格。這種性格勢必會在其成為統治民族時影響其政策的制定。「據記載：蒙古族的先祖們，早在 11 世紀中葉以前就有關於「陽卜」（蒙古人的祖先）與契丹進行牛羊駝馬及皮毛的交易的記載。後來成吉思汗建立蒙古帝國不久，就向中亞派出了駱駝商隊。」還有，據洪文卿《元史譯文證補》載：元太祖嘗遣西域商三人齎白駱駝、麝香、銀器、玉器贈貨勒自稱王，並要求往來通商。又嘗派親王諾延等出資造人，隨西域商賈西經，收買西域土物。」[4] 102~103 從這裏可知，蒙古民族不是商業民族，但也不是輕商、歧商、不懂貿易的愚昧民族，恰恰相反，蒙古族是一個重視商業發展，重視貿易往來的民族，具有商業精神是蒙古民族的優良傳統。後來到了元朝的建立，忽必烈以及後來繼承者更是大力支持商業的發展。

（二）奢侈品及賦稅收入方面的影響

商業從本質上說是一種物資調配的手段。商業的發展是有利於各地的物品互通有無的，使物資爲更多的人所用。各取所需，各盡所用。商業可以促進國家經濟的發展。蒙古帝國和後來元朝的建立都是通過戰爭完成的，蒙古族人與西遼、西夏、金進行了長時間的戰爭，忽必烈也與南宋進行了殘酷的戰爭，傾盡了人力、物力、財力才取得了戰爭的勝利，但這也付出了沉重的代價，特別是在經濟方面百廢待興。「元朝統治者之所以重視商業，無非是爲了解決「民生」和「國用」的問題。」[6] 87 元代初期，面對着接連不斷的戰爭以及迫切需要恢復的各項事業，龐大的軍費和財政開支只靠農業稅收難於支持，因此商業的發展可以暫時緩解農民的負擔，商業成爲解決財政問題的一個重要手段。發展商業可以給統治者帶來大量的奢侈品，並且還可以給國家帶來大量的賦稅收入。「文宗天曆二年（1329），全國財政收入中「鈔九百二十九萬七千八百錠」，可知商稅在全國錢鈔收入中約占百分十左右，在徵收貨幣的各項稅賦中，鹽課占首位，其次便是商稅。」[10] 11 賦稅的收入是國家發展的一個重要的保證，既然發展商業能有這個功效，這必定使得歷任統治者都重視商業的發展，重商傳統成爲蒙元時期的一個符號。

（三）統治的需要

蒙古民族給世界留下最深刻的印象，就是通過武裝侵略，建立了一個龐大的帝國。這個帝國實際是五個帝國，窩闊台汗國、察合臺汗國、欽察汗國、伊兒汗國和元帝國，而元帝國是名義上的大汗。元朝於 1271 年建立時，四大汗國法律上屬於大蒙古國的藩國，但各帝國是相對獨立的，各汗國各自爲政，互不隸屬，有時甚至戰爭，而且它們的政治制度和統治方法也有很大的不同。怎樣才能加強對四大汗國的控制？只有通過商業交往，才能拴住這種名義上的宗藩關係。

（四）對南宋政策的繼承和發展

蒙元時期的重商政策是對南宋政策的繼承發展。據吳自牧《夢粱錄》記載南宋都城臨安的情況說：「自大街及諸坊巷，大小鋪席，連門俱是，即無虛空之屋，」「萬物所聚，諸行百市，自和寧門杈子外至觀橋下，無一家不買賣者。」[4] 113 可見當時商業的繁榮。這些無疑會對後來元朝的統治政策產生一定的影響。

（五）色目人的影響

元朝統治者爲了維護蒙古貴族的特權，對各民族進行分化，人爲地製造民族等級，實行四等人制。第一等爲蒙古人，第二等爲色目人，第三等爲漢人，第四等爲南人。而蒙古人與色目人同是特權階級，色目人更爲蒙古人所信任。並有很多人身居要職，他們可以給統治階級提出有關國家政策的策略。而色目人是從西方到中國的人的一種總稱，他們來到中國的目的大多是來經商的，他們可以說是一些從事國際貿易的商人。這些商人在入主朝堂後，他們肯定會建議君主實行有利於他們的商業政策。回回人隸屬第二等級，「元代時回回人在中央朝廷和各級地方政權中當官、居要職，掌握實權者多，爲回回商人利用國家機器的力量，官商結合開展各種本小利大的商業活動創造了極爲有利的條件。」[5] 30

二、元代「重商」政策對農民階層的影響

元代實行「重商」政策給了商人階級很多的特權，那麼士農工商爲一體的商業對農業和農民階層會產生怎樣的利弊影響呢？

（一）「重商」政策促使農民階層不斷分化，工作細化

商業的發展爲農民開闢了一條富裕的謀生之路。許多農民開始參與經商活動。商業貿易成爲他們一種重要的謀生以及致富手段。隨着商業的發展，商品貨幣經濟不斷深入農村，並促使更多的農產品和手工業品商品化。在農業商品化方面，土地所有者不再是把所有土地用於封建剝削，而是利用土地進行商業性的農業經營，進行商品生產，使大量的糧食、棉、麻、絲、茶、糖等產品投入市場。由於農業的發展，以及某些經濟作物地區的出現，糧食商品化的程度也逐漸加深。元人王禎說：江浙地區，若是「豐年，黍餘及億秭，倉箱累萬千，折償依市直，輸納帶逋懸，歲計仍餘羨，牙商許愁遷，補添他郡食，販入外江船」[7] 72，商人將此地稻米等特產「舟楫溯江，遠及長沙」，並多運銷大都，「衣食京師億萬口」[7] 72。可見很多農民把糧食賣給商人，而商品糧食生產提高的突出表現也表明了這是一條農民的致富之路。元代的棉紡織品業是作爲農民家庭副業而存在，生產目的主要是爲了滿足自身消費或繳納賦稅。棉花的大面積種植豐富了農民的經濟生活，使農民不僅僅只束縛在種植糧食上，農民把大量的棉花投入商品買賣中，大大增加了家庭收入。

元代的繰絲也很發達，但由於繰絲和機織分離，農民家庭一般只能生產蠶絲，而且他們爲了向政府繳納絹、絲、帛等實物和包銀、俸鈔等貨幣稅，一家一戶的個體農民發現將零星的蠶絲就近賣給商人比自己直接投入市場更爲有利。馬可波羅說進入大都的絲「每日入城者計有千車」，這些農作物的的發展與用途，說明商業的發展推進了農作物的種植，有利於農民收入的增加，提高了農民的生活境況。個體戶的農民依賴於商人與商業，商業的不斷擴大與發展，使得部分個體戶農民的生活和生產更有保障。

隨著海外貿易的發展和農業商品化的加快，中國農副產品的出口增加，並且刺激了國內農業生產的發展。「中國農副產品的出口，農產品商品化程度提高，導致農業技術的推廣和農田水利建設的發展。」[5] 21 商業的不斷發展促使了運河的開通，而運河的作用除了運載以外，更大的作用就是灌溉和防治水患了。據不完全統計，元朝興修的水利工程多達 260 處，其中工程最大的有兩項：一是修治黃河，疏濬了幾十條故道；另一項是鑿通南北大運河。農民階層裏大量的勞動力轉化爲了工人，甚至是直接經營的商人；農民階層裏的部分人靠著自己的技藝，提高了物質財富和當時的社會地位。元代的城市和農村出都出現現了手工業者和農民的急劇分化，資本主義關係開始萌芽和成長。

「重商」政策的實施使部分農民成爲小生產者或成爲了雇傭工人。例如隨着棉花種植的迅速推廣，在靠近產棉區的一些城鎮棉紡織業發展起來，不少城鎮貧民均以「織紗爲業」，成爲獨立的小生產者。絲織品在市場上的廣泛行銷，促使了爲市場進行生產的絲織業作坊進一步發展。而一些大中型手工業場、坊和礦冶設施，使用的工匠達幾十、幾百乃至幾千人。製鹽和礦冶業中，使用的工人達到千人乃至萬人。這充分證明大量的農業人口已向城市或工業區轉移。正是由於人口向城市集中，就必須有更多的商品，特別是生活資料，因而就擴大了消費市場。使得更多的農民投入商品經濟中，使農民階層有了多重身份，農民階層不斷分化，工作細化。

（二）「重商」政策實施的後期激化了農民階層的矛盾

農業商品化給農民帶來一條謀生之路以外也進一步促進了元代社會的兩極分化。糧食是由個體農民生產的，但農民窮困，一年所入不能「供半歲之口體」，過著「忍饑忍寒蹲破廬」的生活，「若值青黃未接之時，或遇水旱災之際，多於田主之家借債、貸糧、接缺食用。俟至秋成，驗數歸還。」農民

由於需要「驗數歸還」債務，秋收時不得不賤價出售糧食。而「貪嘴貨利」的豪商與地主則乘機大批買進低價糧食，進行囤積居奇。待來年青黃不接時又高價出售，此時買進高價糧食的仍是個體農民。」[7] 74 農業商品化使農民越來越依賴商人，即使不是青黃不接時，一旦商人已經購買了夠多的糧食時，商人不肯收購農民出售的糧食又會對農民產生了毀滅性的影響，史載：至元七年十二月，商人運糧到上都，「水盈、萬盈兩倉見百姓搬載米糧數多，推稱元糴已足，不肯收受，百姓在客日久，牛隻損死，盤費俱盡，將所載米糧不得已折價賤糴。」[5] 13 因此，農業的商品化過程，就是糧食進入流通領域後再次受到商人盤剝的過程，就是地主和豪商利用價值規律從事糧食買賣，以積纍貨幣財富的過程。換言之，糧食商品化過程，就是是元代社會兩極分化進一步加深的過程。在土地兼併之風異常盛行的元代，一方面，豪門富室凡手中握有一定數量的貨幣，無不爭購土地。廣大農民在地主、商人和高利貸的殘酷剝削下紛紛破產，由自耕農降為佃農，佃農降為奴隸，這是商品化進一步促進元代社會兩極分化的必然結果。

元代實行的「重商」政策使商人聚集了大量的資本，因而元代的高利貸現象普遍存在，最具代表性的是斡脫商人，他們利用元初社會動蕩、戰爭頻繁的時機大放高利貸，其發放的對象一般是貧窮的農民，因而對農民階層產生了巨大的影響。

元初軍需供應成了農民十分沉重的負擔，斡脫高利貸便在農民賦稅支付需要的刺激下愈益猖獗起來。「這種高利貸的利率是非常高的，一般年利倍稱，而且回利為本、利上加利，對生產的破壞很嚴重，債務者「往往賣田宅、鬻妻子不能償。」[8] 277

而農民除了貨幣借貸之外，各種食物、日用品、牲畜等的借貸也很常見。特別是在春荒或其它饑荒時，農民就會向商人借貸糧食和種子。因而商人與下層農民的生產、生活的關係最為密切。借貸的普遍，一些地方的「百姓貧苦不能自存，田產物業典賣質當，十去其半」。至元年間，「江淮歲凶，民以男女質錢，或者轉賣為奴」。[8] 282 隨着商業的不斷發展，農民的再生產對高利貸資本越來越依賴。因而再生產過程與高利貸有着千絲萬縷的聯繫。「小農賦稅的交納及其它的支付、維持一家人的衣食費用、饑荒時的救濟、荒地開墾或進行某項經濟作物的種植、種子、農具、肥料的購買等，在相當程度上依賴高利貸。」[8] 292 這種商人借貸的普遍對小農生活產生了深刻得影響。

　　鹽的買賣是「重商」政策對農民生活產生重要影響的另一個表現。「重商」
實行以來，元代鹽的銷售的主要方式是商運商銷，即由商人向國家買鹽，運
往各地，賣給百姓，主要是賣給人口占多數的農民。而元朝政府爲了增加鹽
課收入，便不斷增加鹽產量，提高價格。一方面價格不斷提高使農民買不起
鹽，並導致私鹽泛濫，結果也是鹽賣不出去。另一方面鹽產量增加太多，超
過了實際需要，導致大量囤積，無法銷售。鹽無法銷售，鹽稅收入必然減小，
這樣，增加收入的措施走向了反面，政府就會變相從各個方面增加農民的稅
收。「元代中葉，已有人指出，各種賦稅比元朝初年增加十倍」。[9] 713 沉重的
賦稅和力役，使得許多農民難以負擔，只好逃亡他鄉。元代的流民問題一直
存在，而且愈來愈嚴重，除了天災以外，賦役是個很重要的原因。在賦稅不
斷加重而農民又大量逃亡的情況下，加深了元朝的社會矛盾。元代後期不斷
發生的許多地方性起義和後來爆發的全國性農民戰爭，都和農民賦稅增加有
密切的關係。而鹽銷售辦法的推行，進一步激化了社會矛盾，「厥今東南爲民
病者莫甚於鹽。始則亭戶患其耗而不登，次則商旅患其滯而不通，及均敷科
買之法行，而編民之家無貧富莫不受其患。況夫吏得肆其奸，則民之不堪甚
矣」。[9] 617 而且商人販鹽，零售價和出場價往往差別很大。「至元十八年時，
官賣出場價 115 貫，而潭州（今湖南長沙）賣到 180 兩（貫），江西賣 170 兩
（貫），大都也要賣到 120 兩（貫）。分別是出場價的 12 倍、11 倍強、8 倍。」
[9] 632 商人從銷鹽過程中獲得的利潤是很大的。而對於一般農民來說，買鹽的
支出都是他們的沉重負擔。「瀕海小民，猶且食淡；溪山窮谷，無鹽可食」。「商
販把握行市，民食貴鹽，……貧者多不得食」。鹽價的不斷提高，是促使元代
社會矛盾激化的一個重要原因。社會積弊已深，沒有多久，全國性的結束元
朝統治的農民戰爭便爆發了。

　　由於實行「重商主義」政策，元代商業發展的需要使紙幣的流通範圍大
大擴大。因此賦稅徵鈔成爲元朝賦稅的一個特點。在以往各代，賦稅一般以
實物繳納，雖然也有徵錢的情況，但不是普遍現象。元代相反，賦稅大部分
徵鈔。這是因爲元代商業貨幣經濟發達，國家以鈔爲法定通貨的原因。在當
時，賦稅徵鈔給農民帶來了一系列不良後果，隨着鈔幣的貶值，賦稅的加重，
農民受害不淺。據《元史》記載，成宗元貞元年（1295 年）七月，「詔江南地
稅輸鈔」。成宗元貞二年（1926 年）七月初二日的一件聖旨中說：「江浙、湖
廣、江西三省所轄的百姓每合納的糧，驗着軍人每的合請的口糧，更別項支

持的，斟酌交納，除外交百姓納輕鈔者」。因爲貨幣有可變的因素，一旦貨幣貶值，農民就要用更多的糧食來換取貨幣，對於本來賦稅就很沉重的農民來說就是雪上加霜。所以到了大德二年（1298 年）二月，中書省上奏說：「腹裏百姓每幾處缺食，更蝗蟲生發，百姓饑荒，商量預備糧來。如今休教納錢，稅糧餘教納米來者，行了文書也」。從這時起，恢復了全部收糧的辦法，不再折鈔。[9] 558

（三）「重商」政策對農民的思想觀念產生了衝擊

實行「重商」政策對農民的思想觀念產生了衝擊。在封建社會裏，自給自足的自然經濟占統治地位，而一家一戶男耕女織式進行分散生產的小農正是這種生產形式的最主要體現。同時，這也使得農民變得十分孤立、閉塞，很難形成有組織的力量。在近現代比他們先進的階級產生之後，他們只能靠別的階級來領導他們，不可能由他們去領導別的階級。

入元以來，商人們不斷獲取財富、由商而官的事例，亦即元代商品經濟浪潮的衝擊，農民的思想觀念發生了變化，社會風氣由原來重視男耕女織和讀書做官轉變爲重視賈利。元人熊禾《上致用院李同知書》描寫了人們這一擺脫自然經濟束縛的過程：「寒機凍女子，汗粒報農耕；織衣不上體，舂粟不下咽。傷哉力農家，欲說淚涕漣」。「何如棄之去，逐末利百千，矧此賈舶人，入海如登仙；遠窮象齒徼，深入鸕珠淵，大貝與南琛，錯落萬斛船」。[5] 35 說明農民的思想不再束縛在土地上，他們已經接受和認可了商業。這對於封建時代的元朝來說具有重大的意義。

大量的史實證明重商政策確實給元代帶來了新鮮血液。從對農民階層的影響來看，這一政策使農民不單純的束縛在土地上，促進了農民的分工細化，也有利於轉變農民的思想觀念。但是，這些積極的因素隨著元王朝中後期的政治腐敗逐漸消失和變質，紙幣的濫發使物價飛漲、民不聊生；西域商人所從事的斡脫商業多採用高利貸的方式使大量的農民、手工業者、中小商人破產，爲社會帶來了極不穩定的因素，這些都成爲了元朝迅速滅亡的重要原因。蒙古人衰敗，從中原退出，中原文明也失去了新鮮血液，中國歷史上喪失了一次轉型的機會，使得「重商」只能成爲中國古代史上的一次曇花一現。

參考文獻

〔1〕王來喜，試論成吉思汗重商思想〔J〕，內蒙古師大學報，2000（3）：44。

〔2〕馬克思，資本論〔M〕，北京：人民出版社，1977，571。

〔3〕倪建中，風暴帝國〔M〕，北京：中國國際廣播公司出版社，1997，1033。

〔4〕烏蘭、劉振江，淺談成吉思汗與忽必烈的「重商政策」〔J〕，2012（1）：102～103。

〔5〕楊永民，元代商業發展與回回人〔J〕，雲南師範大學學報，2003（5）：30。

〔6〕朱耀廷，論元世祖忽必烈政策的轉變〔J〕，北京聯合大學學報，1998（1）：87。

〔7〕陳賢春，元代糧食商品化的研究〔J〕，湖北大學學報，1993（1）：72。

〔8〕劉秋根，論元代私營高利貸資本〔J〕，河北學刊，1993（3）。

〔9〕陳高華、史衛民，中國經濟通史，元代經濟卷〔M〕，北京：經濟日報出版社，2000。

〔10〕陳高華，元代商稅初探〔J〕，中國社會科學院研究生院學報，1997（1）：11。

第十一章　元代「重商傳統」對士人階層的影響研究

　　元朝是中國歷史上非常重要的一個時期，是中國第一次被少數民族全面統治的一個時期。蒙古帝國的版圖包含亞歐，各種膚色，各種文化，各種宗教往來於中華大地，可能這也是元朝商業格外發達的原因之一，但真正使得元朝的商業發展、繁榮的原因，則是元代一反中國其它封建王朝農本商末的思想和政策的重商主義，元代制定了一系列的政策鼓勵商業的發展，如此捨本逐末的做法使得商人的地位得到空前提高，「重商」的思想衝擊着中國傳統的「重農」思想。[1] 67 本文就根據元代「重商主義」政策下士人階層的生存狀況以及士商關係等方面來論述這一政策對士人階層的影響，試圖通過分析這些影響挖掘士人階層在這一政策背景下的心理活動，瞭解那一時期士人矛盾、複雜的一種社會心理。元代通過「重商主義」政策影響了士人產生這種心態，而這種心態反過來也對元代社會造成了一定的影響。

一、士人階層在元代的生存狀況

　　「昔日齷齪不足誇，今朝放蕩思無涯。春風得意馬蹄疾，一日踏遍長安花。」孟郊的這首《登科後》可能是中國古代所有士人的夢想。自隋文帝廢除了「九品中正制」改以科舉取士，之後隋煬帝又創設進士科以來，為官參與國家政治就不再是貴族階級的特權了，「上品無寒門，下品無世族」的時代早已成為過去，不論身份高低貴賤，都可以通過科舉考試走上仕途，實現自己的抱負，尤其到了宋代，宋太宗擴大科舉之後，經由科舉所選拔上來的管

理大多位居顯要，參加科舉一朝及第成了所有讀書人的嚮往，「萬般皆下品，唯有讀書高」、「男兒欲遂平生志，六經勤向窗前讀」等等都成爲了宋代詩人的信條，宋代「取士不問家世」的科舉制度爲士人提供了一個機會均等的競爭平臺，他們爲了實現治國平天下的自我價值，更爲了改變整個家庭的清苦環境，寒窗苦讀希望能一躍龍門，這種願望已經深入骨髓、融進血液，很難因時代的變遷及朝代的更迭而被消磨。

在 1271 年元朝建立前，窩闊台汗在位的 1238 年，在滅金後急需各級地方管理人材的背景下，採納契丹出身的謀臣耶律楚材的建議，舉行了「戊戌選試」。[2] 163 仿照了科舉考試的模式進行，「仍將論及經義、詞賦分爲三科，作三日程試。專治一科爲一經，或有能兼者但不失文義者爲中選。其中選儒人，與各住處達魯花赤管民官一同商量公事勾當者。隨後照依先降條理，開辟舉場，精選入仕，續聽朝命。」[3] 選中者還可以免其賦役，但是這項選試卻觸犯了當權者的利益，遭到了蒙古貴族集團的反對，並因此停廢了近 80 年之久，在這 80 年中，元朝滅掉了南宋，眾多漢族官吏幾次想要推動恢復科舉，甚至已經制定出了具體的恢復科舉的條例，但最終都沒有得到實現，雖然元朝建立後沿襲了宋朝的許多制度，但惟獨科舉這一項制度遲遲未能恢復，直到 1315 年，也就是延祐二年，由於深受漢文化的影響，元仁宗下詔書恢復了科舉，對考試的各項內容、程序等等都做了具體的規定，詔書所規定的元朝科舉，不僅是以程朱理學爲主要考試內容這一點，就連三級考試名稱的鄉試、會試、殿試，也爲明清兩朝的科舉考試所繼承。根據這一詔書的宗旨，元朝的科舉形成前代所無的特色。諸如以朱熹的《四書集注》作爲考試定本，以及考試合併爲進士試，不復分科等等。[2] 從這一年開始一直到元末，雖然科舉考試也還是小有停廢，但還是一直堅持了下來，共舉行了 16 次科舉考試。

（一）元代初期（科舉停廢時期）士人階層的生存狀況

在延祐二年之前將近 80 年的時間裏，科舉考試一直都處於廢止的狀態，這對元朝的政治和社會都產生了一定的影響，尤其對一直夢想通過科舉考試改變個人命運的士人來說有着非常重要的影響，在元朝的蒙古、色目、漢人、南人四個族群之中，江南士人屬於政治地位最低的南人族群。由於科舉的廢除，江南士人入仕無門，大部分被迫成爲沉浮鄉里、流浪江湖的隱士，很多人都需要爲生存而奔波。[4] 155 一心讀書而無任何其它一技之長的士人們沒了

科舉這一目標，要靠什麼來維持生計呢？「貢舉法廢，士無入仕之階，或習刀筆以爲吏胥，或執僕役以事官僚，或作技巧販鬻以爲工匠商賈。」[5] 1237 這是《元史・選舉志》中對在科舉停廢的時間裏關於士人職業取向的概括，在這句話裏可以看出，他們或者做下層的職業官吏，或者成了官員的幕僚，有些有手藝的就靠做手工業養家糊口，而還有一部分則做了他們最瞧不起，曾經是最低等，但在元朝卻頗受歡迎的商人。不僅是維持生計這一方面爲士人造成了很大困擾，同時也對士人的思想觀念造成了強烈的衝擊，當時的社會等級有人用「一官二吏……七匠八娼九儒十丐」來形容，對於一向自視清高的士人階層來說是一個莫大的恥辱，充滿了對社會的不滿和失落感。

從《錄鬼簿》上看，有不少雜劇作家以吏爲業，兼作雜劇作家，或先做吏，後改作雜劇，或先作雜劇，後改業吏，這樣的情況在元代著名雜劇家中，佔了相當的比例。[6] 169 例如元代著名的雜劇作家關漢卿、白樸等，他們都曾飽讀詩書，爲了將來考取功名，光宗耀祖，但是面對元代社會如前文所述的現實時，他們無奈的選擇了「自棄」和「沉淪」，成爲倡優一流，靠爲伶人戲子編寫劇本，取悅達官貴人爲生，爲世人所不齒，但這種「沉淪」也着實是無奈之舉，他們爲時勢和生活所迫，在與下層社會的接觸中才寫就出一部部雜劇，本應是在考場、官場上一揮而就、爲國爲民的筆卻被用在市井之間、舞臺之上，寫出的雖是一本本雜劇劇本，裏面卻包含了他們對自我向生活低頭的戲謔和對自己生活道路選擇的辯解，這些心理在關漢卿、王和卿等人的眾多雜劇作品中都有所體現，尤其是關漢卿，在他的雜劇中，既可以看到他「滑稽玩世」、「放浪不羈」的自嘲戲謔，也可以看到他在強烈的自卑心理下極力爲讀書人的價值和地位進行辯護，這兩種看似截然不同的心態卻都出於同一個出發點，就是生在這個亂世和士人地位低下的時代中內心的悲涼和創傷。

（二）元代中期（科舉恢復時期）士人階層的生存狀況

元代中期科舉雖然恢復，然而漢族士人仍有被排斥歧視之虞，加之社會黑暗，政治紊亂，更令士人常感仕途風險，缺乏安全感，[7] 30 他們對整個社會的黑暗甚至對整個元代的統治集團都懷着深刻的嘲諷，包括皇帝，這些從元代的一些散曲中就能很明顯的看出來，無名氏的《醉太平・堂堂大元》中寫道：「……官法濫，刑法重，黎民怨。人吃人，鈔買鈔，何曾見？賊做官，

官做賊，混賢愚……」，還有宮天挺的《七里灘》中的「你也不是我的君，我也不是你的卿」等等，矛頭是直指元代最高統治者的。在封建社會裏，「君權神授」，「君為臣綱」，可謂天經地義；如有悖逆，便是大逆不道，十惡不赦！而散曲家們竟置其綱常法典於不顧，其尖刻之舉，確是破天荒了。[8] 474 在這種背景條件下，越來越多的士人萌發了歸隱山林，做一名不問世事的隱士的想法。自孔、孟規定了「仕」「隱」「進」「退」幾乎成了士人提固性的思維格局和程序化的蠕動規律，[9]51 仕與隱是士人心中一個痛苦的矛盾，「仕」是他們多年努力的終極目標，而「隱」卻是內心深處嚮往的自由和仕途之路受排擠壓制的無奈。元代中期科舉雖然恢復，但是政治腐敗，官場黑暗，士人對於仕途的不安與壓抑讓他們越來越多的走上了歸隱的道路，雖然這條路並不好走，要忍受經濟上的清貧，要忍受道義上的譴責，但是他們仍然決絕的選擇歸隱，在他們看來，熱心仕途，希望建功立業有如癡人說夢，功名利祿不過是釣餌，忠孝節義無異於枷鎖，他們要沖決牢籠，追尋個人的自由天地。[7] 32

戴表元可說是元代隱居者的一個代表。在元代只有少數人才能真正有機會出仕，例如趙孟頫，而戴表元就是趙孟頫的一個朋友，但是戴表元與趙孟頫卻有着可以說「雲泥之別」的人生遭遇，趙孟頫出身高貴，風度翩翩，名聲又大，而戴表元隱居三十年，家境貧寒，以開講授徒和賣文為生，直至晚年才又重新為官。從戴表元這三十年的「隱居」生活不難看出，做「隱士」並不是一件輕鬆的事，據前文所述，古代士人大都清貧，都指望着考取功名後做官的俸祿改善生活，隱居之後這一希望落空，沒有了經濟來源的隱士生活就必然會捉襟見肘，十分窘迫了，所以元代士人的「隱」並不能算是真正意義上的「隱」，他們既想尋求精神上的高雅，又不願放棄物質生活，就選擇了這樣一種介於「隱」與「俗」之間的生活。戴表元對於自己是不是在「隱」遊移不定，對於理想中的隱居也有着自己的想法，他與眾多時運不濟的漢人書生一樣，在政治上一直都沒有得到發展，但它又不堪精神上的寂寞，來往於各地以文會友，結交當時已頗有名望的各個人物；在他意識到自己不可能有太大作為的時候，心裏面便有了隱之念，但是他理想的隱居生活不是一貧如洗、粗茶淡飯，而是要有一定的物質基礎，不能太窮，甚至要達到「舒適」的程度。心隱而身俗，未隱而先俗，這實在體現了一種極為通達的隱逸觀。[6] 234

（三）元代末期（社會矛盾尖銳時期）士人階層的生存狀況

到了元代末期，統治階級和社會的腐敗與黑暗逐漸上陞成了尖銳的社會矛盾，再加上自元朝建國初就存在的民族矛盾，使得元朝末年的社會危機不斷加深，統治階層的腐敗，貪官污吏的暴虐，都使百姓生活在水深火熱之中。隨着這種現象的逐步惡化，士人們漸漸從抨擊統治者上陞到了對受剝削的窮苦百姓的深切同情，在國勢不振，危機四伏的情勢下，元末士大夫洞見並勇於批駁現實社會中的「無道」因素，自覺擔當起社會的批判者和文化價值、社會價值的維護者，體現了其強烈的時代感與社會責任心及其對歷史運動的深刻把握。[10] 144 也正是在這種情況下，士人想要維持生計就更加困難了，他們痛恨元代政治，自然也就不願做官，沒有做官的俸祿，社會又如此混亂，憑藉儒戶身份享受的免役、補貼等政策根本解決不了他們的生活困境，他們依然只能通過其它方式謀生，從事農、商、醫、教、工等職業，在社會發生劇烈變動時，士人群體的處世方式、行為選擇及其人生態度、價值趨嚮往往與太平之時大異其趣。[11] 58

楊維楨曾先後任天台尹、前清場鹽司令、江浙四務提舉等職。從政之初，他是一個正七品的「縣尹」官職，初入官場，性子還是非常正直純良的，天台縣「八雕」結為一黨，專門挾制縣官，先以利誘，然後以此作為要挾，使縣官不敢治其罪惡。楊維楨沒中圈套，依法懲治了這些滑黠之徒，但他自己也被這黨惡吏害得免官。[6] 281 之後便被調任做從七品的前清場鹽司令，這一次他仍然沒有吸取教訓，甚至表現得有些急功近利，在任上他盡心盡力的執行他的主張，但是這種做法卻引起了上司的反感，以致一直備受冷落，他渴望得到重視，卻被人說「志過矯激」，不適合重用。官場上的黑暗和楊維楨自己的過於認眞、咄咄逼人使得他的仕途充滿坎坷，做四務提舉時，他依然非常努力，但仍不改他的天眞，結果也只能還是不得重視，這一次被任命為儒學提舉，楊維楨十分憋屈，更感不公平，四處想要陳述自己的才幹，但不諳官場之道的他一值得不到機會，終於，他灰心喪氣的辭掉了官職，開始了他後半生的放蕩生活。楊維楨可能相對其它多數元代的士人不同，他有機會出仕，也滿懷着一腔熱血的忠君愛民，有才幹也有激情，但是元代末期社會的腐敗和官場的醜惡，不適合他的耿直與天眞，在這樣的歷史洪流中，楊維楨這類人注定只能是悲劇的存在。

二、「重商主義」政策對士人階層的影響

　　士人們寒窗苦讀，耗盡財力，其最終目標只有一個，就是中舉入仕爲官，但是他們對仕途的熱衷突然被澆上了一盆冷水，實現人生理想的唯一途徑被切斷了；而當科舉恢復後，士人卻因爲被歧視排擠和官場的污濁黑暗，已經對仕途產生了惶恐不安甚至極度厭煩的心理，做起了晦迹遁世，既指責政治黑暗、世情險惡的社會現實，又悲憫着黎民百姓的悲慘命運的隱士。但是無論在任何時代，士人們總是要生存下去，沒有了俸祿的士人只有打破四民的職業差異，選擇農、醫、商等來維持生計，尤其是元代實行的「重商主義」政策，使商人的地位大大提升，原本最瞧不起商人的士人們也對商人另眼相看，並且開始與商人打交道或者從事與之相關的職業。

（一）元代「重商主義」政策的盛行

　　西周以前中國思想史上重商思想很流行，但從西周開始逐漸被重農主義所取代，最終形成了「農爲本、商爲末」，重商爲「本末倒置」的經濟倫理觀。[12] F24 但是到了元朝，由於蒙古族是一個游牧民族，他們不像中原的農耕文明以農業生產爲主，並且土地和居所基本固定，游牧民族長期無固定住所，過着逐水草而居的生活，他們的市場都是流通的，交換是他們獲得食物和生活用品的終於途徑，所以他們也就更加重視商業，重商主義重新開始流行。自成吉思汗開始，元朝就對商人就特別優惠，具體體現在：一是爲各地商人到蒙古經商活動簽發通行證，命各地首領不得干擾，並派軍隊保護商人的安全。二是商人的貨物賣不出去，由國家優價收購，以保護商人的積極性。三是聘任一些商人爲大臣，例如迴紇商人馬合木、桑哥及漢族商人盧世榮先後主掌國家財政經濟大臣。[13] 56 成吉思汗的重商政策的全面和深入在中國歷史上可謂是空前的，他的重商思想對恢復和發展蒙古的社會經濟有巨大的影響，他甚至覺得商人是值得人們學習的對象，商人身上的兢兢業業、腳踏實地、敢於冒險等都是可以學習的精神，但同時他也鄙視商人唯利是圖、欺行霸市等不良行爲；他還十分重視對外貿易，把對外貿易看作國家的「金麻繩」，同世界各國都建立起了良好的貿易關係，認爲商業是與世界各國友好相處的「法寶」。

　　成吉思汗對於商業的重視是空前的，但卻不是絕後的。他的繼承者們也繼續將他的重商思想進一步的貫徹和發展了下去，窩闊台合罕、蒙哥汗、貴

由汗，特別是元朝建國後的皇帝忽必烈都對重商主義有了自己的發展，元朝政府積極推行重商政策，發展商業，擴大貿易，在律令上特設保護商業的條款，給予商人各種優待和特權。[14] 43 蒙古帝國的統治範圍廣大，想要保持各地區之間的密切聯繫，通過商業來進行交流是一種比較有效的方法，忽必烈繼承了前幾任大汗的重商思想，並在他們的基礎上有所發展，實行保護商賈安全、維護商賈資材以及減稅、負稅、救濟困難商賈等政策，[15] 506 他將商稅的稅率壓低到四十分之一甚至「置而不稅」就是一項較為突出的政策。正是在這些政策的推動之下，中國的內外貿易都得到了很大的發展，商業的繁榮程度居世界領先地位。國內貿易方面，大都城不僅是元代的政治中心，更是當時世界上最大的經濟中心，全國各地甚至世界各地的商業往來絡繹不絕，商品在此彙集，貿易在此進行，其繁榮程度可想而知；對外貿易方面，泉州是元代最大的海外貿易中心，政府通過歸降的阿拉伯人蒲壽庚，招誘外國貨船，使泉州迅速繁榮起來，成了中國第一大港，[16] 29 這裏也是在元代正式開通的連接中西方的海上絲綢之路的起始點。

（二）「重商主義」政策下的士商關係

元代的重商主義政策滲透到了社會的各個領域，對元代各階層都產生了重大的影響。對於商人來說，這一政策的盛行他們無疑是最大的受益者，一千多年的身份壓制終於被扭轉，雖然仍然有反對商人、鄙視商業的言論出現，但是這些言論並沒有影響到統治者對商業的重視，更沒有觸及到商人們從這一政策中所獲得的利益；而對於另一個職能、地位完全與之相反的階層士人階層來說，重商主義這一政策是對他們的一個沉重打擊，尤其是在科舉被取消，漢族士人被打壓、歧視這樣的背景下，士人階層經歷了從所未有的灰暗時期，在精神上抑鬱，在物質上貧困的雙重打擊下，士人階層對商人的看法開始逐漸轉變，孔子提出的「君子喻於義，小人喻於利」的崇義黜利的儒家義利觀逐漸淡薄。[17] 120 與在以往的朝代中蔑視商人，批判商業活動的士人相反，在元代，士人與商人之間的關係變得密切，還出現了士商親融的現象，士人對商人表示肯定，商業活動也不再卑賤，從事商業可以和讀書有同樣的價值等等，充分體現了士人階層對商人的親近與友好；而對商人來說，因為從事商業便過早放棄了學業的遺憾讓他們一直對讀書求學有着美好的嚮往，他們在心底對仕途同樣也有著一份追求，所以商人對士人也表現出了尊重和

禮遇的態度，如徽州商人方如金對當地知名學者黃樞的禮遇，新喻商人周孟輝對本路儒學元老梁寅的尊崇，華亭地主兼商人曹知白對廣大文士的襄贊等等，不一而足。[18] 15

　　元代的重商主義爲當時的士人與商人之間的接觸和往來提供了一個很好的平臺，士人放下從前清高的架子與商人親近，並對商人表達了高度的讚揚，而商人也非常樂意於同有學識的士人交往，對待士人也十分敬重和友好，這種士商親融的現象不僅對兩者都有積極的影響，對元代社會的發展也起到了不小的作用。由於商人對讀書與文學有一份特殊的感情，所以他們紛紛開始追求高雅，爭相與讀書人交往，並且以他們的經濟基礎作爲結交士人，舞文弄墨的一種手段，在江浙地區，就有很多富商資助當地的各種文學活動，例如詩社文會等，極大地推動了當地文學的普及與興盛，元代江浙大規模的文學活動都是本地富商資助或主辦，如顧瑛的玉山雅集，徐達左的耕漁軒文會，呂璜溪應奎文會等。[19] 122 這些詩社和文會的規模有大有小，但都彙集了眾多文人，並創作出了大量的詩文作品，這對士人來說無疑是一個很好的施展才華的機會，經過科舉取消又恢復，仕途受排擠與壓制的陰鬱後，終於可以有一個地方可以一展自己被壓抑已久的才華，在眾多有着相似經歷的士人與對其禮遇有加的商人面前找到了久違的歸屬感和存在感，在精神上得到了充分的滿足，當然，這種滿足感也不僅限於精神上的，在物質上，富商們不僅收藏藝術珍品，還請文士爲他們寫傳記、寫墓銘，或建祠堂、蓋新樓、作善舉，以得到文士作文紀念爲榮，亦是一時風尚。[20] 34 其實這種富商花錢請士人作文寫詩的現象既可以看成是士人因仕途不順、地位低下等所造成的結果，也可以看成是當時士人排斥官場，崇尚隱逸的原因之一。元代的科舉被廢，官場黑暗固然是使得當時的士人厭惡爲官，大量隱退的緣故，但難道就沒有重商主義的盛行和經濟發展的作用嗎？重商主義在元代的盛行將商人的地位大大提升，社會經濟也呈現出一片繁榮的景象，而且商人對士人所表達出的敬重之情與官場中對他們的歧視與排斥形成了鮮明的對比，更加深了他們對入仕爲官的消極心理。

　　但是重商主義說到底，都只是對商人才有直接的的好處，對於士人來說，再好的禮遇與優待都只是附加的，是商人賦予他們的，而不是通過在自己所擅長的領域獨立創造出來的，士人的才學可以使商人得到滿足，滿足了他們附庸風雅的追求，彌補了他們因爲過早放棄學業選擇從商的遺憾，可是對士

人來說，他們內心深處所需要的並不是商人對於他們才學在金錢上的肯定和在詩社文會中獲得的那一點點虛榮感，他們從小飽讀詩書，爲的就是想要實現自己內心的抱負，達到自我價值的實現，可是元代的政策爲士人的偉大理想設置了重重障礙，他們的抱負和追求被一點點消耗磨滅，所以他們只能退而求其次的選擇以另一種方式來尋求物質與精神上的滿足，但這樣一來又不免使他們變得世俗，使他們的社會地位慢慢下降，使他們趨附於曾經與他們的地位懸殊，曾經不屑一顧的商人生活。所以也有很多士人選擇獨立生存，由於當時一般市民的文化需求開始上陞，士人也開始通過編寫話本或靠賣字畫爲生，如「只把梅花索高價」的王冕，以墨梅著稱，隱居於紹興城郭，「求者肩背相望，以繪幅短長爲得米之差。」另如倪瓚的畫斐聲當時，以致「奉幣贄求之者無虛日」，他後來賣去田產，不作富家翁，而「黃冠野服，浮游湖山間」，大約靠賣畫已足能維持生計……當時理學家黃溍不勝感慨：「嗚呼，四民失其業久矣，而莫士爲甚。……肆其力於負販技巧者亦豈少哉！」[20] 34 從他的話中可以感受到，即使是「不作富家翁」，士人也還是迴避不了他們趨向世俗化及士人地位滑落的事實。

「先天下之憂而憂，後天下之樂而樂」曾經是士人階層的偉大抱負，是他們寒窗苦讀、窮盡一生想要追求的最高境界，然而元朝遼闊的疆土和繁榮的社會似乎遺忘了一群有着這樣抱負的士人們。「士農工商」中的優越地位對生於元代的士人來說只是一個空想，「重商主義」政策下與商人地位的逆轉與落差才是他們真正面對的現實，在官場上所受的排擠與歧視讓他們心灰意冷，即使是商人的追捧和禮遇也不能彌補他們在仕途中的失意。「重商主義」對於整個元朝來說產生了非常重要的影響，使得元朝經濟繁榮，貿易發達，人民的生活水平都得到了普遍的提高，爲中國古代的商業發展作出了重要貢獻，但是這些對於士人階層來說毫無意義，這個朝代給不了他們施展才華與志向的平臺，生不逢時的悲哀造成了元代士人的消極避世。他們曾經努力過、掙扎過，但是這個動亂的時代裏他們只能不可抗拒的被歷史的洪流推着向前，投生於這個年代，他們的命運注定是個悲劇，所以，在元代「重商主義」政策下的士人階層或許是這個朝代中唯一的犧牲品了。

參考文獻

〔1〕劉政，元代商業繁榮及其原因〔J〕，南京林業大學學報（人文社會科學版），2010，03：67～72。

〔2〕王瑞來，科舉停廢的歷史：立足於元代的考察〔A〕，劉海峰，科舉制的終結與科舉學的興起〔C〕，湖北：華中師範大學出版，2006，155～166。

〔3〕佚名，廟學典禮〔M〕，卷1，四庫全書本，上海古籍出版社，1987。

〔4〕申萬里，元初江南士人的懷舊情結初探〔J〕，武漢大學學報（人文科學版），2012，02：115～122。

〔5〕宋濂，元史〔M〕，卷81，長春：吉林人民出版社，1995，1237～1251。

〔6〕么書儀，元代文人心態〔M〕，北京：文化藝術出版社，1993，169，234，281～282。

〔7〕孫麗華，論元代士人的歸隱意識〔J〕，唐都學刊，1991，02：29～32+46。

〔8〕周雲龍，論元人散曲超「俗」的俗〔A〕，北京師範大學古籍所，元代文化研究·第一輯〔C〕，北京：北京師範大學出版社，2001，468～482。

〔9〕呂養正，元初士人的「時隱」意識和殉「道」精神〔J〕，吉首大學學報（社會科學版），1994，04：51～57。

〔10〕展龍，元末士大夫的輿論批評及其蘊涵的時代意義〔J〕，北京理工大學學報（社會科學版），2012，05：138～144+156。

〔11〕展龍，元末士人謀營生計的多途選擇及其時代意蘊〔J〕，商丘師範學院學報，2013，07：54～58。

〔12〕見習記者 劉書艷，成吉思汗時代的商業文明〔N〕，中華工商時報，2010～07～09，F24。

〔13〕湯標中，元代和忽必烈的商業政策〔J〕，北京商學院學報，1997，01：57～58。

〔14〕王來喜，試論成吉思汗重商思想〔J〕，內蒙古師大學報（哲學社會科學版），2000，03：41～46。

〔15〕孫健，中國經濟通史·上卷〔M〕，北京：中國人民大學出版社，2000，495～515。

〔16〕周寶利，邢淑清，元朝的商業繁榮與海上絲綢之路〔J〕，遼寧絲綢，1994，02：29～32。

〔17〕楊軍琴，元代商人社會地位的變化〔J〕，齊齊哈爾師範高等專科學校學報，2008，01：119～121。

〔18〕王秀麗，元代江南地區的士商親融關係〔J〕，歷史教學，2004，05：13
　　　～16。

〔19〕唐朝暉，元代江浙地區的商業繁榮與詩文新變〔J〕，湖南商學院學報，
　　　2011，02：121～123。

〔20〕陳建華，元末東南沿海城市文化特徵初探〔J〕，復旦學報（社會科學
　　　版），1988，01：31～40。

第十二章　元代「重商傳統」對商人階層的影響

　　公元 1260 年，忽必烈獲得了「大汗」的稱號，建立元代，隨後又把年號改至元，結束了唐末五代以來遼宋金夏歷代割據、對峙的分裂局面，建立了中國歷史上蒙古族統治的王朝，改變了由漢人一統中原的慣例。忽必烈在位時期，就開始摒棄蒙古貴族以前對各國瘋狂搶劫社會財富、奴隸，屠殺反抗力量，來促進社會、經濟發展的政策，是吸收前朝漢人統治者發展社會和經濟的做法，其中一項就是大力發展農業生產，措施有：在中央和地方建立農司；鼓勵農民開墾荒地，設置屯田；興修水利，發展生產；減輕賦稅等政策。從這可以看出忽必烈有意改變了過去蒙古族社會傳統的經濟比例：畜牧業經濟占主導，農業和手工業幾乎為零，充分利用所獲取的漢地。除了發展農業，忽必烈還大力發展手工業和商業，使元朝的經濟多樣化，農業、畜牧業、手工業和商業並存發展。而忽必烈的做法，也被元朝以後的統治者所沿用。元朝的統治者雖然善於吸收漢人的思想，還任用漢人為官，但並沒有完全被漢化，不像北魏孝文帝推行涉及生活方方面面的漢化措施，而是保留蒙古族自己原有的一部分傳統，其中最明顯就體現在推行重商政策，一改前朝推行「重農抑商」的做法。為什麼元朝會推行重商政策；元朝重商政策的內容有哪些；在重商政策下，元代商人的生存狀況又如何；重商主義政策對商人階層影響又是如何，這幾個問題都在本文一一說明。

一、元朝推行重商政策的原因

元朝推行重商政策是符合統治階層，即蒙古貴族的根本利益。而元朝統治者推行重商政策一來是保護蒙古貴族的利益，二來蒙古貴族獨具的「重商」觀念起自於蒙古族過去的社會形態—游牧社會，不像中原地區有着大量可耕農田，可過着自給自足的、男耕女織的生活，「比較單一、脆弱的游牧社會缺乏大量生存、發展的手工和生活用品。在蒙古勢力形成的早期，這些必需品除依靠戰爭手段獲取外，即盛行與其它地區或民族的交換」[1] 326，在交換的過程即產生了商業，而商業經濟也逐漸成為蒙古族社會僅次於畜牧業經濟，成為第二大經濟形態。成吉思汗一邊征戰他國，擴張領土的同時，在推行措施管理日漸擴大領土，尤為注重對商業的發展。「成吉思汗為了保護和發展商業，尊重商人，任命他們擔當高職。比如鎮海，他是成吉思汗時期的重要功臣，而且是商富出身，他主管蒙古王朝的農業和商業」[2] 111，成吉思汗任命商人擔任高職的做法，也被忽必烈所傚仿。成吉思汗還制定嚴厲的法規，保護商人的利益，「假如誰排斥了商人或殺了商人，就要將他嚴懲處治」[2] 112。正因為早期蒙古族統治者推行保護商業的措施，在蒙古社會從上至下都熱衷於經商，而蒙古貴族認為，商人從事的貿易往來「關係到世界的福利」。因此歸納元朝推行重商政策的一個根本原因就是由蒙古族過去的傳統社會性質決定，而在特定政治、經濟背景下採取的一種社會制衡手段。

二、元朝推行重商政策的內容

元代的重商政策在元世祖忽必烈在位時期就已經形成，這得益於忽必烈任用的三位理財大臣，分別是阿合馬、盧世榮和桑哥。他們的為人、功與過的政治、經濟做法在當今史學界多有評論，如楊建新的《評忽必烈的三位理財大臣》，在此對三位理財大臣就不做一一的評價，但有一點必須說明：阿合馬、盧世榮和桑哥的理財措施確實促進當時元朝的商業發展，為元朝的重商奠定了基礎。他們的理財措施也為之後的統治者沿用，內容上雖有變化，但有着異曲同工之處。而元朝的重商政策的內容，可歸納為一下幾點：第一，在全國發行紙鈔。元朝經濟史上有個獨特的現象就是元朝政府長期使用紙幣作為全國的通行貨幣，而不是使用金銀或制錢（銅錢）作為全國的通行貨幣。紙幣推行的一個重要的社會效用就是保障商品經濟在流通領域的發展，並且在一定程度上緩解了兩宋以來因為銅錢不足而引起的「錢荒」問題。宋朝商

業發展，對銅錢的需求量劇增。為了牟取個中的暴利，民間出現了私鑄銅錢和私自囤積銅錢的現象，而且還屢禁不止。「兩宋政府為了獲取財富用以支付每年給遼金等北方少數民族政權的歲幣，大力發展海外貿易，大量銅錢流失海外」[3] 53，造成兩宋「錢荒」的重要原因。鑒於宋弊，元朝決定推行紙鈔，從中央到地方都設立了印製和管理紙鈔、兌換紙鈔和處理昏鈔（爛鈔）的機構，分別是交鈔提舉司、平準行用庫和回易庫，這對於穩定當時商品經濟發展起到重要作用。第二，推行優惠的商業賦稅政策。1229 年，成吉思汗第三子窩闊台登上汗位後，次年正月後「定諸路課稅，酒課驗實息十取一，雜稅三十取一，同年十一月，始置十路課稅使」[4] 30。金朝滅亡後，蒙古國仍推行「商稅三十分之一」。忽必烈建立元朝至元七年正月，阿合馬擔任平章尚書省事，進行理財，依然推行三十取一之制。為了鼓勵南北物貨的流通及扶持重點地區的發展，又制定「重利誘商賈」措施，將大都及蒙古本土的商稅壓低到四十分之一、六十分之一甚至「置而不稅」的優惠[4] 214。商稅分過稅和住稅，由來已久，唐、宋時均推行過，到了元朝則取消過稅，保留住稅，「不收過稅，無疑有助於商品流通，促進商品經濟的發展」[5] 89。第三，對商旅行商實行安全保護和提高商人的社會地位。「在元廷的促動下，各地官府注意為商旅提供保護，甚至出現責令官、民賠償其失盜的物品的極端做法」[1] 328。而在科考上，並不存在商賈就試的限令。這就掃除商賈進入官場的障礙，使商人的社會地位較前朝有所提高。

三、在重商政策推行下，元代商人的生存狀況

　　元代的商人可分為兩大類：第一大類主要由特權階層組成，包括貴族、以上層的斡脫為代表的西域商人、官僚、上層宗教人員和豪商；第二大類是具有獨立身份的大、中、小商人。從元代的兩大類商人，我們不難發現元代商人的性質是多樣的，而且商人的身份也是雙重，甚至三重。即使具有獨立身份的商人，他們也不得不依賴，甚至勾結官府，便於行商。而中國從古至今，商人的獨立性都沒有很好體現。從元代商人分類，我們還可發現第一大類的商人是佔據主導地位，而且在第一大類商人裏有西域商人和上層宗教人員，這與過去社會的商人成分有不同之處。所以考慮在重商政策推行下，元代商人的生存狀況，必須要考慮西域商人和上層的宗教人員。從元代的早、中和晚期來劃分，研究商人的生存狀況。

第一，元代早期商人的生存狀況

元代早期商人的生存狀況有幾大特點：（1）元朝的蒙古貴族、官吏和寺院僧侶熱衷經商，構成元代社會的第一大類商人，並把持元代主要的商業部門。（2）商人的政治色彩濃厚，沒有政治地位的商人積極參與政治，不放棄改善自己的社會地位，而有政治地位的貴族、官吏通過經商為自己斂聚更多的財富。（3）西域商人、色目商人越來越活躍湧現，逐漸掌握着元朝商業的命脈。

元代對商人採取了很多的保護和鼓勵措施，包括保護商人的財產安全；鼓勵通商；實行低商稅甚至免稅；貴族和寺院僧侶經商免稅等。而這些措施都促進元代從上至下熱衷經商，尤其蒙古貴族階層，就以：威順王在湖廣「多萃名倡巨賈，以網大利，有司莫敢忤」[4] 3438；劉忽篤馬「以銀五十萬兩撲買天下差發」；「寺院僧人經商致富的不少，僅大都的大護國仁王寺在河間、襄陽、江淮各處的酒館就有一百四十所，可見資本之多」[6] 71；一般商人在政府的商業保護政策下，中也有不少人因善經紀而成「腰纏萬貫」的富翁，「如揚州人張文盛，「家僮數百指，北出燕齊，南抵閩廣，舲遷絡繹，資用豐沛。」[6] 71，這樣的例子比比皆是。而這些蒙古貴族、寺院僧侶構成元代社會的第一大類商人，他們通過自己已有的政治權力和經商所得財富，把持着元代重要的商業部門，當中包括奢侈品，如珍異珠寶的貿易；百姓的生活必需品，如鹽、糧、茶的貿易等，還有更突出的就是經營斡脫錢，即高利貸經營業，這在元朝社會特別明顯，而對日後元代的商業發展有着不利影響。元代商人的政治色彩濃厚就體現在：越來越多商人擔任中央政府主要政治部門的高職，最明顯就是阿合馬、桑哥、盧世榮，他們都是商人出生，都擔任忽必烈身邊重要的理財大臣和丞相，「蒲壽庚世代經營海上貿易，南宋時泉州降元，世祖忽必烈任命他主持泉州市船司工作，又提升他為左丞。」[6] 71，除了政府的任用提拔外，商人也想盡辦法提高自己的政治地位，如通過買官，或者結交貴族、官吏來謀取官職。最後一個特點就是西域商人和色目商人活躍湧現，而且在元代社會有着較高的地位。在元朝建立時，就把實行四等人制，也就把各民族劃分四個等級，而色目人和西域人就處於僅此蒙古人的第二等級，也屬於統治階層，這也因為蒙古勢力形成的早期就已經和色目人，西域人有政治、經濟和文化的往來。大多的色目人和西域商人都擔任政府的高職，而且他們經營的暴利行業，包括斡脫業和海外貿易。他們在國內可被免除差役、

地稅和商稅，他們還常常「持璽書，佩虎符，乘驛馬，名求珍異，既而以一豹上獻，復邀回賜，似此甚眾。」[7] 卷196。而對色目人和西域人的管理和限制，元朝政府也多出臺措施，尤其在限制措施方面，但未能長久推行，都因受到他們的抵制而廢除。在前面提到的蒲壽庚，就是西域人，他及其家族在泉州的海外貿易具有舉足輕重的作用。「蒲壽庚降元後，元政府以爲「壽庚素主市舶」仍留他主持泉州市舶司的工作。他以其家族在蕃商中的巨大影響，積極招徠外舶商船，促使「元代外國貿易，遂亦盛極一時矣。「蒲壽庚之後，其子蒲斯文及回回人艾卜伯克·烏馬兒相繼擔任過泉州提舉市舶使。」[8] 175。而色目商人經商致富也特別多，例如：太宗時劉忽篤馬「以銀五十萬兩撲買天下差發。」，「奧都拉合蠻以銀四萬四千錠撲買中原銀課」[6] 71。首都，各行省省會和沿海城市經常能見到西域商人和色目商人的蹤影。《回族簡史》裏寫道：「元代回回商人，活躍於全國的大城市。元的首都（北京）和東南沿海的杭州、泉州、廣州等城市是他們活動的重要地點。」[9] 8，西域「大賈擅水陸利，天下名城巨邑必居其津要，專其膏腴。」[10] 17。可見西域商人和色目商人在元代社會是一支重要的力量，而且他們亦官亦商的現象很突出。

第二，元代中期和晚期，商人的生活狀況

前面我們已經大致瞭解了元代重商主義政策的內容和元代早期，商人的生活狀況。但我們可以發現元代商業發展有扭曲的現象，就是重商主義政策的推行主要保護元代的第一大類商人和第二大類裏的大商人，而中小商人則處於被剝削和被壓抑的地位。「而眞正有利於國計民生、體現商品經濟發展進步的經營項目則由大批普通商人所承擔」[1] 339。尤其到了元中期和晚期，中小商人的生存狀況越來越顯艱巨。在這可以列舉兩個例子進行論證。第一個例子是元代的紙幣流通出現問題。前面我們提到元代社會流通的是紙幣，而紙幣的流通可有利於商品經濟的發展。但元朝自發行紙幣後，就不停的出現濫發紙幣引起通貨膨脹，物價上漲的現象，而這種現象則一直伴隨著元朝的滅亡。「在元朝後期，鈔制敗壞，具體表現在僞鈔泛濫、零鈔缺乏、鈔庫鈔本被不法官吏挪用、發行數量失控、鈔庫官員利用鈔庫存鈔私自放債收息等等」[3] 53，這不僅對下層百姓的生活造成困擾，同時也給中小商人帶來不利。因爲通貨膨脹，物價上漲，第一大類商人就可從中獲取最大的利益。元廷雖有出臺政策要改變這種局面，如在順帝至正十一年，更發行「中統交鈔」又

稱「至正交鈔」，但由於各地鈔本大都運到了京師，以充軍國之用，紙幣無法兌換成白銀而成爲無母之鈔，失去了子母相權的意義，「行之未久，物價騰踴，價逾十倍」[11] 62。可見元朝中晚期，紙鈔的發行已經成爲阻礙元朝社會和經濟發展的毒瘤。第二個例子就是鹽政。鹽課是元朝重要的財政收入，可以說鹽課的收入占「天下辦納的錢」的一半以上 [12] 67，而鉅額的鹽課收入就是元政府對鹽業生產者和鹽的消費者進行殘酷的剝削和掠奪所得來的。元代鹽的運銷其中有一種方式就是「商運商銷」，即由商人向國家買鹽，然後將鹽運到各地出售。而這裏的商人往往就是元代社會上的第一大類商人和第二大類商人中的大商人，也就是說由封建政府來壟斷經營整個鹽業生產部門，而要達到此目的，就必須嚴禁私自製鹽和嚴防私鹽進入流通過程。因此政府和私鹽販子之間就經常出現禁止與反禁止、限制與反限制的鬥爭。有的地方私鹽販子聲勢甚大，他們「構集人眾，執把器杖，」「每遇巡捕，拒傷官兵」[6] 73，順帝時，山東鹽販郭火你赤舉行起義，「擁擠鼓，入城邑，掠人民，纂囚徒，共益其黨。火廬舍，劫府庫，爭取其材（財）。橫行曹、淮、滑、睿、相、衛諸都，西抵太行，由滋、洛而歸」[6] 73。其實鹽商的反抗在元朝歷史都有不少，但到了元朝末年更加湧現。元朝晚期，除了鹽商反抗之外，不少的中小商人加入到農民起義軍的隊伍中。如順帝末年，活動在河南鄧州、南陽等地的北瑣紅軍首領王權，原來就是一個販布商人。在薪州起義後，被擁立爲帝的徐壽輝，也是販布出身。還有浙東的方國珍也是魚鹽商販，淮東的張士誠原來也是個「以操舟運鹽業」的小商人。爲了反抗封建政府的剝削，商人參加起義的例子比比皆是。可以說在元代中、晚期，商人是在夾縫中求生存。

四、「重商傳統」對商人階層的影響

前面我們已經對元代早、中、晚三個時期，商人的生存狀況做了一個分析。從上面的分析中，我們是不是得出「重商主義」政策只對元朝的特權階層有利，而對中小商人就一點利處都沒有，對整個社會經濟發展都沒利。現在史學界對「元代商品經濟在歷史上是前進，還是倒退甚或是敗壞」都沒有定論。但我們應該看到「重商主義」政策對商人階層帶來的兩面性影響。一個政策推行所帶來的利與弊，並不單單看它在某個時期、某個階段所帶來的影響，而是看它對社會、對歷史所帶來的作用，而對於「重商主義」政策的評價也是如此。我們先看「重商主義」政策對商人階層的積極影響。首先「重

商主義」政策帶來最大的影響就在於商人的社會地位在提高，體現在有形和無形的提高，無形的提高就體現在人們對商人這個行業和身份觀念的改變，「在行商環境較優越的元代，大批士人廣泛接觸工商業，觀念也在逐步改變，重複本末業之分，視務商爲賤業的論調已不多見了」[3] 340。曾任儒學提舉的黃溍就得出結論「彼其役庸工，費舟本，遑遑顯顯，心計目察」，「嘔盡心血，豈其易哉」[13] 卷三，另一位以「大隱在關市」自詡，由仕而退居松江的著名文人楊維楨則說：「世以不耕爲耕者多矣，漁以釣耕，賈以籌耕，工以斧耕，醫以針砭耕……耕雖不一，其爲不耕之耕則一也！」[3] 340，可見當時人這些通達、公允之論，肯定了商人在社會經濟生活中的地位。其次出現了一批善於經商的商人和經營規模宏觀的商業組織。大多認爲商業組織出現是在明清時期的商幫，但其實在元代就已經出現了，而這種團體是具備綜合經營能力與規模的，這對於促進元朝商品經濟的發展並非全無可取之處。再次就是出現舊式經紀人和組織—牙人和牙行，他們的出現在一定程度上起到減少「詐冒昏賴」、「詞訟紛紜」的作用。最後就是商人的營運範圍不局限於農產品和低級產品的營銷和轉販，而是擁有一定資產的商人開始開設手工工場，如元末錢塘相安里有位「饒於財」者，以四五張織機，雇傭十多名工人，工資以技藝熟練程度而定，因而熟練工人可較自由地選擇「倍值者」[3] 342。從以上三點，重商主義政策在一定程度上是有利於商人階層的成熟發展。但前面我們也提到重商政策的推行是符合蒙古貴族的利益，而在元朝商人階層的發展是出現了不良的現象。

下面我們來分析下，重商主義政策對商人階層的不利影響。

第一，商人階層裏貧富兩極分化嚴重，中小商人生存艱巨。對於重商主義政策對商人階層所帶來的影響，必須要站在元代社會的兩大類商人的角度進行考慮。前面在論述元代中、晚期，商人的生存狀況，已經有說明中小商人是在夾縫中求生存，以致後來中小商人都加入元末農民起義的隊伍中。這點在這裏就不做闡述了。而商人階層裏貧富兩極分化嚴重在元代社會表現的非常明顯。也就是說第一大類商人和大商人與中小商人的差距巨大。第一大類的特權商人和第二大類的大商人，把持着商業的主要部門，主要從事的是高級商品和國民必需品的經營，也就是說有利可圖的、國家的的行業經營都是有他們來把持，不允許中小商人插手。即使存在中小商人經營，就會受到打壓。前面列舉的鹽課的例子，還有下面列舉的海外貿易也是如此。元廷設

市舶司和泉府司等機構來管理海外貿易，運營者主要是商人，主要就是抽解、徵收穫取利潤。因此海商動輒「贏億萬數」，故「商著益眾」。如官僚以至元、大德時，「政位顯要」的朱清、張瑄爲代表，他們「以巨艘大舶交諸番中」，「富過封君，珠寶番貨以鉅萬萬計」[14] 卷五。而元代的市舶法規定，財力單薄的小商人只能以「小船」依附在大舶之下。也就是說海外貿易被大商人所壟斷，而且小商人還必須向他們繳納高稅。商人之間的財力懸殊。

　　第二，元代社會出現「牙人」、「牙行」、斡脫業盛行發展，不利於中小商人的生存。前面我們有簡單提到「牙人」、「牙行」和斡脫業，但只針對它們有利的一面，和誰掌控者它們，進行的闡述。但是一個新出現的行業，必須置於國家的有效管理和監控下，逐漸走向完善、正軌，而且要避免有權力之人對此進行控制。但是元代出現這兩個新行業並不是朝着有利於社會和商品經濟的方向發展，而是逐漸有損社會和商品經濟的發展。其實元代出現這兩個新行業，是商品經濟發展的結果。首先是「牙人」，相當於今天的經紀人，而「牙行」就相當於今天的中介。今天我們看經紀人和中介，都會有不好的看法，認爲他們會在買賣雙方之間收取高額利潤，欺騙雙方。而當時的「牙人」和「牙行」也確實如此，「「牙人」往往採用矇騙的手段，敲詐勒索，使買賣雙方都受其害，對商人的本身是不利的 [15] 1027。其次就是斡脫業，對於斡脫的來源和本身詞的含義，在此就不做解釋。而元代的斡脫業是營運錢債的，而它的資金來自於元的王廷帝室，也叫斡脫官錢，其實就是我們今天所說的高利貸業。據南宋人彭大雅記載：「其買販則自轄主以至僞諸王僞太子僞公主等，皆付回回以銀，或貸之民而衍其息。一錠之本，展轉十年後，其息一千二十四錠，或市百貨而懸遷，或託夜偷而責償於民。」[16] 26 王國維先生也曾經對其利息進行過推算，利息是每年翻一倍，十年後確實到一千二十四錠。在這種高利息的盤剝之下，負債人只能傾家蕩產和家破人亡。而當時的元朝政府就利用自己雄厚的官庫，大放高利貸，作爲一項財政的收入。元朝政府不單單向普通的農民放貸，也向中小商人放貸。元朝一開始是禁止貴族放貸，但後來這項暴利的行業慢慢轉移到第一大類特權商人的手中，尤其是色目人，他們深受蒙古皇帝的器重，所以他們被授予更多經營高利貸的特權。缺乏國家的有效監管，斡脫業掌握在特權階層的手裏，那麼中小商人經商的資本來源就更加艱巨。中小商人在經商中受擁有特權商人的排擠，而在資金的來源也受阻礙。中小商人階層在元代的生存狀況不容樂觀。

第三，在重商主義政策的推行下，官吏貪污受賄形式多樣，現象嚴重，中小商人受封建政府的剝削嚴重。其實歷代王朝，官吏貪污受賄的現象都很嚴重，我們不能把官吏的貪污受賄歸咎於重商主義政策。但我們不可否認重商政策的推行給官吏的貪污受賄提供更多的途徑。在沈仁國的《元世祖時期官吏貪贓受賄的形式和特點》就提到元世祖時期官吏的贓賄課分爲 34 類 49 種形式。單是元世祖時期就已經這樣，到了元朝後期官吏的貪污受賄的現象就更爲嚴重。官吏的貪污受賄對普通百姓、中小商人的影響都是非常嚴重，官欺商的現象就更加嚴重。商人經營所得的利潤，都要上交給政府，被官吏所斂聚。

最後一點就是作爲重商主義政策的一項─發行紙幣，最後引起元朝社會的通貨膨脹，也抑制中小商人的發展。

通過上面對元朝推行重商主義的原因、內容、商人階層生存狀況和重商主義政策對商人階層的影響的分析，我們知道元朝推行重商主義政策是符合社會和歷史的發展，也是商品經濟發展的結果。但是在封建政府統治下，推行重商主義政策的目的還是維護封建統治階層的根本利益，商人的眞正發展不在封建時代。因此在封建時代的商人走到近代，都只能依附着別人求生存，也就不能成爲最可靠的革命力量，這也是爲什麼我們說他們具有天生的軟弱性和妥協性。

參考文獻

〔1〕高榮盛，元史淺識〔M〕，南京：鳳凰出版社，2010 年 8 月。

〔2〕烏蘭，劉振江，論成吉思汗與忽必烈的「重商政策」〔J〕，前言，2010 年，第 1 期：111。

〔3〕寶相國，論元朝鈔制實行的原因及影響〔J〕，黑龍江史志，2013 年 6 月，第 1 期：53。

〔4〕宋濂，元史〔M〕，北京：中華書局出版社，1976 年 4 月。

〔5〕陳高華，元史研究新論〔M〕，上海：上海出版社，2005 年 6 月，89。

〔6〕陳賢春，試論元代商人的社會地位與歷史作用〔J〕，湖北大學學報，1993 年，第 3 期：71。

〔7〕佚名，元典章〔O〕，北京：中國書店。

〔8〕馬建春，元代西域人的商業活動〔J〕，暨南學報，2006 年，第 3 期：175。

〔9〕《回族簡史》編寫組，回族簡史〔M〕，北京：民族出版社，2009 年 3 月：8。

〔10〕賴存理，元代回回商人的活動及其特點〔J〕，寧夏社會科學報，1988 年 3 月，第 1 期：17。

〔11〕孫文學，元朝失政之財政思考〔J〕，財經問題研究，2001 年 8 月，第 8 期：62。

〔12〕陳高華，元史研究論稿〔M〕，北京：中華書局出版社，1991 年 12 月：67。

〔13〕黃溍，金華黃先生文集〔M〕，上海：商務印書館：卷三。

〔14〕陶宗儀，輟耕錄〔M〕，北京：中華書局出版社，2004 年 7 月：卷五。

〔15〕倪建中，風暴帝國〔M〕，北京：中國國際廣播出版社，2000 年：1027。

〔16〕修曉波，元朝斡脫政策探考〔J〕，中國社會科學院研究生院學報，1994 年，第 3 期：26。

第十三章　元初商業經濟的發展狀況

　　元王朝是由蒙古族建立的一個「大一統」的中央封建王朝，雖然在建國之初保留了少數民族落後的政治制度，在政治和文化上處於倒退期，但是，元初的經濟特別是商業經濟有着驚人的發展。元初，即元世祖忽必烈在位前中期，重視商業，對商業限制較前代寬鬆，並通過制定一系列法律和政策去保護和鼓勵商業的發展，「重商」的經濟政策促使無論是平民百姓還是貴族官僚都走向從商之路。此時的商業經濟呈現出繁榮之姿，表現出規模大、政府專賣、斡脫商人活躍等特點。元初繁榮的商業經濟對中西方都產生重大的影響。本文從元初商業經濟的基本狀況、發展原因、特點以及影響等四方面來進行論述。

一、元初商業經濟的概況

（一）國內貿易——元初商業活動的一般情況

1、商業活動的商人與牙人

　　商業經營者統稱為商人。最初，人們把做販運貿易的叫做「商」，坐售貨物的叫做「賈」，即所謂「行曰商處曰賈」。元代習慣將商人分為坐商和行商。凡在城市中開鋪營業的就是坐商，凡是從事販運的就是行商。無論行商或坐商，都有大、中、小之分，他們的財產狀況、經營手段、社會地位都有很大的區別。而有這樣大的區別原因是他們的政治權勢大小的不同。

　　以政治權勢為標準，元代商人可分為兩種，一是特權商人，即由貴族、西域商人、官僚、上層僧侶和豪商組成，他們在行商時受到官方多方面的庇

護和優遇，有的甚至不當雜泛差役、豁免或逃匿商稅[1]，取得持璽書、佩虎符、乘驛馬的特權[1]，因此，這些人的實際身份是官商合一，亦官亦商，氣勢相當顯赫，市場上則佔據絕對優勢地位。二是具有獨立身份的大中小商人，他們在行商過程中，有程度不同地依附、甚至勾結官府的一面，但即使是其中的大商人，主要從事的還是相對正常的商業活動。

商品流通過程中除了商人，還有一個重要的角色——牙人，即居於買賣人雙方之間，從中撮合，以獲取傭金的人。「牙人」由來已久，在西周時期，這種中介人稱為「質人」，唐以後才叫「牙人」。唐宋時期，經濟活躍，商業繁茂，民間牙人自覺組織起來，稱為牙行。所謂是牙行是商品流通領域中的居間經紀行業，為買賣雙方說合交易。「牙行」的組織，和其它行會的組織一樣，是經濟自身發展的結果，牙行尤其依存於商業的發展，即交換關係的發展。元初商業經濟繁榮，牙人角色重要但經常在交易中作弊，因此元朝政府要求牙人和買賣雙方明白開立文契，赴務投稅。至元年間，政府對牙人的管理出現極端的變化，至元二十一年，忽必烈下詔設市易司管理牙人，二十二年，「罷牙行」——取締民間牙行，二十三年，保留大都部分大額交易牙行，取締其餘牙行。

2、商品流通領域

元初商業經濟繁榮表現在商品種類的豐富、流通領域的擴大以及商業分工的完善。元代進入流通領域的商品有滿足大眾日常生活需要的各種農產品、手工業產品和滿足上層消費的各類精細的工藝品、奢侈品等物質。處於突出地位的是糧食，元代前期，供應大都的糧食一部分靠政府組織的海運，另一部分則由商人販運而來；浙江寧波地區居民所需的糧食一般依賴外地運入，浙西「補添他郡食，販入外江船」[2]，這說明糧食運銷已經很普遍，商品化程度相當高。在手工業中，紡織業和瓷器在市場上佔有重要位置。宋末元初黃道婆改進織布工具與技術，推廣棉布，使得棉織品在市場上暢銷。瓷器是傳統的手工業，元代龍泉窯、磁州窯產品依舊流行，景德鎮瓷器，產品風行天下。人們生活不可缺少的物品，如鹽、茶、酒等，銷路很廣。元雜劇中有「列一百二十行經商財貨」之說[3]。反映出元初商品種類之多。

3、商業管理和管理方式

元代商業分官營商業和民營商業。官營商業即官府對國內部分商品採取

壟斷經營，金、銀、銅、鐵、鹽、茶、水銀、礬、鉛、錫、酒、醋，以至農具、竹木等，都由官府專賣，或者由官府直接經營，或者由政府賣給商人，由商人運往市場經銷。官營商業的管理總體上實行定額管理制度，各項課利歲入均有定額[4] 376。定額管理制度是指確定定額制訂依據、制訂程序、考覈方法、獎懲措施等，各項課利既有定額，完成定額應該是最基本的要求，完不成者應有一定的懲罰，超出定額者應有一定的獎賞，否則也是形同虛設。至元二十年（1283 年）「詔各路課程，差廉幹官二員提調，增羨者遷賞，虧兌者賠償降黜。凡隨路所辦，每月以其數申部，違期不申及雖申不圓者，其首領官初犯罰俸，再犯決一十七，令史加一等，三犯正官取招呈省。」[1] 可知，官府對官營商業的管理相對嚴苛，其定額管理制度也是相對成熟。

　　而對民營商業的管理，包括官府、行會以及業主的管理，最重要的還是官府的管理。元代官府對，民營商業的管理主要有兩方面，一是，規定民營商業的經營範圍，例如鹽和茶，商人銷售鹽的方式，只能是商人向官府買鹽，將鹽運到指定地界販賣，但不得越界販鹽。茶也一樣，「私自採買者，其罪與私鹽法同」。官府把所收園戶的茶加收權價後批發給商人，由商人持引到指定地區販賣，如果無引，即視作私茶論罪。二是，民營商業要按規定納稅。官府對匿稅有專門的法律規定，「諸匿稅者，物貨一半沒官，於沒官物內一半付告人充賞，但犯笞五十，入門不弔引，同匿稅法」[1]。

4、重要的商業城市

　　元代的商業城市，以大都、杭州、眞州最爲重要，其次是平江、潭州、太原、平陽、揚州、武昌、眞定、安西等。

　　大都，即今北京，爲元世祖忽必烈所建，是元代政治中心，也是經濟商業貿易中心，是元代最大的商業城市。《馬可波羅行記》中有說：「外國巨價異物及百物之輸入者，世界諸城無能與比。」「百物輸入之眾，有如川流不息。僅絲一項，每日入城者計有千車。用此絲織作不少金錦綢絹及其它數種物品……」大都有聯繫全國的交通網，並進而和外部世界相聯結，「東至於海，西逾於崑崙，南極交廣，北抵窮髮，舟車所通，珍寶畢來」[5]。

　　杭州是南宋的都城，人煙稠密，商貨雲集，手工業發達，市場繁榮，元滅南宋後，杭州依然保持繁榮。馬可波羅稱杭州爲「世界最富麗名貴支撐」，城內有 12 種職業，各業有 12000 戶，每戶至少有 10 人，其中若干戶多至 20人、40 人不等。「商賈甚眾，非常富足，貿易之巨，無人能言其數」[6]。

眞州，即今江蘇儀徵，位於長江、運河交接點，「南北商旅聚集去處」。特別是販運淮鹽的商人都集中在這裏，導致了它的興盛。

除此，還有一些中等的城市，因爲是各路府所在地，而有一定的商業地位，都有相等數量的商鋪和行業，如龍興、溫州、淮安、慶元、鎮江、大同、衛輝、汴梁等。

（二）國際貿易──元初的海外貿易

1、官方貿易

官方貿易是由官府直接經營的海外貿易。有三種情況，一是朝貢貿易，朝貢貿易就是中國政府與海外諸國官方的進貢和回賜關係，通常是「厚往薄來」，實質上是一種不等價交換。元朝對朝貢的組織與管理由禮部所屬的侍儀司和會同館負責。至元八年（1271 年）三月，元世祖正式頒佈詔令，「敕：元正、聖節、朝會，凡百官表彰、外國進獻、使臣陛見、朝辭禮儀，皆隸侍儀司。」侍儀司「秩正四品。掌凡朝會、即位、冊后、建儲、奉上尊號及外國朝覲之禮。」侍儀司是禮部的下屬機構，主要負責各種禮儀的籌辦，外國進獻，使臣陛見。接待外國使節朝覲及獻納物品的具體事務由會同館負責。由於海上絲綢之路大發展，在元代同中國貿易往來的國家和地區由原來的五十多個增加到一百四十多個。

二是官府派人派人前往海外購物，皇帝爲了滿足自己的生活需要，不時派人到海外購求各種物品，主要是寶物、異獸和藥材、香料。

三是「官本船」，這種情況主要是在忽必烈統治中後期出現的，於至元二十一年（1284 年）由盧世榮提出並推行。「官本船」在元朝海外貿易活動中佔據了很重要的位置的一種貿易形式，即官府提供資本交由商人經營，其做法是由官府建造海船，發給本錢，選人入番貿易，贏利朝廷得七成，經手人得三成。這是元代獨有的官方海外貿易形式，由市舶司管理與經營；同時，還降低關稅，以鼓勵番商來中國貿易。

2、私人貿易

私人貿易是元代海外貿易的主流。從事海外貿易需要大量的資金，用於打造海船、招募船員和購置交換用的貨物。一些資金不足的海商會採取合夥的形式。海商一般都是對外貿易港口或其附近地區的居民，如泉州、杭州、嘉定、廣州等。私人貿易中有兩類經營者比較特殊，一是貴族、官僚，一般

是擔任政府或者與外貿有關的重要職務，比普通民間商人明顯佔有優勢；二是各種宗教人士，元朝統治者尊崇各種宗教，給予他們種種特權，在經營海外貿易時或夾帶違禁之物，或仗勢不肯「抽分」。這兩類都是私人海商中的特殊人物。

3、海外貿易的管理

爲了有效地控制海外貿易。增加財政收人，官方制訂和頒佈了一系列有關管理制度，主要有市舶制度，朝貢制度以及官方參與海外貿易的官本船制度。元政府試圖通過這些制度的頒佈實施，將海外貿易納入其封建統治軌道。市舶制度是元代官方管理海外貿易的基本制度。是對店、來 以來市舶管理體制的繼承和完善。市舶制度的執行機構是市舶司。市的司設在東南沿海的對外貿易港口，負責組織、管理中外商旅的進出口貿易，兼任某些外事接待任務。市舶制度的核心是「市舶則法」。市舶則法又叫「市舶抽分雜禁」，它包括了以下三個方面的內容：一是抽分（稅）的規則；二是經營許可證──公驗、公憑的申報，審批及管理手續章程；三是對違禁出口物品的查堵 和獎罰規定。此外，市舶法則還包括了一些諸如保護中外商人的 合法權益；轉運發賣舶貨；優恤舶商等等方面規定。

二、元初商業經濟發展的原因

（一）重商的經濟政策

元初商業的發展與統治者的「重商政策」有很大關係。其重商政策：一是降低商業稅率；元初，商稅未有定制，「至元七年，遂定三十分取一之制，以銀四萬五千錠，有溢額者別作增餘」，至元二十年（1283 年），「始定上都稅課六十分取一；舊城市肆院務遷入都城者，四十分取一。」[1]三十取一、四十取一、六十取一的商稅稅率較前代明顯減輕。

二是維護商賈財產安全和權益。

三是提高商人地位。長期以來商人一直是被輕賤、貶抑的對象，元初對商業的重視，自然提高了商人的地位，傳統觀念也不免爲之發生改變。

（二）便利的交通運輸

交通與運輸，是經濟生活中不可缺少的因素。由於蒙古統治勢力遠達西

亞和俄羅斯等地，又將中國再次統一起來，並很快建立了四通八達的「驛站」和星羅棋佈的大小驛站，把各地區同元朝統治的心臟大都緊密聯繫在一起，並且開通了京杭大運河，所以，元代的交通系統遠比以前代發達和完善，在海運方面，元朝也有了空前的發展。

（三）發達的手工業

元代的手工業是前代手工業的繼續和發展，主要生產部門有：紡織、陶瓷、製鹽、礦冶、造船、軍器製造、印刷、造紙、食品加工。其中以紡織、陶瓷、製鹽最為重要。紡織、陶瓷在國內外市場上銷路很大，製鹽則為國家創造鉅額的收入。其它一些行業，也和國計民生有著程度不等的關係。

元初幾乎是手工業全面國營，沒有競爭，沒有比較，效率極低。蒙古人征戰過程中，到處殺戮，唯一可避免被屠殺的是工匠，在「惟匠得免」的政策下，網羅了大量工匠，然後把他們集中在城市裏，就地設官管理，稱為「匠戶」。官府手工業的產品，均歸國家所有，一部分供宮廷等消費，或進入國庫，還有很大一部分則投入市場，換成貨幣，成為國家的收入。

（四）紙幣的推廣

為了適應商品交換，元朝建立起世界上最早的完全的紙幣流通制度，是中國歷史上第一個完全以紙幣作為流通貨幣的朝代

元代鈔法更具現代紙幣特徵：不立期限，不限年月，永久通用；不限地域，通行全國。在元朝最強盛的時候，北盡蒙古高原，西貫中亞，紙幣均通行無阻。元朝制訂了世界上最早、最完備的紙幣制度，紙幣用途廣泛，並有政府各種規定作為保障；紙幣發行權專屬於中央政府，由中央統一規定發行和管理制度。流通用的是統一紙幣，中統鈔、至元鈔、至正鈔最為重要。[7]

元初使用的是中統鈔。中統元寶交鈔以銀為本位，以貫、文為單位，面額：其文以十計者四：曰一十文、二十文、三十文、五十文。以百計者三：曰一百文、二百文、五百文。以貫計者二：曰一貫文、二貫文。中統鈔每兩貫可兌換白銀一兩。這種貨幣不受區域和時間限制，國家收稅、俸餉、商品交易、借貸等使用寶鈔，並允許用舊鈔換新鈔，這樣中統鈔就成為通行於全國各地的統一貨幣。

三、元初商業經濟發展的特點

（一）海外貿易規模大

元代的海外貿易規模大從兩個方面來說明。第一，從主要通商口岸數來來說，共有八處，都設置於元初世祖至元年間，各處均有專職官員主持，分別為：泉州，元世祖至元 14 年（1277）立，特設一人專職主之；慶元、上海、澂浦，元世祖至元 14 年立，令福建安撫使督之；廣東，至元 20 年（1283）置；杭州，至元 21 年（1284）置；溫州，至元年間置；雷州，至元 30 年（1293）置。

第二，從通商的國家地區數量來看，元代末年成書的《島夷志略》，涉及的海外地名達 200 多個，其中 99 個國家和地區是作者汪大淵「皆身以遊覽，耳目所親見」，遍及東南亞和印度洋沿岸。浩浩蕩蕩的鄭和下西洋所歷的 30 多個國家和地區，並未超出元代華商活動的區域。

（二）封建政府實行專賣制度

元代國內外貿易沿襲前代的一套辦法，由政府直接管理。它採用專賣的辦法來壟斷資源，控制市場。國內市場上的許多商品，從鹽、茶、酒、醋到農具、竹木，無不由政府經營。官營專賣事業中最重要的是鹽，鹽課收入佔了全國財政收入的一半以上。

在國際貿易上也實行官營專賣的辦法，政府設立市舶提舉司。市舶制度的建立使海外貿易處於政府的嚴密控制之下。1285 年（至元二十二年）又實行「官本船」的辦法，即由元朝政府「具船給本，選人入番，貿易諸貨。其所獲之息，以十分為率，官取其七，所易人得其三」。通過這個辦法壟斷海外貿易，不許「別個民戶做買賣的」下海，為此撥出十萬錠做經費。後來，不許私商下海的辦法雖然行不通，但「官本船」一直存在。民間商人因「通番貿易」而致富者亦不少。如嘉興沈氏「因下番買賣致巨富」[8]。

官營專賣事業，其目的是增加國家的財政收入，鞏固封建統治。但由於對生產者和消費者都不利，反而產生了社會經濟停滯萎縮的弊病，促使當時封建政權與人民之間的矛盾日益深化。當時人民群眾反抗專賣的辦法，就是走私。這種官、民矛盾的激化，最後必然發展成武裝鬥爭。

（三）斡脫商人的活躍

「斡脫」的意思是，色目人接受蒙古王爺、公主的金錢委託，以此為本，

到市場上去牟取利潤。據日本學者愛宕松男的研究，蒙古貴族收回的年息率約在一成左右，而「斡脫商人」借貸於人，則收年息一倍，這種高利貸被稱為「斡脫錢」，又稱「羊羔兒息」，「斡脫」的利潤之高可以想見。成為「斡脫商人」的色目人主要控制並壟斷了三大貿易領域：「課稅撲買」——以定額承包的方式買斷稅收，「斡脫經營」——放高利貸，市舶貿易——國際貿易，也正因此，「斡脫商人」成為元代最富有的一個財富階層。

「斡脫」所得之利潤歸於私人，但是卻以公權力干預的方式來進行，所以是典型的權貴資本模式。握有政權的蒙古貴族與極具商業頭腦的色目人結為利益同盟，成為游離於其它社會階層之上的權貴資本集團，他們的人數極少，但「政商一體」，不可抗拒。

四、元初商業經濟發展的影響

元滅南宋，統一全中國，結束長年的混戰，人民安居樂業。元初商業經濟無論是國內貿易還是國際貿易都呈現繁榮之姿。繁榮的商業首先是影響其它領域的經濟發展促進農業、手工業、交通業的蓬勃發展；其次是改善百姓的生活；第三、繁榮的商業為對外征戰提供物質基礎，元朝出現全國大一統的局面，而蒙古族勢力遍及亞歐大陸，元世祖忽必烈建立元朝後繼續延續對外擴張勢力的政策，繼續對外征戰，元滅南宋以後，對高麗、越南、日本、緬甸、爪哇等國家和地區進行擴張勢力，只有強大的經濟實力才能支持政府的外爭行為；最後，繁榮的商業能加強國際間聯繫，促進文化交流，元朝開創了古代中西文化交流最繁榮的時代。元朝通過海上「絲綢之路」進行經貿往來的國家和地區由宋代的 50 多個增加到 140 多個。海路到達非洲海岸，陸路往來直抵西歐，統一的環境為國際間、地區間的交往創造了前所未有的便利條件，史稱「適千里者，如在戶庭；之萬里者，如出鄰家」。在大量阿拉伯人、歐洲人湧向東方的同時，中國人的視野也更加開闊，對周邊國家、中亞、南亞和印度洋地區的瞭解更加清楚，足迹甚至延伸到西亞和西歐。

上面簡略地敘述了元初商業經濟的發展狀況。最後，還想指出的是：

第一，紙幣的推廣促進了商業經濟的蓬勃發展，但元朝的純紙幣流通也成為元中後期通貨膨脹、民不聊生的重要原因之一，對商業經濟有一定程度的衝擊。

　　第二、海外貿易方式之一「官本船」，這種方式主要是在至元二十二年提出並實行，主要影響了元中後期的商業經濟，對元初的商業經濟沒什麼影響。元王朝曾試圖用這個辦法壟斷海貿，禁止民間自由貿易，但沒有成功。

　　第三、通過海外貿易，促進了我國與亞、非各國人民之間的經濟、文化交流，加深了彼此之間的友誼，這是統治階級所不曾意料到的。這是廣大勞動人民的歷史功績，而不應該記在統治階級的帳上。

參考文獻

〔1〕宋濂，元史〔M〕，北京：中華書局，1976。

〔2〕王禎，農書・農器圖譜集一・田制，〔M〕，北京：中華書局，1956。

〔3〕喬孟符，元曲選〔M〕，天津：天津古籍出版社，1997。

〔4〕鄭學檬，簡明中國經濟通史〔M〕，北京：人民出版社，2005。

〔5〕程鉅夫，雪樓文集・姚長者傳〔M〕，臺北：臺灣商務印書館，1986。

〔6〕馬可波羅，馬可波羅行記〔M〕，福建：福建科技出版社，1981 。

〔7〕劉政，元代商業繁榮及其原因〔J〕，南京農業大學（人文社會科學版），2010。

〔8〕陳高華等，中國經濟通史〔M〕，北京：經濟日報出版社，2007。

下編：馬可波羅與元初商業經濟

第十四章 《馬可波羅遊記》裏的
元初商業繁榮

　　《馬可波羅遊記》提供了許多關於元初社會狀況的寶貴資料，特別是關於元初商業文化方面的記載，對於進一步探究元初的商業文化提供了寶貴的資料。而學術界對於元代的商業經濟和商業文化的認識，卻有着截然不同的看法和認識。有觀點認爲中國的手工業和商業在元代遭到了巨大的破壞，出現了比較大的倒退。甚至認爲元代是一個黑暗的朝代，但是在《馬可波羅遊記》裏卻可以看到另一番繁榮的景象。

一、《馬可波羅遊記》裏的元初商業繁榮

　　在《馬可波羅遊記》裏可以找到許多關於元初商業文化方面的記載，其中包括有紙幣、稅收、商業城市、商品以及商人等多方面反映元初商業文化的因素。

（一）紙幣

　　《馬可波羅遊記》中多次提到紙幣這個問題，還用一章專門介紹了元朝的紙幣，包括紙幣幣材、造幣機構、製造工藝和形制、紙幣流通等。

　　元朝在汗八里設有造紙廠，「大汗令人將桑樹——它的葉可以用來養蠶——的皮剝下來……近似正方形，但要略長一點。最小的薄片當作半個圖洛使用……它的形狀與工序和製造眞正的純金或純銀幣一樣，是十分鄭重的。」[1] 138 這裏詳細敘述了幣材、形制與幣種。這些紙幣，尺幅有大小，面值有不等。

「於是大汗召集十二個有經驗和精明的人，令他們小心選擇貨物並確定購買的價格……商人對於這種貨幣，不能拒收，……因爲大家都看到它能起到貨幣支付的作用，即使他們是別國的人，這種紙幣不能通用，他們也可將它換成適合他們自己市場的其它商品。」[1] 139 大汗把對外貿易納入貨幣流通範圍，所有來華的外國人都要與紙幣打交道。

中國歷史上元代首次在全國範圍內統一使用紙鈔。陳炳應在其《馬可波羅遊記中的元鈔》認爲「馬可波羅在中國的時間 1275 至 1291 年初。這期間元代發行了「中統元寶交鈔」和「至元通行寶鈔」。元代鈔法比較嚴密，採取子母相權制。忽必烈上臺之後，中統元年七月先是發行以絲爲本的中統元寶交鈔，後來發行以銀爲本的中統元寶鈔。中統鈔早在 1276 年就因濫發紙幣，使物價飛漲，紙幣貶值。面對這樣的局面，元朝政府不得不挽救局面，忽必烈於 1287 年才發行至元通行寶鈔，直到馬可波羅離開中國時，才使用了三年，所以紙幣使比較穩定的。」[2] 75~76 「這種紙幣大批製造後，便流行在大汗所屬的國土各處……所有老百姓都毫不遲疑地認可了這種紙幣，他們可以用它購買他們所需的商品……總之，用這種紙幣可以買到任何物品。」[1] 139 所以，馬可波羅所記述的應是至元鈔。

按照元代鈔法，全國各地都要使用紙幣。但是遊記中有些地方沒有使用元鈔的地區，有的以鹽爲幣，或以金條和鹽爲塊作爲貨幣，還有地方用海幣作爲貨幣。

「這些商人還同樣在上面所說的西藏省的許多山地區和其它區域進行貿易。鹽幣在那裏也是一樣通用的……而城市的居民僅將鹽餅破損的小塊用在食物中，至於整個鹽餅則當做貨幣流通。」[1] 165

「哈剌章省及省會押赤境內，貨幣是用海中的白貝殼充當，這種貝殼也可製成項鏈。八十個貝殼可以兌換一個銀幣。」[1] 187

可見，元初時期，雖然中央要求統一貨幣，但是部分地區還是會使用不同的貨幣。這是由於疆域過於遼闊，統治者顧及不了的原因，也許也是因爲這些地方商品貨幣經濟比較落後，遠沒有中原江南地區發達的緣故。這也反映出朝廷政策的靈活性，這種特殊的現象反映出商品經濟已經幾乎取代了過去的物物交換的原始貿易形式。

（二）稅收

馬可波羅留中國期間正值元世祖忽必烈統治時期，隨着大江南北的統一與國家各種制度的完備，商業經濟也呈現繁榮，元朝統治者爲控制貿易行爲，建立了稅收制度，並無償佔有商人所獲的部分商業利潤。

1、鹽課

元代的統治者在對一般商品的交易徵稅的同時，對與人們生活密切相關的商品如鹽還實行專賣。

馬可波羅注意到：「大汗從京師城（杭州），以及京師所屬各地方———即九個區或蠻子王國———所收取的歲入。第一是鹽稅，鹽是這裏出產最多的東西，大汗每年可收得八十個金托曼的稅。」[1] 213

「製鹽的人因此獲取了巨大的利潤，而大汗從鹽上也收入大量的稅款。」[1] 184

在描述眞州時，「這裏有大量的鹽可供給鄰近各省。大汗從這種鹽務所收入的稅款，其數量之多，幾乎令人無法置信。」[1] 192

確實如馬可波羅而言，在元代各項賦稅收入中，鹽稅所佔比重很大，「國之所資，其利最廣者莫如鹽」。世祖初年，全國鹽產量約爲一百七十餘萬引，此時官定鹽價每引鈔一錠，政府從出售鹽引中可收入一百七十萬餘萬錠。而至元二十九（1292 年）前後，「一歲天下入，凡二百九十萬八千三百五錠」。[3] 368 鹽課，到馬可波羅居留中國的至元後期，每年的鹽課所得有二百萬錠左右，相當於國家一年鈔幣收入的一半以上。

當時元政府在各產鹽區設置鹽運司等鹽務管理機構，由這些機構監督鹽場中的鹽戶生產鹽，鹽戶被固定在鹽場，不得隨意遷移，所生產的鹽必須全部繳給國家而不能自行出售。國家控製鹽業生產的同時，又全面壟斷鹽的銷售。每引鹽價都是由各鹽司售鹽所收的價錢，是由政府統一規定的，可以稱之爲出場（倉）價，但是鹽在各地的零售價並無統一的標準，差別是很大。元朝政府利用製鹽成本與出場（倉）之間的差額獲得巨大的收入，商人則利用出場（倉）價和零售價之間的差額得到巨大的收入。[4] 633 除在一些地區實行過徵稅制、計口授鹽制等辦法外，主要是採取「引岸制」。商人欲販銷食鹽，須先向政府購買鹽引，憑引票到鹽場支鹽，再運銷到政府限定的地區銷售，這就是「引岸制」。在這種專賣體制下，官府所課徵的鹽稅包含在鹽引的銷售

價格中，即鹽引價格包括官府設定的鹽的批發價和徵收的鹽稅款兩部分，在發售鹽引的同時實現了對鹽的課稅。[5] 14～15

不僅商人利用鹽業獲利，元代統治者在鹽稅獲得巨大利潤，促進元初商業經濟發展。元初的鹽務管理有專門機構的，從這裏可以反映出元初的商稅管理是有計劃有條理的，也就是統治者是給了足夠的重視的。由此也可知元初的重商思想。

2、商稅

在描述成都府時，遊記中寫道：「整個橋面上有許多別致的小屋和鋪子，買賣眾多的商品，其中有一個較大的建築物是收稅官的居所。所有經過這座橋的人都要繳納一種通行稅，據說大汗每天僅從這座橋上的收入就有一百金幣。」[1] 159 這裏所寫的通行稅，為商稅。商稅實際上是一種交易稅。糧食、日常用品、牲畜、房屋、土地買賣，都要交納商稅。

關於商稅的稅率，馬可波羅在遊記中談道：「那些擁有上千工場的十二種工匠，以及在京師和內地往來買賣的商人，或海外商旅也同樣要支付百分之三又三分之一的稅……本國的一切土產，如家畜、農產品和絲綢等都要向君主納稅。」[1] 213

1229 年，窩闊台登上汗位，次年正月，「定諸路課稅，酒課驗實息十取一，雜稅三十取一」。同年十一月，始置十路課稅使。[3] 30 後來，忽必烈即位，改國號為大元。元朝的商稅，沿襲蒙古國三十取一之法。至元七年（1270）年，忽必烈立尚書省，以回回人阿合馬平章尚書省事，阿合馬便重申了三十取一制。商稅的稅率定為三十分取一，和馬可波羅的記載是一致的。不過，元時實際適用的商稅稅率卻是因地而異，而沒有一個統一的標準，基本是商業越繁榮的地區，稅率越高。這也反映出元代統治者對商業重視。

「元朝徵收商稅的機構，稱為稅務，亦稱稅使司。大都因商業繁榮、商稅收入數多，設有稅課（後改宣課）提舉司……稅課提舉司下轄若干稅務。元代文獻《元典章》兩處記錄了全國的稅務數目，一約 170 所，一約 200 所。顯然，稅務的設置在不同時期有所增減。」[6] 91 商稅管理是有計劃有條理的，也就是統治者是給了足夠的重視的。由此也可知元初的重商思想。

（三）商業行業

在遊記中，涉及到商業行業五花八門，多集中於城鎮，尤其是大城市，

其中娛樂色情業、餐飲旅店服務業、商品銷售涉及最多。此外，海外貿易也是其重要的。

1、色情娛樂業

元代疆域空前的擴大，戰爭的不斷的掠奪，造就了中心商業城市的畸形繁榮，與之相適應的賣淫制度得到大量發展，妓女人數隨之徒增。

在描述汗八里城時，「這些地方共有娼妓二萬五千人。無數商人和其它旅客爲京都所吸引……所以這樣多的娼妓並沒有供過於求。」[1] 134 在描述杭州時，「妓女的人數，簡直令人不便啓齒……他們沉湎於花柳繁華之地，一回到家中，總說自己遊歷了京師或天城，並總希望有機會重上天堂。」[1] 203 由此看出，元代色情服務業相當普遍且具有一定的方式方法。

2、餐飲旅店業

遊記在描述旅店業時，有這樣的描述，「十二座門外面各有一片城郊區，面積廣大……每個城郊在距城牆約一英里的地方都建有旅館或招待駱駝商隊的大旅店，可提供各地往來商人的居住之所，並且不同的人都住在不同的指定的住所，而這些住所又是相互隔開的……第三種指定給法蘭西人。」[1] 118

元朝政府還要求各城市縣鎮有客棧館舍，爲商旅提供住宿和飲食。在描述揚州時，「這裏的近岸處有許多石頭建築的大貨棧，這些貨棧是爲那些攜帶貨物從印度和其它地方來的商人而準備的。」[1] 202

元代政府亦爲民間交通往來提供了一定的保障。各城市縣鎮都有客棧館舍，爲商旅提供住宿和飲食。按照政府的規定，鄉村和渡口也要設置村店、店舍等，並要專門差人充當弓手，保證過往商旅和財物安全。如至元元年（1263年）八月頒發的聖旨規定：「往來客旅、斡脫、商賈及賫擎財物之人，必須於村店設立巡防弓手去處止宿，如值失盜，勒令本處巡防弓手立限根捉，不獲者，依上斷罪。若客旅、斡脫、商賈人等卻與村店無巡防弓手去處止宿，如值失盜，並不在追捕之限。」[4] 383 客棧旅社爲商人提供住宿的方便，元代政府頒佈的措施也爲商人們所攜帶的貨物提供了安全的保障，一定程度上促進商業的發展。

在描述飲食業時，杭州地區，「一年四季，市場上都有種類繁多的香菜和水果……在產桃的季節裏，還有大量的桃子上市……這裏不產葡萄……每日都有大批的魚從離城二十四公里的海邊，經過河道運支城中。」[1] 202 可見城鎮飲食原料生產、銷售商業渠道之暢通，有利於食物原料專業化生產市場的形

成。食物原料專業化生產市場的形成，進一步刺激了社會商品經濟的活躍。有利於飲食行業發展。

陳偉明在《元代城鎮飲食業的經營》中認爲「隨著商品經濟的發展，元代城鎮飲食業食物的生產和銷售，總的來說是相當暢旺。特別是那些大都市及商業城鎮。由於商業的發展，一些大宗食品原料，可以通過長途販運，能夠通過商業活動與運作，及時爲飲食業提供大量優質的食物來源，進入城鎮的飲食市場，爲城鎮飲食業的行省打下了堅實的基礎。」[8] 24~30 元代的飲食業，正是適應了商品經濟的發展，逐步走向繁榮的，從飲食業也可以看出元初商業經濟繁榮的面貌。

3、海外貿易與交通路線

「侯官城有許多商船來自印度，裝載着各種珍珠寶石，一旦售出，即可獲得巨大的利潤。這條河離刺桐港不遠，河水直接流入海中，因此印度來的船舶可以直接到達這個城市。」[1] 216

「刺桐城的沿海有一個港口，船舶往來如織，裝載著各種商品，駛往蠻子省的各地出售。這裏的胡椒出口量非常大，但其中運往亞歷山大港以供應西方各地所需的數量卻微乎其微，恐怕還不到百分之一。」[1] 217

元朝對海外貿易的基本態度是積極的。忽必烈滅南宋，招降了宋福建安撫沿海都制置使兼提舉市舶蒲壽庚。元十五年八月，忽必烈「詔行中書省唆都、蒲壽庚等曰：『諸藩國列居東南島嶼者，皆有慕義之心，可因藩舶諸人宣佈朕意。誠能來朝，朕將寵禮之。其往來互市，各從所欲。」[3] 204 元代政府先後在泉州、上海、澉浦、溫州、廣州、杭州、慶元等處設置市舶司。舶商向所領舶司請領憑驗，填明所往國土經紀，而不許越投他國。每年於冬汛北風時發舶，至次年夏汛南風回帆，但必須還抵原出發地點的舶市，依例抽分。其貨以十分取一，粗者十五分取一（中期增重，各取二分）。此外，又各取三十分之一，以爲商稅。海商如不請驗憑，擅自發船者，並許諸人告捕，船物俱行沒官。禁止官員拘占船舶，捎帶錢物，下番買賣。[9] 518 正是由於元朝政府採取的種種積極採取措施，在大動盪大破壞的改朝換代中，南方的海外貿易活動並沒有受到明顯破壞。

元代商業的繁榮與其國內外的交通路線是離不開的。元代開鑿的大運河，南起杭州，北至大都，溝通海河、黃河、淮河、長江、錢塘江五大水系，大運河開通之後，「江淮、湖廣、四川、海外諸蕃土貢、糧運、商旅、懋遷，

畢達京師。」[4] 376 爲南北交通提供了便利條件，對於商業的發展，是起了一定的作用的。並且元代的國外的交通繁盛，根據《元史.食貨志》載，那時的主要貿易港共有七處：溫州、廣州、杭州、泉州、慶元（寧波）上海、澈浦。但爲時不久，便合併爲泉州、慶元、廣州三處市舶司。海外交通對象，西到歐洲，南到南洋，東到日本，範圍很廣。陸上的國外交通，則蒙元帝國和藩屬四大汗國的聯繫，是相當的密切的。海外貿易的發展，帶動元初的商業發展。元代統治者的發展海外貿易，其目的與歷代統治者相同，主要是尋求奢侈品，以供享用。

4、商業城市

元代商業行業多集中在城鎮，尤其在大城市。《馬可波羅遊記》中提到過許多中國的歷史名城，其中最主要的是大都和杭州。

（1）元大都

在馬可波羅眼中，元大都是一個經濟貿易很繁昌的大都會。「新城整體呈正方形，周長二十四英里……城中的全部設計都以直線爲主……一個人若登上城門，向街上望去，就可以看見對面城牆的城門。在城裏的達到兩旁有各色各樣的商店和鋪子……城市的佈局就如上所述，像一塊棋盤那樣。」[1] 133 上述城市佈局不僅便利了城市居民的生活，也爲商品流通和交換創了有利條件，並且導致了坊市制度進一步崩潰，有利於專門市場的形成。

「汗八里城內和相鄰的十二個近郊的居民的人數之多，以及房屋的鱗次櫛比，是世人想像不到的。近郊比城內的人口還要多，商人們和來京辦事的人都住在近郊。在大汗坐朝的幾個月內，這些人各懷所求從四面八方蜂擁而至。」[1] 132 作爲商業繁盛的都市，大都人口不斷增多。人煙彙集，是促進大都城市經濟發展的重要因素，而城市經濟的蓬勃發展，又反過來吸引更多的人口向大都遷移。

「凡是世界各地最稀奇最具有價值的東西也都會集中在這個城裏，尤其是印度的商品……以滿足來京都經商而住在附近的商人的需要。這裏出售的商品數量比任何地方都要多……我們使用的金絲織物和其它各種絲織物也在這裏大量的生產。」[1] 134 作爲國際化的大都，在大都經營的外國商旅很多，各種域外方物琳琅滿目。這說明大都是元代的政治中心，也是北方最大的商業中心，並且具有國際性質，這也說明元代的商業特徵。

（2）杭州

杭州是南宋的都城，入元以來，成為江浙行省的首府，仍然保持著繁榮。在描述杭州時，「城內除了各街道上密密麻麻的店鋪外，還有十個大廣場或市場……這些貨棧是為了那些攜帶貨物從印度和其它地方來的商人而準備的……每個市場在一星期的三天中，都有四五萬人來趕集。所有你能想到的商品，在市場都有銷售。」[1] 202

「一年四季，市場上有各種各樣的香料和果子……酒也有從別處送來的……當你看到運來的魚，數量之多，可能會不信它們都能賣出去，但是在幾個小時之內，就已銷售一空。」[1] 202

「高樓的底層是商店，經營各種商品，出售各種貨物，香料、藥材、小裝飾品和珍珠等應有盡有。有些鋪子除酒外，不賣別的東西，它們不斷地釀酒，以適當的價格，將新鮮貨品供應顧客。」[1] 203

據史書記載，13世紀的杭州經濟相當發達，商業尤為繁榮。杭州街頭店鋪林立，「自和寧門權子外至觀橋下，無一家不買賣者。在城中商業中心區集中了各種店鋪，如市西坊的沈家、張家金銀交引鋪，市南坊的沈家百衣鋪，修義坊北張古老胭脂鋪，水巷橋下溫州漆器鋪等。商業發展，大量商品需要儲存，於是「自梅家橋至白洋湖，方家橋到法物庫市舶前，有慈元殿及富豪內侍諸司等人家於水次起造塌房數十所，為屋數千間，專以假賃與市郭間鋪席宅舍，及客旅寄藏貨物」。[10] 180

在古代杭州城市發展史上，南宋時達到了高峰，南宋偏安江南，當時杭州是全國的政治、經濟、文化中心，城市裏居住著皇室、官吏、士紳、地主等，並吸引了各地來的遊客，城市人口空前膨脹，官私手工業和商業都非常繁榮。元統一後，經濟繼續向前發展。紙幣的出現，使商業活動的規模和範圍有了進一步的擴大。從遊記的描述中我們可以看出，商業發展帶動元初其它服務行業的發展，杭州城區遍佈各種酒肆等娛樂場所，泛舟西湖是杭州的一大特色娛樂，寺廟林立使宗教文化迅速發展，市民的社會生活內容豐富多彩，市民興趣廣泛，生活觀念開放自由，這些都充分體現了杭州作為大商業城市的特點。

（四）商人

在描述開昌府時「這裏的居民是偶像崇拜者，他們所經營的商業範圍十

分廣泛，並從事各種製造業。」[1] 157 從《馬可波羅遊記》中可以探索出元初商人的影子。元初的商人身份多樣化，元代的大商人中有許多色目商人，還有不少貴族、官僚，還有中、小商人。

劉政的《元代商業繁榮及其原因》認爲色目人與元代經濟有著非常密切的關係，他們爲元代的經濟發展作出了重要的貢獻。西域人稱爲「色目人」。在蒙元時期，西域商人尤其是回回商人由於善於經商和理財而得到蒙古統治者的重用，如成吉思汗時期的阿三和箚八兒火者，太宗時的奧都剌合蠻，忽必烈時的阿合馬、蒲壽庚、賽典赤，此外還有沙不丁、烏馬兒、哈哈的等亦官亦商的回回商人，在當時都有巨大的影響力，他們得到了統治者的信任，佔據著重要的職位，控制著國家的財政大權，對元代的經濟有著重大的影響力。[11] 67~72

元代習慣將商人分爲坐商和行商。凡是在城市中開鋪營業的就是坐商，「高樓的底層是商店，經營各種商品，出售各種貨物……有些鋪子除了酒之外，不賣別的東西……將新鮮貨品供應顧客。」[1] 203，凡是從事販賣的就是行商。

元代大商人中，以鹽商最爲突出，「製鹽的人因此獲取了巨大的利潤，而大汗從鹽上也收入大量的稅款。」[1] 184 鹽商是社會公認的豪富。元代大商人中有許多是色目人，他們主要經營珠寶和香料，以宮廷和上層貴族爲對象，獲取厚利。此外，大商人行列中還有不少貴族、官僚。忽必烈時期，權臣「阿合馬、張惠，挾宰相權，爲商賈，以網羅天下大利。」[3] 4560 元廷設置市舶司、泉府司等機構來管理海外貿易，側重於抽解、徵稅獲取利潤，而實際運營者始終是商人。從事商業活動的更多是中小商人。他們中有坐商，也有行商。

二、元初商業繁榮的原因

在《馬可波羅遊記》出現諸多的商業文化的因素和記載，這充分反映出元初的商業經濟的繁榮和興旺。

（一）國家統一，疆域遼闊，客觀上打通了中西交通路線

1206 年，鐵木眞建立了蒙古汗國。五傳至忽必烈至元八年（1217 年），改國號爲元。在此期間，成吉思汗及其繼承者不斷地向外擴張：向南，消滅了金朝和南宋，向西，曾發動三次西征，滅亡了西夏、西遼、花剌子模王朝

和阿拉伯人建立的阿拔絲哈里發帝國，征服了阿速、欽察、斡羅思諸部，建立了四大汗國。使亞洲大陸北部和中、西部都在蒙古的統治之下。[12] 79 統一的政治條件，使之前國與國之間的障礙不復存在，有利於統治者各種政策措施的頒佈實施，客觀上打通了中西交通的路線。這表現在經濟貿易上，則是極大地便利了商品的交換。

（二）農業生產的恢復和手工業技術的提高，為商品交換提供了物質保證

在忽必烈時期，強調「國以民爲本，民以衣食爲本，衣食以農桑爲本」[3] 2354，並採取了一系列的措施以恢復和發展農業。這些措施包括：設立司農司等管理農業的政府機構，編寫《農桑輯要》指導農業生產，禁止毀農田爲牧地，開荒屯田，興修水利。通過一系列的措施，到忽必烈統治後期，元代的農業已經超過前代。據統計，宋代糧食畝產量爲 197.5 市斤，而元代的則爲 243.5 市斤[13] 62。糧食產量的提高，在解決了溫飽的基礎上，仍有大量的剩餘產品，所以，一方面，全國各地遍設糧倉；另一方面，人民將這些剩餘產品進行市場交易，成爲了商品的一部分。同時，由於產量的提高和生產技術的進步，需要從事農業生產的人也就可以更少，因此，更多的人投身於經濟作物的種植，特別是棉花、蠶桑、薑和水果，都成爲重要的商品。這在遊記中也有反映：

「到達大因府，沿途經過許多美麗的城市和要塞。這裏的製造業和商業十分興盛，並有許多葡萄園與耕地……這裏又有很多桑樹，桑葉可供居民養蠶並取得大量的絲」[1] 153

「離開開昌府，向西走八日，連續看到許多城市和商業市鎮，經過許多果園和耕地。這裏有大量的桑樹，十分有利於絲的生產」[1] 157

「蠻子境內的白城的居民以商業和手工業爲生，並出產大量的薑。商人將生薑運往契丹全省各處，獲得豐厚的利潤。這裏還盛產小麥、米和其它穀類，價格也十分便宜」[1] 159

「建寧府盛產生絲，並且能將生絲織成各種花色的綢緞。棉布則是由各種顏色的棉紗織成的，行銷蠻子省各地……他們將大量的生薑運往外地」[1] 215

其次，手工業技術的提高，對商業的發展也起到了重要的作用。這主要體現在棉織技術方面。黃道婆從海南黎族帶回來了先進的棉紡織技術並加以

改進，大大增加了棉織品的商品量；而絲織技術到元代時已經十分完善，出現花樣繁多的絲織品種類。如馬可波羅提到的金線織品；此外，曬鹽法的推行和製糖技術的傳播，都有利於手工業的發展，使手工業逐步脫離家庭副業的身份，演變爲單獨的行業，其產品更多的流向市場。

總的來說，農業生產的恢復和手工業技術的提高，創造出了更多的剩餘產品，爲商業的發展提供了物質基礎和保障。

（三）紙幣的發行及廣泛應用

紙幣作爲一種交換媒介，最早出現於北宋，但當時的「交子」僅限於在四川流通。元朝建立後，在全國推廣使用紙幣，其中最重要的是忽必烈時期發行的「中統寶鈔」和「至元寶鈔」。在《馬可波羅遊記》中也有關於紙幣的敘述：「這種紙幣大批製造後，便流行在大汗所屬的國土各處，沒有人敢冒生命的危險，拒絕支付使用。所有百姓都毫不遲疑地認可了這種紙幣，他們可以用它購買他們所需的商品，如珍珠、寶石、金銀等。總之，用這種紙幣可以買到任何物品」，「每年總有好幾次，龐大的駱駝商隊載運各種物品和金線織物，來到大汗都城……大汗就在公平的價格上再加上合理的利潤額，並用這種紙幣來付賬。商人對於這種紙幣不能拒收，因爲大家都看到它能夠起到貨幣的支付作用，及時他們是別國的人，這種紙幣不能通用，他們也可以將它換成石河他們自己市場的其它商品」。[1] 139 這表明，元代的紙幣不僅在全國範圍內推行，還應用於對外貿易上。紙幣的流通是商業發展的必然產物，但反過來，它也對商業發展起到了促進作用。

（四）交通便利

元帝國地跨歐亞，這在客觀上打通了其統治範圍內的各地交通線路。然而，元的統治者並不滿足於已有的交通現狀，在陸路方面，在全國範圍內設置驛站，在水路方面，溝通運河和海運。

據《元史·地理志》和《經世大典·站赤》記載，元朝時全國共設驛站1519處，加上西域、西藏等邊遠地區的驛站，則超過1600處。[14] 35 雖然一開始驛站的設立是爲政治、軍事服務，但驛站所形成的四通八達的交通網絡，極大地便利了人民的出行，商人更是沿著這些驛站奔走於全國各地。到忽必烈時期，這些驛站已經開始考慮到行人的需要，「大汗下令在道路兩邊種植樹木，每株相距不超過兩步。當這些樹長高後，不僅在夏天可以遮涼，

而且在冬天下雪時也能起到路標的作用。這些都給旅行者帶來了莫大的幫助，使他們的行程變得舒適而方便……但如果道路必須穿過沙漠或石山而無法種植樹木時，大汗就下令將石塊堆在路旁，並豎起石柱，作爲路標」[1] 145，「京師的一切街道都是用石頭和磚塊鋪成的。從這裏通往蠻子省的所有主要大路，也全都如此，所以，旅客行走各處，不會被污泥弄髒雙腳。但是，大汗的驛卒如要策馬疾馳，就不能走石路，因此道路一邊是不鋪石頭的」[1] 206。可見，標路標和專給商旅鋪石路，都反映出驛站功能的變化，那就是增加了經濟功能。

水路方面，由隋煬帝開鑿的大運河一直以來都是各朝的主要水路交通。忽必烈在原來大運河的基礎上，主持開鑿了多條新的運河，最主要的是會通河和通惠河。至此，南北大運河全線鑿成，我國黃河、淮河、長江和錢塘江四大流域眞正連接到一起，更重要的是，經過這次的疏鑿，河道大都取直，改變了過去迂迴曲折的航線，使得航程大大縮短，便利了南北經濟的聯繫和交往，一系列沿河沿海的商業市鎮相繼出現。如《馬可波羅遊記》提到的河間府「這座城市有一條大河流經城郊，大量的商品由這條河運往大都。因爲挖了許多運河，所以這座城與都城水道相連，交通十分便利」[1] 183；臨清「有一條既深且寬的河流經這座城市，所以運輸大宗的商品十分便利」[1] 185；「無數的城市和市鎮坐落在長江的兩岸，享有其航運好處多達十六個省和二百多個城鎮。至於航運量之大，非親眼所見的人，是不會相信的……曾有一個時期，馬可波羅在九江市看見的船舶不下一萬五千艘，還有沿江的其它的市鎮，船舶的數目要更多些」[1] 195……

（五）元朝統治者對商業的重視

在蒙元時期，傳統的抑商政策被打破，商業得到統治者的重視，這主要表現在兩個方面：一是推行一系列的重商政策，設置市舶司管理海外貿易，鼓勵和保護經商，重用商人等，如成吉思汗時期的阿三和鎮海，忽必烈時期的阿合馬、桑哥、蒲壽庚、賽典赤等等，他們都得到統治者的信任，佔據著重要的職位，控制著國家的財政大權，對元代經濟有著重大的影響力，而善於經商的色目人更是成爲僅次於蒙古人的第二等人。

二是元代統治階層間接經商。韓儒林在《元朝史》中寫道：「從成吉思汗起，蒙古大汗和后妃、諸王、公主、駙馬等貴族就開始進行商業和高利貸活

動，由色目商人代爲經營，他們則坐收其利。元世祖時，北方諸投下人戶常到江南經營商販。」[15] 430 在統治階層的經商風氣的影響下，傳統的社會風氣——重農抑商受到衝擊，出現了全民皆商的現象，如上面提到的阿合馬、桑哥等都是亦官亦商的代表，而民間也不乏富裕的大商人，如揚州的張文盛，擁有家僮數百，經商範圍北達河北、山東，南至福建、廣東。兩淮的鹽商由於替官府販運食鹽而取得暴利，過著極爲闊綽的生活，有人感慨「人生不願萬戶侯，但願鹽利淮西頭」。

　　元代統治者對商業的重視，起了帶頭和榜樣的作用。商業風氣席卷全國，人們爭相從事商業貿易，商人的身影遍佈全國。

　　總之，在《馬可波羅遊記》裏記載了諸多的元初商業文化的內容，反映出當時的元帝國是一個商業繁榮的國度，這裏交通發達，市鎮林立，雖然其中有誇張之處，但大部分仍是與事實相符的。

參考文獻

〔1〕梁生智譯，馬可，波羅遊記〔M〕，北京：中國文史出版社，2006。

〔2〕陳炳應，馬可，波羅遊記仲的元鈔〔J〕，甘肅金融·錢幣研究，1998（5）：75～76。

〔3〕宋濂，元史〔M〕，北京：中華書局，1976。

〔4〕陳高華，史衛民，中國經濟通史，元代經濟卷〔M〕，經濟日報出版社，2000。

〔5〕果海英，馬可波羅所見之元代稅法〔J〕，蘭臺世界，2012（4）：14～15。

〔6〕陳高華，元代商稅初探〔A〕//陳高華，元史研究新論〔C〕，上海：上海社會科學院出版社，2005：91。

〔7〕周玲，元雜劇中琳琅滿目的市商行業〔J〕，深圳職業技術學院學報，2010（6）：28～49。

〔8〕陳偉明，元代城鎮飲食業的經營〔J〕，中國社會經濟史研究，1996（1）：24～30。

〔9〕顧菊英，周良霄，元史〔M〕，上海：上海人民出版社，2003。

〔10〕吳自牧，夢粱錄：卷十九，塌房〔M〕，杭州：浙扛人民出版社，1984：180。

〔11〕劉政，元代商業繁榮及其原因〔J〕，南京林業大學學報（人文社會科學版），2010（3）：67～72。

〔12〕楊志玖，馬可波羅在中國〔M〕，天津：南開大學出版社，1999，79。

〔13〕陳賢春，元代農業生產的發展及其原因探討〔J〕，湖北大學學報：哲學社會科學版，1996（3），82。

〔14〕李雲泉，略論元代驛站的職能〔J〕，山東師大學報：社會科學版，1996（2），35，。

〔15〕韓儒林，元朝史〔M〕，北京：人民出版社，1986，430。

注：本文發表於《社科縱橫》2015 年第 5 期。

第十五章 《馬可波羅遊記》裏的商人及其經濟思想

　　《馬可波羅遊記》對於商業和商人的記載比較的詳細，這對於瞭解元初社會經濟狀況提供了便利。那到底元初商人及其經濟思想是怎樣的呢？本文將進行初步的分析和研究。

一、《馬可波羅遊記》注重描寫商人的具體表現

　　《馬可波羅遊記》在記錄歐亞各國風土人情的同時，用部分的商業活動和社會生活從正面抑或側面來對商人進行了刻畫描寫，其具體表現是：

（一）自然地以地域為基礎，有選擇性地描寫商人及商品經濟

　　如文中關於威尼斯集市「滾動式貿易」的描寫：除了香料這種實際上非有不可的必需品外，遠東的一些奢侈品也受到歐洲的青睞，其中尤以絲織品為最。古羅馬人十分珍視絲綢，但是對怎樣生產絲綢一直大惑不解。當時歐洲人對絲綢的原料來源及生產方法，尚處於若明若暗的狀態，所以當地的絲織品生產不能滿足人們的需要也就不足為怪了。遠東的絲織品主要通過波斯中間商經由陸路銷往歐洲。商業的巨大利潤，驅使着歐洲人去遠東探險，蒙古人建立的疆域廣大的統一國家又掃清了交通途中穿越各國國境的障礙，結果便可想而知了。不過當時人們在去遠東的長途跋涉中，無論經由陸路或海路，通常都進行「滾動式貿易」。這種貿易的方法是先把貨物運到第一個集散地，在那裏脫手後就地購買新貨去下一個集散地。又如第一卷《從小亞美尼

亞到大汗上都沿途各地的見聞錄》當中對萊亞蘇斯港經濟狀況的描寫、對摩蘇爾王國國內商業的描寫、對巴格達出產的絲絨織品的描寫：巴格達出產一種嵌金線的絲綢和繡花錦緞以及絲絨織品，所有這些產品都繡有飛禽走獸的圖案。對伊拉克王國內壯麗的陶里斯城商業的描寫：陶里斯是伊拉克王國內的一個壯麗的大城，這個王國境內雖然還有許多城市和要塞，但以這座城市最有名，人口也最稠密。居民主要從事商業和紡織業。在紡織業中，出產各種絲綢，有些是與金線交織而成，價格十分昂貴。此城的地理位置十分適合於商業經營，所以印度、巴格達、摩蘇爾、克雷麥索和歐洲許多地方的商人都雲集此處，進行各種商品的買賣。在這裏還可以見到大量的寶石和珍珠。對忽里模子商業重要性的描寫：離岸不遠有一座島，島上有一座城市叫忽里模子。它的港口是印度各地經營香料、藥材、寶石、珍珠、金線織物、象牙和其它許多商品的商人雲集之所。他們將這些商品賣給其它商人，由這些人再運銷世界各地。所以，該城的商業聞名遐爾。它還管轄着好些市鎮與城堡，是起而漫王國的主要城市。該城最高統治者是艾喬馬克（Achomak），擁有絕對的權力。再如第二卷對元朝各個州府經濟以及商人的描寫：濟寧，這是一個雄偉美麗的大城，商品與手工藝製品特別豐富。所有居民都是偶像崇拜者，是大汗的百姓，使用紙幣。城的南端有一條很深的大河經過，居民將它分成兩個支流（運河），一支向東流，流經契丹省，一支向西流，經過蠻子省。河中航行的船舶，數量之多，幾乎令人不敢相信。這條河正好供兩個省區航運，河中的船舶往來如織，僅看這些運載着價值連城的商品的船舶的噸位與數量，就會令人驚訝不已。寶應的居民崇拜偶像，對於死者實行火葬，使用紙幣，是大汗的百姓。他們以工商業爲生，盛產絲，並可織造各種金線織物。此處生活必需品也十分充裕。距寶應東南方一日路程的地方，有一座建築良好、地域廣闊的城市叫高郵。這裏的工商業十分興旺。魚的產量特別豐富，禽獸等獵物也很多。雉的數量極多，一個威尼斯銀幣能買到三隻像孔雀那樣大的雉等等都是正面抑或側面對商人進行了主要的刻畫描寫。

（二）以商人生活習俗以及經商實況的描述，增加《馬可波羅遊記》真實性

例如《馬可波羅遊記》在記敘富庶的和闐城之時，寫到：此處盛產棉花、亞麻、大麻、穀類、酒和其它物品。居民經營農場、葡萄園，並有無數花園，

他們以商業和製造業維持生活……又如在寫寧夏王國卡拉沙城及其人民的生活方式與所製的駝毛布時寫到：居民用駱駝毛和白羊毛製成一種美麗的駝毛布，是世界上最好的產品。這裏還有一種美麗的白色駱駝絨，是居民用白駱駝的毛來織造的。商人大量地購買這些布匹，運銷許多國家，特別是銷往契丹。再如在記敘汗八里城及其人口與商業之時，寫到：凡是世界各地最稀奇最有價值的東西也都會集中在這個城裏，尤其是印度的商品，如寶石、珍珠、藥材、香料。契丹各省和帝國其它地方，凡是有值錢的東西也都運到這裏，以滿足來京都經商而住在附近的商人的需要。這裏出售的商品數量比其它任何地方都要多，因為僅馬車和驢車載生絲到這裏的，每天就不下千次。我們使用的金絲織物和其它各種絲物也在這裏大量的生產。在都城的附近有許多城牆環繞的市鎮，這裏的居民大都依靠京都為生，出售他們生產的物品，來換取自己所需的東西等等的相關描述。

　　這種使得遊記當中的主角們沒有疑惑，也使得讀者無所疑惑的記敘手法，正是這個時期商品經濟打破地域化，商人活動頻繁的必然反映。

　　由此，《馬可波羅遊記》以佔據比較大量的篇幅、以生活反映實際、以概述描寫的筆法，描繪這一時期商品經濟逐漸突破地域界限，向資本主義生產關係逐步邁進時期，歐亞各地商人活動的思想情況以及形象。

二、商人分類

　　由馬可波羅所處的時代作為背景，按《馬可波羅遊記》所提到的世界各地的商品貿易狀況以及商人的社會地位、資本財富和經營方式及政治權勢為標準，可將商人分為特權商人、具有獨立身份的大中小商人這兩大類。

（一）特權商人

　　特權商人由貴族、西域商人、官僚、上層僧侶和豪商組成，他們在行商時受到官方多方面的庇護和優遇，有的甚至不當雜泛差役、豁免或逃匿商稅[1] 153、243、261、324、1206，取得持璽書、佩虎符、乘驛馬的特權[1] 198～216，因此，這些人的實際身份是官商合一，亦官亦商，氣勢相當顯赫，市場上則佔據絕對優勢地位。如元朝的奧都剌合蠻、烏馬兒、桑哥、盧世榮、彭大雅與徐霆[2]等人。被稱為「素無文藝，亦無武功，唯以商販所獲之資趨赴權臣，營求入仕」（《元史，陳祐傳》）。的盧世榮主持經濟改革期間，曾設立「經營錢穀」

的「規措所」，該機構「所有官吏以善賈爲之」（《元史·世祖紀十》）。地方上也有類似情況，如元後期盧州立義兵三品衙門，「使者悉以富商大賈爲之」，有一巨商兄弟五人均獲官任職[3] 46。商人既享有令人豔羨的優厚物質生活，又擺脫了前代備受壓抑的社會地位，這無形中影響了人們的價值取向。河南人姚仲實索性棄官從商，十年操賈，又以百萬之資上攀皇室。元政府曾在大都挑選數十名「皆富商」的「耆老」，讓他們出入宮廷，參與重大朝典，施予免役等特權，姚仲實就被元政府選爲「耆耋」之長[4] 12~23，成爲統治層中的座上賓。所以，有些地區「十室之邑，必有數家通貨財，而無數人能文學」[5] 24，「工商浮侈，遊手眾多，驅壟畝之業，就市井之末」[6] 53~58 自然成了比較普遍的社會風尚。但統治階級參與營利、放任行商的基本目的是滿足自己鉅額耗費和享受的需要，當然不可能因勢利導，形成一套比較合理的運營機制，相反，商人的運營及其構成深受政治制度的制約。

而《馬可波羅遊記》（第二卷　阿合馬的壓迫與反抗他的陰謀）裏面記載的阿合馬正是第一類商人的代表，遊記當中記載：阿合馬被大汗任命去處理土地分配、各種職務的陞遷，和其它各項政務……阿合馬獨攬一切政府官員的陞遷和一切罪犯的判罰……阿合馬又積蓄了大量的財寶……但阿合馬最後的下場確實離不開政治的束縛，他被競爭對手刺殺，而《馬可波羅遊記》裏面寫到：大汗返回大都後，知道了可恥的阿合馬和他的兒子們犯下的過錯。即下令沒收阿合馬在舊都所積攢的一切財寶……這在《馬可波羅遊記》當中被當做是生活經歷所描述的一個個案，但內在蘊藏的正是特權商人在大時代背景下，巧用手段，積攢財富，卻又倍受制度制約的眞實寫照，明顯地打上了作者生活時代的烙印。

（二）大中小商人

具有獨立身份的大中小商人，他們在行商過程中，有程度不同地依附、甚至勾結官府的一面，但即使是其中的大商人，主要從事的還是相對正常的商業活動。其中的中小商人，一方面時時遭受官府的種種盤剝（如以「和雇」、「和買」等名義向商人的強徵強取），另一方面又處於「有勢之家佔據行市，豪奪民利」的不利地位。然而，一當他們因此而「不敢往來」之時，物價便「因而湧貴」，可見，占商人絕大多數的這類普通商販，從事的正是有益於國計民生的商品流通，是維繫市場正常運行的中堅。如《馬可波羅遊記》第二

卷中契丹省所挖掘的黑石，它從山中掘出，其脈礦橫貫在山腰中。因為國內的居民眾多，竈也就不特別多，而且燒個不停，再加上人們沐浴又勤，這種黑石的銷量特別大，但是，卻十分廉價。又如第二卷中大同府篇章裏寫到：離開大同府，向西走七日經過一個十分美麗的區域，這裏有許多城市和要塞，商業和製造業十分發達。這裏的商人遍佈全國各地，獲得巨大的利潤……再如蠻子省篇章寫到，這裏地面平坦，人口眾多，居民以商業和手工業為主，還出產大量的薑。商人將生薑運往契丹全省各處，獲得豐厚的利潤……在建都省裏更寫到，在它的附近有一個大鹹水湖，盛產珍珠，顏色潔白，但不是圓形。只有得到大汗特許的人，才能從事捕魚採珠的工作，以確保它的價值……

三、商人品質的歸類

　　由上述的商業情況及商人描寫而言，《馬可波羅遊記》裏面的人物刻畫，較多地選擇了較具特色的突破地域進行經商的特權商人以及一般商人的形象。體現了「貿易全球化」「自由貿易」的觀念，卻又不以此作為評判的標準。因而，《馬可波羅遊記》中有對商人的行為加以讚賞的，也有官商的行徑令人髮指的，都需要具體對待認識。不管是特權商人，還是一般商人，都有行為齷齪，終場惡果的，但更多的是商人品格的讚賞以及時代背景下經濟規律的客觀反映。

（一）認可商人在某一行業受政府限制是價值規律的體現

　　如巴達哈傷王國國王規定巴拉斯紅寶石在沒得到國王允許的情況下不允許私自帶出境外（第一卷　巴達哈傷王國和君主所用的寶石）的描寫。如匝兒丹丹省一盎司金子可兌換五盎司銀子，一薩吉金子可兌換五薩吉銀子（第二卷　匝兒丹丹省和永昌城）這種情形的描寫。正是因為物依稀為貴的價格規律在起著重要的作用，商人才能從中獲得巨大的利潤，政府才能保持自己的榮譽。

（二）認為商人是優秀、可敬的

　　如拉爾王國的布那明人，沒有一件事，哪怕是威脅他們性命的事。可以迫使他們講假話。他們十分痛恨欺詐或強取別人的貨物的行為。如果某個外國商人不熟悉這個國家的習慣，而與他們中的某人相識而後又將商品委託他

管照，則此人必會精心爲貨主經營管理，小心照顧他的利益，但卻從不索取任何酬勞（第三卷　拉爾王國）。

（三）認爲商人是誠信敦厚的

如匝兒丹丹省土人彼此進行交易時，爲了債務或信用，需要簽訂某種契約時，他們的頭領就會取來一塊方木，在上面劃一些痕迹表示數目，然後將其一分爲二，雙方各執一半（第二卷　匝兒丹丹省和永昌城）……

馬克思主義認爲：「商品的價值量由生產商品的社會必要勞動時間決定，商品交換以價值量爲基礎，按照等價交換的原則進行，形成價值規律。而那些發展著自己的物質生產和物質交往的人們，在改變自己的這個現實的同時也改變著自己的思維和思維產物。不是意識決定生活，而是生活決定意識。」出現在《馬可波羅遊記》裏面的許多商人以及經濟活動描寫表明：資本主義生產關係正在進行原始資本積纍，漸露黎明前的曙光，已經向人們展示了新的時代、新的人物及其新的思想雛形[7] 12~13。

四、《馬可波羅遊記》反映的經濟思想

《馬可波羅遊記》中寫到的第一大類的各種特權商人和第二大類中的大商人，把持著商業的重要部門，從事的主要是高級商品和國民必需品的經營，其範圍及思想歸納起來有以下幾個主要方面：

（一）海外貿易，突破傳統地域經濟，實現貿易全球化

例如當時元政府側重於抽解和徵稅，海外貿易的實際運營者始終是商人。因海商動輒「贏億萬數」[8] 135，故而「商者益眾」（《元史・鐵木迭兒傳》），官僚以至元、大德時「政位顯要」的朱清、張瑄爲代表，他們「以巨艘大舶交諸番中」，「富過封君，珠寶番貨，以鉅萬萬計」（《輟耕錄》卷五《朱張》）。朱清之子官至參知政事，繼父業爲元廷從事海上糧食運輸，每年詐稱漕糧沉沒，而將吞沒資金「轉入外番貨買」（《農田餘話》下）。僧侶、也里可溫與西域商人亦「多是夾帶俗人過番買賣」而獲厚利[9] 139，如回回人哈哈的，從至治年間開始貸官鈔，「違制別往番邦，得寶貨無算」（《元史・文宗紀一》）。泉州揚客從事十多年海外貿易，「致貲二萬萬」（《夷堅續志》丁6）。嘉定大場沈氏，「因下番買賣致巨富」[10] 109。定海人夏仲賢，從事海外貿易僅數年，「泉餘於庫，粟餘於廩，而定海之言富者歸夏氏」[11] 90。此外，廣東豪民於瀕海構

築海堰，「專商舶以射利」（《元史・卜天璋傳》），浙江四明沿海居民，佔地利
之便，「有資累鉅萬者」[11] 72。這種海外貿易方式在《馬可波羅遊記》（第二卷
濟寧府、刺桐港）中寫到：城的南端有那一條很深的的大河經過，居民將它
分成兩個支流（運河），一支向東流，流向契丹省，一支向西流，經過蠻子省。
河中航行的船舶，數量之多，幾乎令人不敢相信。這條河正好供兩個省區航
運，河中的船舶往來如織，近看這些運載著價值連城的商品的船舶的噸位與
數量，就令人驚訝不已。而刺桐是世界上最大的港口之一，大批的商人雲集
於此，貨物堆積如山，買賣的盛況令人難以想像。此處的商人必須付出自己
投資總數的百分之十作爲稅款……又如（第一卷　忽里子模城）寫到：它的
港口是年印度各地經營香料、藥材、寶石、珍珠、金線織物、象牙和其它許
多商品的商人雲集之所。他們將這些商品賣給其它商人，由這些人再運銷世
界各地。《馬可波羅遊記》所記述的這些正是商品經濟突破地域化，實現資本
主義生產關係產生的開端見證。

（二）珍異珠寶貿易，加速原始資本積纍

　　珍異珠寶是皇室貴族的嗜好，專營權則主要被豪商所掌握，因而，「其興
販營運百色，侵奪民利，並無分豪差役」[12] 68~73，並且，「持璽書，佩虎符，
乘驛馬，名求珍異，既而以一豹上獻，復邀回賜，似此甚眾」（《元史・武宗
紀一》），售出的珠寶，「動以數十萬錠」（《元史・泰定紀二》），如憲宗時回商
獻水晶盆、珍珠傘等物，得價三萬餘錠[1] 1467；成宗時，回商以一兩三錢一塊
的「紅剌」石，索價十四萬錠[13] 234，而所謂「押花大珠」一枚，要價竟達六
十萬錠[9] 141。朝廷不惜重金購取珍玩，無力償還時，竟以市舶番貨或鹽引墊
支，使豪商利外獲利。珍異珠寶的另一來源是由皇室招人直接至海外購求。
中外舶商的貨物被抽解之後，可在規定地點發賣，因此，銷售珠寶的商人、
店鋪當遍及大都和沿海貿易港口。如《馬可波羅遊記》的口述者，馬可波羅
的一家經營的正是全世界都感興趣的奢侈品——寶石。又如《馬可波羅遊記》
（第二卷　寧夏王國）裏面寫到：居民用駱駝毛和白羊毛製成一種美麗的駝
毛布，是世界上最好的產品，商人大量地購買這些布匹，運銷許多國家。這
些正是 13 世紀末 14 世紀初，商人通過價值規律攢取高額利潤，形成原始資
本積纍的眞實反映。

（三）買賣食鹽，積纍政治資本

古代中國，鹽屬於「榷貨」，除由國家實行官營外，另實行給據賣引的商運商銷制度。商人購買鹽引（「行鹽法」）或按指定地點納糧，換取鹽引（「市糴法」），便成爲有權經銷食鹽的專商，持票赴倉支鹽，在官府指定的區域銷售。鹽商的豪富，歷來是有名的，13 世紀末 14 世紀初的元代自不例外，「人生不願萬戶侯，但願鹽利淮西頭」，「人生不願千金宅，但願鹽商千料舶」，「鹽商本是賤家子，獨與王家埒富豪」[9] 143。因而，特權階層、官吏紛紛鑽營圖利。政府規定，諸王、公主、駙馬位下的斡脫及官豪勢要可「納課買引，赴倉支鹽」，但支鹽時，他們「攙越資次，恃賴氣力，逼勒場官，多要斤重」，發賣時，又「把握行市」，「增價鬻鹽」[1] 576，如一引鹽官價十五兩，「官員、豪富、有氣力的人每詭名兒教人買出鹽來」，高價出售，至元十八年，潭州和江西賣到一百八十兩和一百七十兩，二十一年在大都賣到一百二十兩[1] 1575。如《馬可波羅遊記》（第二卷 泰州和眞州）記載：該城東方，相距三日路程便是一片大海，在這段路上有許多年鹽場，出產大量海鹽，可供給鄰近各省。大汗從這種鹽務所收入的稅款，其數之多，幾乎令人無法置信。這恰好是這種商業活動及其思想的反映。

（四）糧食貿易，持續經營

中國有古言：民以食爲天。作爲商人，經營糧食生意，是一種能夠持續獲利的財源。13 世紀末 14 世紀初的元代實行南糧北調，主要由官方通過海道和運河組織運輸，或通過市糴鹽法指定商人運糧到指定地點（見前），另外還鼓勵客商販運。大都是糧食的集積地，再由此分散到遼陽上都、大都等地區。因此，大批糧商常年活躍在運河與北方高寒地區。其中權貴及富商大賈生意越做越大，會通河中被三五百料的大船擠得水泄不通，針對這種情況，元廷於延祐元年二月立「隘閘」之法，在沽頭及臨清各立一座石閘，限制糧船寬度，以防止二百料以上大船進入，但財力雄厚的商賈權要又「改造減舷添倉長船至八九十尺，甚至百尺」的五六百料大船，增加運載量[1] 306。在大同一帶，有專門從事運糧「供餉北邊」的商人，其中有位商人，僅盜竊的糧食即達數十萬石[14] 107。元代經商致富的項目遠遠不限於上述幾類，如順帝寵妃龍瑞嬌，用朝廷頒賜的鉅額諸色錦緞立市貨賣，「京師官族富民及四方商賈爭相來買」，「歲得銀數萬」（陶宗儀《元氏掖庭記》）。文宗時賜予

權臣燕鐵木兒一所質庫[1] 117，從事典當業，馬紮兒臺還在通州開酒館糟坊，耗糧日至萬石[15] 893。大都與杭州亦有豪商釀造「價高而味薄」的劣酒牟利。僧道、也里可溫及答失蠻也普遍「將着大錢本開張店鋪做大買賣」。種植蔬菜也可發財致富，在大都市郊，「治蔬千畦，可當萬戶之祿」[16]。「江南田地裏做買賣的人每」和「官司」人等，還紛紛進入雲南，以「私販」交易當地的黃金、馬匹[15] 369。如《馬可波羅遊記》（第一卷 接近甘州的西涼王國）記述：當地的居民從事商業和製造業，並出產穀物，十分富裕等等，這些正是商人從事糧食貿易，以謀取政治資本的原始寫照，更是商品經濟快速發展，資本主義萌芽前期的資本積纍的眞實見證。

綜上所述，《馬可波羅遊記》中反映的經濟思想內容是十分豐富的。它的存在爲後人瞭解當時世界經濟的發展狀況，經濟運營模式以及商業的相關細節提供了部分詳盡的資料。但又必須承認的是其中精蕪雜叢，只有經過一番去僞存眞的探索、發掘、篩選，才能獲取其中有益的東西。可以肯定，探索這些問題，對於我們把握文學作品反映社會生活的規律性，對於研究經濟思想演變史，進而借鑒，豐富今天和明天的文學與經濟學術研究都是具有重要意義的。

參考文獻

〔1〕宋濂，元史〔M〕，北京：中華書局，1976。

〔2〕王國維，《黑韃事略箋證》三，載《大公報》史地周刊〔J〕第 135 期。

〔3〕余闕，青陽先生文集〔M〕，國家圖書館出版社，2007：46。

〔4〕朱德潤，存復齋文集〔M〕，上海書店，1985：12；程鉅夫，雪樓集〔M〕，中國書店，2011：23。

〔5〕葉子奇，草木子〔M〕，中華書局，1997：24。

〔6〕昌炳蘭，《石田集》隨感錄〔J〕，洛陽師專學報：自然科學版，1990（4）：53～58。

〔7〕陶德麟，石雲霞，馬克思主義原理概論〔M〕，湖北人民出版社，2005：12、13，。

〔8〕吳澄，吳文正文集〔M〕，臺灣商務印書館，1971：135。

〔9〕元典章〔M〕，臺灣故宮博物館，1972：139、141、143。

〔10〕陶宗儀，輟耕錄〔M〕，中華書局，1958：109。

〔11〕戴良，九靈山房集〔M〕，石油工業出版社，1984：72、90。

〔12〕孫宏典，王忠閣，元初社會思潮中的返儒傾向〔N〕，河南大學學報（社會科學版）1997（04）68～73。

〔13〕楊維楨，鐵崖先生古樂府〔M〕，上海：上海古籍出版社，1995：234。

〔14〕白壽彝，中國通史卷八〔M〕，上海人民出版社1989：107。

〔15〕通制條格〔M〕，國立北平圖書館，1930：369、893。

〔16〕元代市鎮〔EB/OL〕，http：//baike.baidu.com/view/1034951.html。

第十六章 從《馬可波羅遊記》看元代商業及其道德

　　在中西文化交流史上，意大利旅行家馬可波羅（1254～1324）無疑是位先驅者。由其口述，由獄難者魯思悌謙筆錄而成的《馬可波羅遊記》一書，又稱《東方見聞錄》成為家喻戶曉的一本奇書。是元朝外國遊者中所撰遊記中的最詳細，影響最大的一本遊記。它第一次教全面地向西方介紹發達的中國物質文明和精神文明，將地大物博，文教昌明的中國形象展示在世人面前。

　　遊記一書問世後，先後在歐洲各國流傳，極大地擴大了歐洲人對東方、對中國的認識，因而在西方，關於《馬可波羅遊記》的版本、譯文、研究論著層出不窮。然而直到19世紀末20世紀初，《馬可波羅遊記》這一奇書才漸為國人所知曉。映堂居士於1874年在《中外聞見錄》中首次介紹馬可波羅的文章～～《元代西人入中國述》。後來洪鈞著《元史譯文證補》，其中也引用了《馬可波羅遊記》材料，但只是摘引片段譯文。直到20世紀以後，《馬可波羅遊記》在中國才有正式的譯本出現。此後20餘年，我國已有《馬可波羅遊記》漢文譯本6種，蒙文譯本2種。翻譯《馬可波羅遊記》一書，有利於中國學者比較中外材料，相互考證，進一步加深對元史的研究。

　　《馬可波羅遊記》一書中，大量記載元初社會發展狀況，尤其詳細記述了元代大都的經濟文化和民情風俗，以及西安、南京、蘇杭、泉州等各大城市和商埠的繁榮情況，大篇幅的記錄各地物產、貿易集市、貨幣稅收等與商業有關的事物，對於研究元朝的商業發展提供了豐富的材料，對元朝商業的研究有著不可替代的研究價值，但通過《馬可波羅遊記》一書研究元朝商業

及其道德的作品卻是少之又少。元代商人的商業活動較現在的商業運作並無本質不同，他們的行為與思想又獨具特色和代表性，作為商人這一特定角色所持有的道德觀，也尤其值得研究。從長遠角度考慮，商業道德無論對物質文明或精神文明均有重要意義。因此，通過研讀《馬可波羅遊記》一書研究元商業及其道德十分有必要。

一、元代商業的發展

《馬可波羅遊記》一書，馬可波羅把自己在中國的行程中所經歷的各城市和省的見聞均記錄在書中，其中提供的大量的材料，促使西方人對中國有了新的認識也為我國研究元朝的經濟狀況提供珍貴的資料來源。通過《馬可波羅遊記》一書主要從以下幾個方面體現元朝的商業發展：

（一）商品種類繁多

1、紡織品種類繁多

《馬可波羅遊記》一書中描述「用馬車和馱馬載運生絲到京城的，每日不下一千輛次。絲織物和各種絲線，都在這裏大量生產。」可見生絲數量之多及絲織品的種類之多。在第二卷第十四章「每年大汗的萬壽日」中提到「在這一天，大汗穿上華麗無比的金袍，同時有整整二千的貴族和武官由他賜給同樣顏色和樣式的衣服。」而書中亦多次提及許多城市以紡織業為主，其中敘州的綢緞織運業很發達，產品由一條經過許多市鎮和城堡的河道大批的運往各地銷售，而在鄰近的河間府城「絲產量很大並用絲和金絲織造了大量布匹和精美絕倫的披肩」，反映技藝之高超。在成都府省中「城市中有各種製造業，特別是織出美麗布匹、縐紗薄綢」。

而紡織品最富盛名的則是蘇杭常三城。常州盛產生絲可用其織造各種花式綢緞而蘇杭兩州中的許多居民更是以出售絲造品而成為的富商。書中大篇幅描述各地紡織業的發展，足顯紡織業在元代商品經濟中佔據了重要地位。現存的錦緞實物有 1959 年新疆烏魯木齊出土的元代牽牛花紋絲織品和 1976 年內蒙古出土的雙羊紋錦被面。

2、種植業農副作物

「至於食物，他們也匱乏無憂」，元代民眾主要以米粟等維持生活，並且這些東西產量十分豐富。元朝正是種棉業普及發展時期，遊記中也多處寫到

棉種植業的發展，在敘述班加剌省即現在的老撾「大量種植棉花，商業興盛」。元朝提倡農業，詔修《農桑輯要》的主要修撰者如苗好、謙孟祺等，皆主張推廣種棉，極言種棉之利。元世祖忽必烈卒從《農桑輯要》派之意見，於 1289 年設置浙東，江東江西，湖廣福建木棉提舉司，責民輸棉十萬匹，自此棉花種植不斷推廣。[1] 元代傑出的女紡織家黃道婆（松花江人）致力於改革家鄉落後的棉紡織生產工具，推動當地棉紡織業的迅速發展，使淞江一帶就成為全國的棉織業中心，歷幾百年久而不衰。在商業利益的帶動下，棉種植業更為人民所推廣。除了棉種植業，元朝還盛產大量的香料和藥材。馬可波羅在寫到黃河時「鄰河的區域生產薑和大量絲綢」「沿河再走兩三天即開昌府同樣盛產薑」，建都即現在的福建也盛產生薑和肉桂，當時的肉類主要依靠這些香料來保存。也是後來西方世界之所以對東方香料的如此渴望，並視其為極為珍貴的商品。此外，還有大量的蔬果，如揚州市場上總有各種各樣的果子，特別是桃子和梨，碩大且甜美。

3、酒製品

作為蒙古人不可或缺的酒製品，在元朝也有很大的發展。《馬可波羅遊記》中寫到「契丹省大部分居民飲用的酒，是用米加上各種香料和藥材釀製而成的」。也就是我們現在所說的糧食酒，原料主要有糯米、小黍等。元大都以外，七大農業地區都大量生產糧食酒。元朝後代吳師道說：「利興於榷酤而流於後世，雖欲禁民之無欽，不可得矣。今列肆飲坊，十室而九，糜穀作醪，不知其無倍於糧食也。鬥爭凌犯之論，失業蕩產之民，皆由於此」。[2] 他認為釀酒消耗的糧食，已經超過百姓食用之糧食。這個估計是否符合實際，難以判斷，但忽必烈的確曾在大都下過酒禁令，因此這個推論也並不是毫無依據的。也側面反映了元代糧食酒的產量是很大的。另外從當時的酒課也有所記載，「據元代中期統計，包括大都在內的腹裏地區，酒課為 56000 餘錠而江浙省近 20 萬錠，河南行省 75000 錠，江西、湖廣均為 58000 錠，可見以上各省糧食酒產量均在大都之上」[3] 糧食酒的大量生產，也促進了糧食的商品化。除了糧食酒，元朝還有馬奶酒，果實酒如葡萄酒也是主要的飲料。

元朝的商品種類繁多，除了《馬可波羅遊記》中提及的紡織品，多種農副作物、酒製品，還有許多的金屬器具，大量的珍禽異獸、家畜以及眾多的奢侈品，如黃金、寶玉、珍珠等等，琳琅滿目的商品使得市場上的資源更加豐富，為人們提供更多的選擇，促進元代商業的繁榮發展。

（二）元初商人種類繁多

商業作爲商品交換的發達形式，對於促進商品流通，繁榮社會經濟有著重要的作用，但在中國封建社會的大部分時間裏，商業被視爲末業，歷代王朝多實行重農抑商，從事經商之人也倍受歧視，社會地位低下。這種狀況到了宋代有所改觀，商業與士、農、工等行業一樣成爲社會的「本業」，有了長足的發展。「古有四民，曰士，曰農，曰工，曰商。……此四者，皆百姓之本業。自民生以來，未有能易之者也。」[4] 社會上也稍微改變了以前視商人爲「雜類」或「賤類」而動輒加以抑制的傳統觀念。元代繼承宋代以來發展起來的商貿規模，並在此基礎上出現了更加繁榮的商業景象，商人社會地位也隨之發生了重大的變化。在元朝重商政策和色目商人的影響之下，經商之風靡行東南。馬可波羅在遊記中多處描述許多行省居民以商業爲主，特別是蘇杭南方地區。

元代商人種類繁多，構成成分複雜也頗有特色，與以往王朝最爲不同的就是西域色目商人在元朝商人扮演了特別的角色。元下江南伊始，色目商人便將他們的活動範圍迅速擴展到了南方地區：「天戈一日南指，多少賈胡留。」[5] 元朝統一全國後，南北物資交流便利，經商人數逐漸增加，「捨農本，趨商賈」風氣盛行。時人張之翰說：「觀南方歸附以來，負販之商，遊手之輩，朝無擔石之儲，暮獲千金之利。」[6]

1、色目商人獨領風騷

隨著蒙古西征，大批西域人入華，元朝把這些人稱爲色目人。色目商人無論在元朝政治、經濟文化等都發揮了重要的作用，特別是在經濟領域，色目商人更是獨領風騷，是元代東南地區商業舞臺上不容忽視的一道風景。

色目商人之所以能如此突顯，是因爲其與蒙古貴族有著重大的利益關係。蒙古貴族在創業早期就對西域商人有著極大地依賴，通過西域商人獲得他們所需要的物品並給予這些人較好的回報。在元朝入住中原後，西域商人也隨之湧入，其足迹遍佈元朝全境。元人許有壬云：「我元始征西北諸國，而西域最先內附，故其國人柄用尤多，大賈擅水陸利，天下名城區邑，必居其津要，專其膏腴。」[7]

遊記的第二卷第十四章「一年總有好幾次，龐大的駱駝商隊，運載著剛才提到的各種物品，連同金絲織物來到這裏，並送到大汗面前。」而大汗就

會酌量加上適當的利潤支付給這些商人。這些商人經營的物品主要是珍珠、寶石、金銀，並且是駱駝商隊。而在我國，沙漠主要分佈在西北方向，而賴存理通過對元代回回商人的活動及其特點的敘述，指出回回商人主要經營的是珠寶。從以上推測遊記中的駱駝商隊可能就是由色目商人所組成。[8]

色目商人受到元朝統治者的重用，遊記中記載的阿合馬就是其中一個代表人物。阿合馬曾是一名色目商人，深受元世祖忽必烈的喜愛，在朝廷上身居權臣之列。大汗對阿合馬十分信任，「皇帝對他言聽計從，有求必應」，這或有誇大之處，但也可看出大汗對其器重。於中統三年（1262），領中書左右部，兼諸路都轉運使，忽必烈「專以財賦之任委之」。[3]看出阿合馬是因爲善於理財而受重用，在阿合馬手下也聚集了一批西域斂財之臣。即使阿合馬罪惡暴露後，元世祖提出「可用者用之」，這些人仍然受到重用。說明在蒙古人眼裏，西域商人既有生財之道，又有理財之術，是元朝實現大一統的所需的人才。特別是在漢人李壇叛變後，元世祖對漢人產生芥蒂，逐聰明能幹的西域商人成爲元朝統治者的挑選人才的最佳人選。根據西域商人的特點，進入政界後往往被任命爲財稅官，這就爲他們亦官亦商或官商一體提供了許多便利的條件。由於西域商人多具亦官亦商、官商一體的性質，故而使他們在元代社會中享有諸多特權和優厚的待遇，而其它西域商人通過尋求政府的保護傘在元朝經濟領域也佔有很重要的地位。特別是在鹽業市場、海運業及市舶貿易方面更是發揮核心骨的作用，他們所繳納的稅款成爲元中央和地方政府重要的政府來源。西域商人利用他們已經取得的政治、經濟優勢，基本壟斷了元朝的商業貿易。

2、民間商人

本文所說的民間商人，不僅包括以營利爲目的、從事商品交換的商賈之民，也包括亦農亦商的農民貿易者，亦工亦商的小手工業者。所涉及的經營範圍除從事直接商品交換外，還包括經營各種店鋪，從事商業服務行業，如酒店、茶坊、客棧等。

受到元朝農工商並重政策的影響，越來越多人投身到商人行列中去。在城鎮中，依靠商業來維持生活更是不少。元代的市肆店鋪分佈較廣，遊記在寫到成都府市內有一道橋，「整個橋面排列着工整的房間和鋪子，經營各種生意」。記述杭州城「城內除了各街道有不計其數的店鋪外，還有十個大廣場，

每一個都被高樓大廈圍繞著，大廈的下層是商店，經營各種製品，出售品種齊全的貨物，如香料藥材、小裝飾品和珍珠等」。元朝大都既是政治中心，同時也是繁華的商業中心，大都仍保持坊市的區分。在許多的商業城市中，人們通過經營店鋪銷售貨物來賺取金錢。除了有固定的店面經營，還有一些人往來於不同的城鎮市集間，通過販賣貨物來積纍資金。在哥薩城今涿州中，「商人不斷穿梭似的往返於這些市鎮之間，每逢各個市鎮定期的集市日，他們就把自己的貨物，由一個城鎮運至另一個城鎮銷售」。

此外，還有一批亦工亦商的人。在杭州城經營的手工業有許多的鋪子，並且雇傭二十多個人工作，由各自的老闆支配。這些鋪子的老闆按古代帝王的法律必須世守父親的職業，但他們「有錢雇傭工人，當上了老闆，自己就可以經營父親的職業而不參加勞動」。成宗大德年間，鄭介夫上書說，在京師的匠戶，「月給家口衣糧鹽菜等錢，又就開鋪席買賣。應役之暇，自可還家工作，皆是本色匠人供應本役，，雖無事產可也。」也就是說，這些「無事產」的匠戶，既在官府的局院中服役，又自行開鋪席買賣，融生產、貿易於一體。除在籍匠戶外，其它不在匠籍的個體手工業者也身兼商人角色。[9] 遊記中寫到杭州城「工匠的住宅也在附近，他們在自己的家裏或鋪子裏，從事自己本行業的工作」。在元朝大都附近的城鎮的居民依靠京都為生，他們「出售自己生產的物品，換取自己所需要的東西」。

而在農村中，的隨著商品經濟的發展，在農村占主導地位的自給自足的小農經濟受到衝擊。農民把供自身食用外的剩餘的糧食和經濟作物擺出市場，捲入到商品流通領域。這些亦農亦商的人通常以小商販的角色參與商品經濟活動。馬可波羅在記述杭州市集中販賣情景時「每逢開市集日，市場上摩肩接踵，熙熙攘攘的小商販滿地擺著各種各樣用船運來的貨物。」商品種類主要是各種獵物和普通家禽。可見，日常生活用品的買賣是農民經濟活動的主要內容。

（三）元初商稅的增長

在元朝，稅收是國家財政收入的重要來源，商稅是稅收的重要組成部分，僅次於鹽課。商稅實際是一種交易稅，凡是進入市場交易的，都要繳納商稅。在南京省「大汗所收取的稅收，主要來源於商人的珍貴商品所課的稅」。「至於我們前面提到的那些 擁有一千家工場的十二行工匠，以及運貨到城中的商

人，和從城裏把貨物運往內地行銷的商人，或由海路進出口貨物的商人，都一律要交納百分之三又三分之一的稅收」。「本土的一切土產，如家畜、農產品、以及絲綢等都要向君主納稅」。這是馬可波羅在遊記中對皇帝的稅收的一些記載。元代商稅總額，天曆間年達七十六萬餘錠（《食貨志二》）。元代銀錠的法定重量是五十兩，所以鈔以一百貫爲一錠。《元史》所稱鈔若干錠，就是指若干個一百貫而言.則七十六萬餘錠就是七千六百餘萬貫。元代商稅稅率是三十分取一，可以推知元代國內貿易總額約在二十三億貫左右。當時全國人口總數除「由澤溪洞之民」外，爲一千一百多萬戶（這當然有隱漏），大約每戶平均每年購買二百零九貫價值的商品，較之北宋商稅總額，神宗時年達八百萬貫[10]，商稅稅率值百抽二，其國內貿易總額、約在三億二千萬貫以上，當時全國的主客戶一千五百多萬，則每戶平均每年只能購買商品二十一貫多錢，則元代比宋代多到將及十倍。這在封建社會不能不說是商業已達到高度發展。

二、元朝商業反映的道德

中華民族以農耕文化爲主的傳統文化，自始至終就頑強地排斥著商業文化，使中國歷代商人一直在夾縫中生存。元朝統治者重農但並不抑商，對此史書有明確記錄。從許多生活於元代的文人作品中，不乏描繪元商業之盛的作品。前引《大都賦》把元朝大都商業繁盛景觀淋漓盡致地錄於筆下就是一個例證。

在《馬可波羅遊記》中，描述了不少經商致富的人。這些人之所以能夠取得成功，是因爲商人群體能夠不觸動不打破儒學思想所建立和維繫的有序的社會狀態，通過自身不斷努力積攢個人財富。在財富到達一定程度，有人會選擇棄商從政，躋身社會上流。傳統思想中「士農工商」，商是處於最底下的一層。而之所以會認爲商人低下，也不是毫無依據的，的確有不少商人囤積居奇，坑蒙拐騙，奸詐狡猾，在儒學思想占主導的社會中更是顯得卑賤。

（一）誠實守信，勤勞致富

《馬可波羅遊記》第七十六章「杭州城」中的人民善於經商，這裏的人恬靜溫文，「他們完全以公平和忠厚的品德經營自己的工商業」。「甚至對那些來這裏經商的異鄉人，也一視同仁，竭誠相待。隨意邀請他們到家中做客，

表示友好。對於他們在商業上的事務，給予善意的忠告和幫助」。不僅以誠信作爲做生意的宗旨，在待人接物方面也是真誠相待，體現出他們老實敦厚，友好互助的美好品德，一改以往商人重利薄情的形象。元雜劇敘寫的商業經濟正是元代商業經濟的一個縮影。《東堂老》劇中的東堂老，受朋友之託管教揚州奴，託管偌大的家業：他不負朋友之託，勸浪子回頭，又不昧重金，當揚州奴悔悟之後，原金奉還，真是一個誠信的君子，其實，趙國器死前願託金與他，說明商人堅信「誠信」是「真正的商人」爲人的根本。「以誠爲本」更是經商的黃金守則，是國家乃至世界所倡導的。他們以誠致富，也以勤致富。

（二）聰明睿智，勇於冒險

《馬可波羅遊記》第四十五章寫到商人途徑荒無人煙的西藏省，由於野獸出沒頻繁，商人在山區露宿時通過生火驅趕猛獸，爲了馬匹受到驚嚇脫韁逃跑，還會將馬腿鎖住。在如此險惡的環境中，商人需要行走二十多天方可脫離野獸襲擊的危險。在「雲南省」一章中，「八十個鹽餅當作一個金薩吉，可當商人將這些鹽餅運到山區地帶或人煙罕至的地區時，可以用六十、五十、甚至四十個鹽餅換得一個金薩吉。」在「卡丹丹省和永昌市」，「一盎司金子換五盎司銀子，一薩吉金子換五薩吉銀子」。由於這裏盛產黃金，都沒有銀礦，所以輸入銀子到這裏來的商人，獲得鉅額利潤。在一些山區，商人們更是特地從遠方帶來銀子，作金銀交易，從中獲利。物以稀爲貴，商人看到並能及時把握商機，不畏艱苦，勇於冒險，充分運用自己的聰明才智和勇氣致富。

（三）不擇手段，官商勾結

《馬可波羅遊記》第五十五章「班加剌省」（即今老撾）有大批的被閹割的人，古代許多君王和有地位的人都需要閹人來監守自己的妻女。商人看到這個市場，迎合這些人的需要，把閹人作爲一種貨物，販賣閹人至其它王國，從中牟取暴利。元朝大批西域商人進入政治舞臺，阿合馬就是其一。在其死後，大汗沒收其全部財產，數量至爲巨大。這些財物來源於「每個要求差事的人，都對他進行大量的賄賂」，而西域商人多具亦商亦官的性質，他們利用各種特權，豁免或逃匿雜泛差役、商稅[3]，在市場上佔據優勢。而許多商人，也不同程度依附甚至勾結官府，特別顯著的是「結託近侍奏請」金符、金旨[11]，以便利行商。於是，造成了商業活動的不正之風。

三、元朝商業發展原因

　　商業從本質上說是一種物資調配的手段。商業的發展是有利於各地的物品互通有無的，使物資爲更多的人所用。各取所需，各盡所用。元朝重商政策是元朝商業發展的重要原因。統治者對商業持鼓勵態度，出臺的政策對商業的發展起到重大的促進作用，商旅行商獲得了更可靠的安全保護。元朝爲什麼一改長期以來所形成的農本思想的傳統？

　　首先，這種重商政策的出臺與其的民族性格有關。作爲元朝的統治民族的蒙古族，早在 11 世紀中葉以前就有關於「陽卜」（蒙古人的祖先）與契丹進行牛羊駝馬及皮毛的交易的記載。後來建國不久，成吉思汗就向中亞派出了駱駝商隊，只不過在經花剌子模時被他人劫殺了，這還引起了一場不小的戰爭。還有，據洪文卿《元史譯文證補》載：「元太祖嘗遣西域商三人齎白駱駝、麝香、銀器、玉器贈貨勤自稱王，並要求往來通商。又嘗派親王諾延等出資造人，隨西域商賈西經，收買西域土物。」可見蒙古民族一直就是一個重商的民族。後來到了忽必烈時期國家都是大力支持商業的發展。我們都知道蒙古族也居住在蒙古草原上，由於自然環境的限制，他們世代以游牧爲生，很少從事農耕。這就決定了他們就不得不與其它民族進行交換，以獲得自己所需要的產品。就使蒙古民族逐漸形成了與農耕民族「重本抑末」不同的思維和性格。這種性格勢必會在其成爲統治民族時影響其政策的制定。

　　其次，色目人的影響。元朝統治者爲了維護蒙古貴族的特權，施行四等人制。第一等爲蒙古人，第二等色目人（指西北地區各族及中亞、東歐來中國的人），第三爲漢人，第四爲南人，而蒙古人與色目人同是特權階級，色目人更爲蒙古人所信任。並有很多人身居高位。他們可以給統治階者提出有關國家政策的策略。而色目人是從西方到中國的人的一種總稱。他們來到中國的目的大多是來經商的。他們是可以說是一些從事國際貿易的商人。這些商人在入主朝堂後，他們肯定會建議君主實行有利於他們的商業政策。

　　再次，蒙古給世界留下最深刻的印象，就是其武裝侵略，建立了一個龐大的帝國。而這個帝國實際是五個帝國。而元帝國是名義上的大汗。各帝國是相對獨立的。怎樣才能加強對四大汗國的控制？通過商業之暢通，來栓住這種名義上的宗藩關係。同時這也是由各國的物質產品的差異，進行的物質調劑，這就叫互通有無。

其實，很多人對「重農抑商」政策都有一些誤解。不是說封建王朝實行「重農抑商」政策就不發展商業了，只是說一般的封建動作者都對商業活動不太重視而已。所以，元朝統治者只是放寬了對商業發展的限制。

元朝統治者的政策是重農不抑商，並給出了許多鼓勵通商的優惠的商業政策。在這樣的政策下，眾多的農牧業和手工業開始商品化，商業迅速發展，呈現出繁榮的局面。元朝水陸交通發達，國內出現了許多的商業城鎮，著名的大都會有大都（北京）杭州、泉州等等。元代的商業之盛不只表現國內貿易領域，對外貿易也是極盛一時。元代有眾多的貿易港口，也有較爲周密的海外管理規章。對於元朝的商業的發展，不能忽略少數民族做出的貢獻，特別是西域商人。

總的來說，元朝商業在古代商業發展史展現出嶄新的一面，商業的繁榮發展，引起社會的許多變化，特別是對商人群體的影響。在元代這樣一個商業色彩濃厚的社會裏，商人一改以往低賤的身份，社會地位得到提高，在社會中成爲一個重要的群體。政治上，元統治者實行開明的經濟管理，對商人採取保護和鼓勵政策，商賈入仕已無可厚非，不僅中央重臣以商人充任，地方官吏亦大批引用商人。經濟上，擺脫了重重束縛，如有關服飾、車輿等方面的限制性規定。他們的奢華消費引起了社會風氣的變化。除此之外，知識分子在言論和著作中亦改變了過去批判、蔑視商人的態度，評論也比較結合實際，對他們有了重新的定位。

參考文獻

〔1〕李劍農，中國古代經濟史稿〔M〕，第 3 卷（宋元明部分），武漢大學出版社，2005。

〔2〕薄薄馬可圖冊。

〔3〕卷 94，食貨志三·酒醋課〔M〕，卷 134，朵羅臺傳〔M〕；卷 205，阿合馬傳〔M〕，//元史。

〔4〕楊軍琴，元代商人社會地位變化〔J〕，齊齊哈爾師範高等專科學校學報，2008，（1）：119。

〔5〕曹伯啓，水調歌頭次復初韻〔M〕，漢泉曹文貞公詩集〔M〕，卷 10，北京圖書館古籍珍本叢刊本。

〔6〕張之翰，儀盜〔M〕，卷 13，四庫全書本。

〔7〕許有壬，至正集〔M〕，卷 53，西域使者哈哈心碑〔J〕，四部叢刊本。

〔8〕任樹民，元代的回回珠寶商〔J〕，西北第二民族學院學報，1998，（3）。

〔9〕（德）邁爾～萊布尼茨等著胡功澤等譯，元代奏議集錄〔M〕，浙江古籍出版社，1998，09。

〔10〕食貨志〔M〕//宋史，卷186。

〔11〕成宗紀四〔M〕，卷21（大德十一年十二月壬申中書省奏文）。

〔12〕曼紐爾‧科姆羅夫英譯本，陳開俊，戴樹英，劉貞瓊，林鍵合譯，馬可波羅遊記〔M〕，福建科學技術出版社，1981。

〔13〕陳高華，元史研究新論〔M〕，上海社會科學院出版社，2004。

〔14〕高榮盛，元史淺識〔M〕，鳳凰出版社，2010。

第十七章 《馬可波羅遊記》與元初揚州的商業經濟

　　揚州是我國的歷史文化名城，素有「淮左名都」之譽，人們對富庶的揚州充滿羨慕和嚮往，13 世紀來中國遊歷的馬可波羅也對揚州也有諸多的記述。《馬可波羅遊記》為研究元初的揚州提供了重要的文獻依據，但是學術界迄今還沒有從《馬可波羅遊記》的視角來研究元初揚州商業經濟的相關成果。因此，本文將從《馬可波羅遊記》中關於揚州商業經濟的描述來探討元初揚州商業經濟的盛況、原因及影響。

一、元初揚州的盛況

　　「此揚州城頗盛大，大汗十二男爵之一人駐此城中，蓋此城曾被選為十二行省治所之一也。居民是偶像教徒，使用紙幣，恃工商為活。製造騎尉戰士之武裝甚多，蓋在此城及附近屬地之中，駐有君王之兵甚眾也。」[1] (315)

　　從《馬可波羅遊記》的這段描述中可以看出，元初的揚州是一個商業比較發達的城市，商業貿易中使用紙幣往來，居民以商業和手工業維持生活。並且這是一個重要的軍事基地，因此武器和其它所有的軍用品的生產在經濟生產中佔有一定的比重。馬可波羅自稱曾在揚州當過三年的地方官吏，因此他對揚州應該是比較熟悉和瞭解的。在他百餘字的記載中重點地突出商業和手工業的發展，可見當時商業、手工業發達的程度。

二、元初揚州的商業貿易範圍廣，經營品種豐富

從《馬可波羅遊記》中可以看出，元初的揚州物產豐富，工商業發達。元代的其它材料也能夠證明這一觀點。元人吳師道（1283 年～1344 年）詠揚州詩云：「畫鼓清簫估客舟，朱竿翠幔酒家樓。四城列屋數十萬，依舊淮南第一州。」【2】（465）元人喬吉（？～1345 年）的雜劇《揚州夢》描寫的揚州是風景美、人物稠、行業多、商品豐，一片繁華景象，其中雖不乏文學作品的虛構誇張成份，但揚州在元代工商業的發達是不爭的事實。主要表現在以下三個方面：

1、鹽業

古代揚州的繁榮與兩淮鹽業有着不可分割的聯繫，故有「揚州繁華以鹽盛」之說。雖然元代經濟發展的總體水平不高，但是揚州作爲兩淮鹽業的行政和轉運中心卻再度呈現繁榮。揚州依江傍海，兼有漁鹽之利，本身就是一個物產豐富之地。

揚州鹽業生產其發軔期遠可追溯到 2100 年前的西漢吳王濞時期。唐以前，由於封建統治者在鹽業生產上實行重西北輕東南的政策，兩淮鹽業沒有得到長足的發展。進人唐代後，由於全國經濟重心的南移，東南地區的海鹽生產才得到重視。宋代在全國設有都轉運使司，揚州即爲其一。淮鹽的運銷便是通過京杭大運河運銷的。淮鹽一般運銷江、浙、荊、湖諸路，北宋時由通、泰、楚運到眞州（今江蘇儀徵），而江南各路運米到眞州的槽船，把米卸下後，再裝鹽回去，免於空船行駛。

元王朝十分重視兩淮鹽的生產和流通。元軍佔領揚州的第二年，即元世祖至元十四年（1277 年），元廷在揚州設立兩淮都轉運使司（又稱兩淮鹽運司），隸屬於行省，全面接收宋朝的淮南鹽場，管理鹽的生產和流通等鹽政事務。「兩淮鹽運司的主要官員鹽運使共有二名，秩正三品，與中書省下轄的六部，地方上的路總管府（上路）相同。鹽運使下設同知二員，正四品；副使一員，正五品；運判二員，正六品；此外還有經歷、知事、照磨等屬官。兩淮鹽運司下轄 29 處鹽場，每個鹽場都設有司令一員（從七品）；司丞一員（從八品）；管勾一員（從九品）；此外還有秤盤、總催等官吏，直接管理鹽的生產和收儲。」[3] (2305~2325) 每一鹽場一般有數百鹽戶，他們按照團、竈分立，組織生產。若干鹽戶組成一竈，若干竈組成一團。團是一個設防的生產點和

居住點。團的周圍修築圍牆，圍牆外有濠溝，團內修築盛貯鹵水的池井和存放鹽的倉房，出入有軍人把守和巡查，嚴防出售私鹽。兩淮鹽運司的下屬機構除鹽場外還有批驗所和鹽倉。兩淮鹽司在眞州（江蘇儀徵）採石（今屬安徽馬鞍山市）分別設置批驗所，每個批驗所分別設立提領、大使、副使各一人，負責批驗鹽引，只有經過批驗的鹽才能運輸發賣。

元代兩淮鹽產量最高，在全國佔有非常重要的地位。元文宗天曆年間（1328 年～1329 年），全國產鹽 25614 萬餘引，其中兩淮最多，達 95 萬餘引，占全國的 37%，其次是兩浙，50 萬引，只及兩淮的一半。由於鹽課收入與鹽產量是相適應的，兩淮的鹽課收入也要占到全國鹽課收入的 37%。而鹽課收入在元政權的全國財政收入中佔有極大的比重。「元世祖至元二十九年（1292），鹽課收入約占元朝貨幣收入的 60%左右。天曆二年（1329），鹽課收入占元朝財政收入中錢鈔部分的 80%左右。」[4] 491 由此可見，兩淮鹽課收入在元朝財政歲入中的重要地位。

元代食鹽主要實行商運商銷，兩淮鹽的產銷量最大，運銷兩淮鹽的商人也就很多。揚州於是成爲鹽商集中的地方。後來由於鹽船高度集中，擁擠不堪，鹽主不能照管，船戶恣意侵盜，鹽商無利可圖，從而導致官府稅收減少。爲緩和矛盾，兩淮鹽運使司鼓勵鹽商在揚州東關城外，沿河兩岸，賃買土地。

2、糧食業

由於農業的發展，以及某些對社會生活發生重大影響的經濟作物種植區的出現，糧食商品化的程度大大提高。其時，工商業發達的城市，依賴商品糧食的供給。元代南糧北調規模之大，任何一朝代都不能比擬。都城對糧食的需求由上、下兩江接濟。川廣糧食沿長江運抵漢口集中，再從漢口運抵江浙銷售。其中鹽商巨艘裝運之船不可數計。時揚州邵伯鎮爲集散地，糧食由此鎮發往揚州各處銷售。在元代，糧食轉化爲商品，並不僅只有直接投入市場轉售一途，它還通過釀酒業實現。從歷史記載看，其時商品糧除供給城市居民直接消費外，還有很大一部分用來釀酒，進而使之轉化爲飲料類型商品。

在元代，竹木業、菜園果園業、紡織業以及與紡織業相關的染料作物種植業中的商品生產均有長足發展。茶葉種植業、桑棉種植業的商品生產也引人矚目。

3、服飾業

蘇揚服飾最為豔麗、奢華，為天下服飾之先。在文人「竹枝詞」中不乏對揚州地方風俗和揚州服飾的讚美。如黃慎《維揚竹枝詞》云：「人生只愛揚州住，夾岸垂楊春氣薰。日摘園花閒打扮，池邊綠映衣紅裙。」林蘇門在《續揚州竹枝詞》 云：「秋去冬來恰幾天，彩衣街上淡寒煙。趨時酬應人經過，但買皮裘不買棉。」與服裝色料有關的揚州染色業，也得到了發展。揚州的染色僅次於蘇州，但亦有名，顏色有紅紫、白、黃、青、綠、藍等多種多樣。

揚州的商業貿易範圍廣，經營品種豐富，涉及鹽業、農作物、服飾、香料、製花業、飲食、藥材等等。元朝商業有全方位的發展，與元朝盛世帝王統一南北東西、雄視八表、結束長期紛亂的割據戰爭，使農業、牧業、手工業在大範圍和平環境中恢復穩定、發展邁進有重要聯繫。當然，也是在前代工商業、國際貿易的基礎上發展起來的。在元代商業發展的過程中，為數眾多、遍及城鄉的中小商人功不可沒。他們開店坐肆、跋涉販運。他們的足跡留於大江南北之區、邊疆偏僻之域、沿海港口島嶼。應該說，他們是元朝商業的主要經營者。元代商業交通網絡的發達、商業市場的增多、中小商業經營者的增多，使其時人們的商業意識較前代更為濃厚。於是，就有了馬可波羅筆中的「恃工商為活」。

三、元初揚州的手工業發達

從《馬可波羅遊記》看，元初揚州手工業發達，並且由於揚州是一個重要的軍事基地，因此武器和其它所有的軍用品的生產即軍工手工業在手工業生產中佔有一定的比重。元初揚州手工業有私營和官營兩類：

1、私營手工業

元代私營手工業是元代民間手工業的重要存在形態，生產以盈利為目的，生產的商品化程度較高。其生產者往往具備一定的技藝，技術也較為專一；就私營手工業內部生產規模以及內部生產分工來講，元代私營手工業可分為個體工匠即手藝人、個體手工業作坊兩個層次。其中前者以家庭成員為勞動力，生產中或以生產專門手工業品出賣，或承接城鄉居民一定的來料加工業務，規模較小；而後者具有一定的生產規模與分工，在這類作坊中，除主人外，往往還有一定數量的雇工在內從事生產。

私營手工業的生產範圍極爲廣泛，包括棉織、絲織、礦冶、製瓷、造紙、印刷、製鹽等眾多行業。在揚州，剪紙、漆器、玉器、雕版印刷、盆景技藝、木器、刺繡、燈彩業等都非常發達。私營手工業作坊亦多集聚在城鎮，而且同類商品的生產與銷售往往集中在同一坊巷或同一條街上，在這裏逐漸成爲操同行手藝的工匠與從事同樣商品買賣的商人群居的地段。馬可波羅記述的居民恃工商爲活，是屬實的。

2、官府手工業

元代官府手工業的規模很大。有的屬於工部，有的屬於將作院，有的屬於大都留守司，有的屬於武備寺，有的屬於徽政院或儲政院。元代官府手工業的分工極爲細密，所置局院遍及全國且數量眾多。元代官府手工業的主要任務：一是生產軍需用品；二是從事皇宮、宗廟、貴族府宅、城囿、寺院、倉庫、營房、監牢的建築；三是滿足軍國需求從事織造。元代官府手工業規模龐大，需要的原材料自然也很多，而獲取原材料的方式也有多種。例如，直接經營國有自然資源，取山林川澤之產，由政府組織各種匠人採伐加工；取歲貢土特產品加工；政府以低於市場的價格購取一些原材料；通過課稅向國家編戶之民徵收；取外國貢物爲原料；甚至各局就本單位所需物料直接向匠人科徵。其取得原材料的辦法可謂花樣眾多。

3、軍工手工業

元代軍事手工業的發展，在我國軍事手工業史上佔有突出地位，盛況空前。元代軍事手工業主要與官府手工業相聯，或者說它是官府手工業的特殊分支。但它也夾雜於民間手工業、官吏貴族私營手工業之中，甚至有時也包含於寺院手工業之中。考兵器製造之史，南宋、遼、金都於此有過重要成就，但不及元朝成就卓越。元時古籍《黑韃事略》的作者徐霆對元代軍事手工業經濟發展過程有過描述。他說：「霆嘗考之：韃人始初草昧，百工之事無一而有。其國除孳畜外，更何所產。其人椎樸，安有所能，止用白木爲鞍，橋以羊皮，亦木爲之，箭鏃則以骨，無以得鐵。後來滅回回，始有物產，始有工匠，始有器械。蓋回回百工技藝極黑韃事精，攻城之具尤精。後滅金虜，百工之事於是大備」。[5] [18]

忽必列時代的官府手工業作坊中各族傑出的軍器工匠和設計師如雲，產品多種多樣。既有其時兵器的一般產品，又有尖端產品。這些兵器工匠、設計師和他們生產出的產品統一由中央設置的武備寺任選、掌儲和分配。可以

說，武備寺是元中央政府中管理軍事手工業生產的專門中樞機構。武備寺管轄的局院較大者多達幾十且遍佈全國。各局院主管官吏官品高者正五品、低者從七品不等。其中僅大同路軍器人匠提舉司就管轄數州、數縣的軍器製造局。武備寺所屬壽武庫製衣甲，利器庫製兵械，勝廣庫掌外路各局。外路除江南地區不設兵器局外，北方各大城皆設軍器人匠提舉司或兵器局。在漠南上都地區的白局子和千戶寨、松州的五指崖和勝和等地都有軍用冶鑄手工業。元代軍事手工業不僅管理組織健全，而且發明創造很多。其中許多重要的新產品還普遍送入軍隊以做裝備。

四、元初揚州商業繁榮的原因

《馬可波羅遊記》中描述的揚州工商業如此發達，是什麼原因造就了這一繁榮的盛況呢？

1、忽必烈經濟改革中對工商業發展的重視

元世祖忽必烈經濟改革活動對元代經濟的影響至深且鉅。他的改革主要包括了農業、牧業、邊疆少數民族地區經濟、人口制度、賦稅徭役、工商業、國際貿易、水利交通建設、紙幣發行、經濟、人事等十個方面。其中以農、牧、工商業、紙幣制度、人口制度、賦稅徭役等。特別是在商業方面，實行保護商賈安全、維護商賈資財、救濟商賈困難的政策。這種政策使國內農業經濟作物品種明顯地比前代增多，說明農村商品貨幣經濟不斷發展，並促使更多的農業、手工業產品商品化。商品糧市場日益發達。商業性竹木業、果園業、菜園業、染料作物種植業、種茶業、種棉業、養蠶業都大有發展就是例證。與此同時商業行會組織猛增，搞手工業的不被官方稱為從事奇技淫巧的社會末流，而被擇優錄入匠戶籍，且世代相承，使家傳技藝得以沿襲。匠戶中的人雖然待遇不普遍高，但他們的戶籍受法律保護。主要匠戶大至分為兩種：係官工匠和民匠。前者編隸於官府的各種手工業局院（戰時，其中包括製造軍器的局院）。他們從官庫支領物料和物料錢、口糧、衣裝以及鹽鈔，為有關局院完成定額產品。完成任務後，可以自行造作。他們的田地，一頃以內免徵稅糧，他們不負擔雜役。至於民匠，根據需要進入官設手工業局院造作。造作期內與官匠的待遇等同，有的製成產品後還另附工價。忽必烈不只是重視國家壟斷的手工業的發展。他也重視民間手工業，對之並不壓抑。比如，對各種礦，忽必烈實行過「聽民採」的開放政策。

2、大一統的社會環境

忽必烈的經濟管理改革與他的統一戰爭大業基本上在步伐上是協調一致的。在穩定北方的過程中，他對政治、軍事、經濟管理改革同時抓。此間，他與眾臣籌畫的中原經濟管理制度也隨其統一戰爭鋪展施實，且燦然有成。伯顏將軍所率平宋大軍攻佔臨安後，他又力排漢族開國元勳姚樞等老臣的阻議向南宋故地推行統一紙幣制度，以中統鈔取代了名存實亡的南宋交會，適時地完成了金融體制的全國性改革，把江南廣大地區無遺漏地納入了統一的新王朝金融網絡中。在財政制度方面，伴隨統一戰爭的進程，較準確地分析全國各類經濟俗制差異較大和全國民族成份空前增多等特點，實行了對各族各地區分別對待、因俗而治的財政制度。

3、優越的地理位置

揚州乃「維揚古九州之一，江都爲附邑，裏延數百里，北枕三湖，南抵大江，今昔稱海內一大都會，且爲南北襟喉，漕運鹽司，關國家重計，皆在斯土」。[6] (3) 揚州據江海之會，所統會三州七邑，爲東南咽喉樞要之地。優越的地理位置，爲城市發展提供了有利的條件。揚州是一座歷史文化名城，白春秋吳王開挖邢溝，溝通江淮，特別是隋煬帝開鑿南北大運河，溝通南北水運大動脈後，長江與南北大運河在揚州交匯，揚州以其無可比擬的區位優勢，成爲我國水陸交通的重要樞紐，承南啓北的重要門戶。

4、便利的交通

元朝疆域遼闊，交通十分發達。元朝政府除了建有以大都爲中心的四通八達、機構完備的陸路驛站交通網外，還特別注意興修水利，發展河運和海運。元代發展漕運，首先加強對運河的疏濬和修建。當時的大都是全國政治、經濟和文化的中心，地理條件優越。但由於大都政府人員、軍士、居民眾多，因此當地的農產品和手工業產品不能滿足要求，所以不得不仰給於江南。不過，大都又「去江南極遠」。隋時開鑿的大運河在宋、金時早已淤塞不通。於是江南物資北運成了元代經濟交流方面的大問題。爲了解決這一問題元政府對運河進行了大規模的疏濬和整修。從杭州到大都的糧食及各種貨物的運輸可直通，加強了南北經濟的交流也起到了鞏固大一統局面的作用，百姓徭役負擔也因此開始有所減輕。元政府還開闢了南北海運線。其海上運輸線大體上是這樣的：由江蘇太倉瀏河入海，往北經黃海、渤海直達於天津，再轉入

大都。當然,這只是元朝主要海上經濟運輸線路。海運速度驚人,經濟效益高。順風時只要 10 多天就可以到達。元時海運特製的平底大船,大者容量驚人。海運線的出現表明元朝的經濟交通建設其時輻射全國、貫連歐亞、四通八達的驛站交通網建設上。

5、科學技術的發展

在元代,科技著作繁富,科技發明不斷湧現,而且在社會生產力發展領域得以廣泛應用。在農業方面,農民在前代製作農具的基礎上改革和創造了不少新的農具,如《農書》介紹的新型制的灌溉機械水車等。紡織業方面,黃道婆傳授的棉紡織機具和技術大大提高了生產力。元代的天文學、氣象學、地理學、數學、醫學、建築學、礦冶學、航海學、製瓷學、釀造學、造船學均有長足發展。其間有眾多的有重要應用價值的經濟科技內容,產生過可觀的經濟成果。這些成果在元代經濟發展史上佔有顯著地位。

6、貨幣的流通

貨幣流通是促進商業發達的重要原因之一。元朝是中國歷史上乃至世界歷史上最早在一個大一統國家範圍全面實行紙幣制度的王朝。元代以中統元寶交鈔為主,它於元代始終通用。各種支付和計算均以之為準。元代貨幣雖主要是紙鈔,但金銀作為貨幣使用,在元代一直通行。元朝曾鑄造銀錠。史載,世祖朝大臣、平宋大元帥伯顏滅南宋後至揚州,並在其地鑄造銀錠。每錠重五十兩,叫「揚州元寶」。元代鑄銅錢流傳於民間較少,故民間交易通行紙幣。中統元年(1260),揚州先後通行「中統交鈔」以及「中統元寶鈔」。「中統元寶交鈔」以絲為本,一貫為計算單位,「中統元寶鈔」以銀為本,仍以貫為計算單位,每兩貫算白銀一兩,每十五貫為黃金一兩,民間持鈔者可以隨時向官府兌換金銀。《馬可波羅遊記》載,「居民是偶像教徒,使用紙幣」[1](331)。正是這方面的如實反映。

五、元初揚州商業繁榮的影響

1、促進揚州文化的發展

揚州工商業的發達和在政治、軍事上的重要地位也促進了揚州文化的發展。當時酒樓裏檀板鶯喉不斷,教坊裏清歌妙舞不絕。揚州是元代雜劇的創作和表演的中心。著名的雜劇作家關漢卿、白樸、馬致遠、侯正卿、喬吉、秦

簡夫、李直夫都先後駐足揚州，有些劇作家還以與揚州有關的歷史文化名人或揚州的社會生活創作了劇本，如喬吉的《揚州夢》、秦簡夫的，《東堂老》等。揚州本地也湧現出睢景臣、李唐賓、陸登善、張鳴善、孫子羽等劇作家，他們創作了《屈原投江》、《高祖還鄉》、《梧桐葉》、《梨花夢》、《杜秋娘》等十部劇作。揚州的雜劇表演也很興盛，南北統一後，北方雜劇演員紛紛南下，著名的有朱簾秀、賽簾秀、朱錦秀等都在揚州演出。揚州文化藝術的繁盛由此可見。

2、促進了揚州城市職能的轉變

中國封建時代所建的城，以軍事防禦及政治統治爲目的。但是隨着經濟的發展，城市的經濟職能在加強。揚州建城的最初目的是爲了軍事的需要。隋唐以後，因爲運河的開通，揚州作爲運河沿岸的一個重要城鎮，有了很大的發展。元代，大量鹽商聚集於此，並且在此建房居住，揚州的商業有了很大的發展，從而帶動了城市的其它行業的興起和整個城市經濟的繁榮。

3、為整個元朝社會發展和後世揚州的繁華奠定基礎

經濟基礎決定上層建築，發達的工商業爲統治階級維護社會秩序、興建公共工程提供了財力支持，忽必烈王朝的興盛與商業的全方位發展密切相關，對元代社會發展起到了很大的促進作用。同時，它又爲揚州在明清時期迎來經濟發展的高峰奠定了基礎。

《馬可波羅遊記》中關於元初揚州商業經濟方面的記載是屬實的，元初的揚州商業貿易繁榮，貿易範圍廣，商品種類豐富。手工業發達，其中私營手工業、官府手工業、軍工手工業齊頭並進，帶來手工業發展的繁盛時期。這些都是有史實可查的。

參考文獻

〔1〕馬可波羅，馬可波羅行紀〔M〕，上海：上海書店，2006：315。

〔2〕李坦，揚州歷代詩詞：第1冊〔M〕，北京：人民文學出版社，1998：465。

〔3〕元史卷91，〔M〕，北京：中華書局，1976：2305～2325。

〔4〕郭正忠，中國鹽業史：古代編〔M〕，北京：人民出版社，1997：491。

〔5〕彭大雅，黑韃事略〔M〕，通州：翰墨林編譯印書局，1903：18。

〔6〕楊洵修，萬曆揚州府志〔M〕，北京：書目文獻社，1988：3。

第十八章　《馬可波羅遊記》與元初泉州的商業經濟

　　泉州，在《馬可波羅遊記》中稱爲「刺桐城」，位於中國東南沿海，是現在福建省經濟文化中心和東亞文化之都，也是聯合國教科文組織設立的世界多元文化展示中心。歷史上的泉州港起於六朝，興於五代，宋元時期是其海外貿易的黃金時代，其中元朝則是其鼎盛時期。元初，泉州頭上光環無比炫目，是中國海上絲綢之路的起點，號稱「東方第一大港」，可與當時埃及亞歷山大港媲美。元初泉州的繁榮，可從意大利商人的《馬可波羅遊記》窺見一二。

一、《馬可波羅遊記》裏元初泉州商業繁榮的表現

　　元朝重商，實行開明的經濟管理，對商人採取保護和鼓勵政策，還給予商賈一些特殊的優待。如給商賈以持璽書、佩虎符、乘驛馬的權利。楊軍琴認爲：「上至王公大臣，下至貧苦百姓，舍本農，趨商賈的風氣很盛，對此，時人深有感觸，馬祖常云：『近年工商淫侈，遊手眾多，驅壟畝之業，就市井之末。』經商致富已成爲多數人追求的夢想。」[1] 121

　　在這種濃厚的商業氣氛下，意大利商人馬可波羅來到了中國。馬可波羅初到泉州，對此城的印象是「城甚廣大」。此城不僅廣大，還很繁榮，是名副其實的商業之都。

　　馬可波羅後來又多次來到泉州，因此他對泉州甚爲瞭解。見多識廣的他也驚歎於泉州的繁華，記載了泉州國際大都市的風範。在他的《馬可波羅遊

記》中載：「船舶來往如織，轉載着各種貨物，使往蠻子省的各地出售。這裏的胡椒出口量非常大，……。刺桐是世界上最大的港口之一，大批商人雲集於此，貨物堆積如山，買賣的盛況令人難以想像。」[2] 217 從交通繁忙情況、紙幣的使用、商品種類、商業稅、商人數量和海外貿易的盛況可看出，元初泉州的商業經濟相當繁榮，可謂萬商朝華，是中國封建社會時期的一道亮麗風景。

第一，龐大的國際化商人隊伍。在泉州經商的，有元朝商人，還有可觀數量的回回海商，當然還有來自朝鮮、日本和東南亞等地的商人。這種狀況出現的原因有兩個，一是蒙元重商，二是蒙元賞識善於經商者。

首先，倪建中指出：「蒙古人是重商主義者，這也是其它少數民族的特點。因為，他們所居之處，往往不利於農耕，資源也相對缺乏，要想得到糧食、食鹽和工具，就必須發展貿易。」[3] 1033 經商與游牧民族熱衷於搶劫有異曲同工之妙，二者都是不用體力勞動就能獲得溫飽和財富，區別在於前者是文明的，後者是暴力的。元朝通過武力征服各國後，為了能細水長流，用錢生錢，於是，實行了一系列鼓勵和保護商業發展的措施，「這種保護和鼓勵，主要表現在四個方面：一是保護財產安全，二是積極鼓勵通商，三是免除西域商賈雜泛差役，四是許多貴族和寺院僧侶經商有免稅特權。」[4] 70~71 帝國內出現一批逐利者。天下熙熙，皆為利來；天下攘攘，皆為利往。儒家的「君子喻於義，小人喻於利」輕商思想漸漸淡薄。其次，「由於蒙古貴族不善於經商和理財，『只是撒花，無一人理會得買販』，因此對那些善於斂財的商人特別信任和重用，許多人被吸收到蒙古帝國和元朝政府中擔任重要職務。」[1] 120 這種有意提高商人政治地位的做法，不僅吸引了國內商人，更是引得國外商人紛至沓來。馬可波羅自吹他頗受大汗忽必烈的喜愛和重視，大概與此政策有關。

泉州是當時國內最大世界第二的貿易港口，「是亦為一切蠻子商人常至之港」[5] 424，且「印度一切船舶運載香料及其它一切貴重貨物咸蒞此港」[5] 424。可見，泉州不僅是國內商人常至之港，也是印度商人常至之地。兩者在此地交換商品，然後又從此港啟航，朝各自的目的地出發。關於泉州港崛起的原因，楊志娟認為，回回富商蒲家居功至偉。「元代回回海商集團的形成與蒲壽庚有直接的關係。」[6] 91 1276 年，蒲壽庚降元後，被元政府授以官職，主持泉州的海外貿易，招徠大批善於經商的海外穆斯林商人來華，同時也經商，一時富甲泉州。「後來蒲師文繼任泉州市舶提舉司，兼海外諸蕃宣慰使，仍然專

事招徠外商來華貿易。元朝時蒲氏家族在泉州聲勢十分顯赫，泉州在其家族的經營下，也揚名海外。」[6] 91 泉州港的繁華，得益於精於經商穆斯林人，尤其是世代經商的蒲家在泉州的長期經營。元統治者重用善於經商的人管理商業，是明智之舉。馬建春同樣相信泉州港的繁華離不開西域商人。馬建春在《元代西域人的商業活動》中堅持：「由西域商人主要負責開展的國際貿易，也給元朝商業的繁榮注入了前所未有的活力。」[7] 172 他寫道：「泉州的鎮南門外是西域商人聚居之地，『四海舶商諸番琛　貢皆於是乎集』，『番貨、遠物、異寶、奇貨之所淵蔽，殊方別域富商巨賈之所窟宅，號為天下最。』」[7] 175 當社會以開放的姿態接納外來者，外來者將對你有所回饋。泉州以開放的姿態接受外商來華——西域商人或者說回回海商在泉州實力雄厚，地位重要，泉州的繁榮跟他們的到來有直接關係。

　　第二，紙幣在泉州的流通。具有購買力的紙幣最早出現於北宋，稱「交子」，僅流通於四川。經濟越是發達的地區，紙幣的流通便越廣泛，因為經濟發達地區，商品交換活動頻繁時，金銅銀的數量可能無法滿足需求。而紙幣的流通，又能促進商業經濟的發展。元初，政府發行「中統元寶交鈔」，規定一切交易、支付全部用鈔。馬可波羅在《馬可波羅遊記》中說到：「商人皆樂受之，蓋償價甚優，可立時得價，且得用此紙幣在所至之地易取所欲之物，加之此種紙幣最輕便可以攜帶也。」[5] 262 紙幣使用方便，且便於攜帶，商人都喜歡。張寧在《〈馬可波羅遊記〉中的大都文明》認為：「由於其時紙幣初行，印數限量，鈔庫銀根充實，幣值穩定，處於紙幣信譽的黃金時代，因此贏得了馬可波羅的贊許。」[8] 103 並且，大概是因為經商需要，每到一地，他總是格外留心此地使用何種貨幣。遊至泉州，他發現「居民使用紙幣而為偶像教徒。」[5] 424 泉州有數量龐大的外國商人和元朝商人，彼此間的商品交換活動通過紙幣的流通完成。而紙幣的流通，又大大方便了商品交換活動，彌補現錢不足的缺點，掙脫阻礙經濟發展的束縛，為泉州的經濟發展提供更廣闊的空間。

　　然而，雖然紙幣是法定的流通貨幣，但在元朝統治範圍內，因商業經濟不夠發達，處於自然經濟狀態下，很多地方用貝殼甚至鹽塊充當支付手段。如在金齒州，「其貨幣用金，然亦用海貝」[5] 323 紙幣的流通多是在原南宋統治地，即經濟比較發達的地區，僅次於世界第一大港亞歷山大港的泉州港自然是使用紙幣的。

　　第三，海外貿易繁盛。重視發展海外貿易是元朝的一大特色，更是中國封建社會最爲光輝的一頁。中國歷代漢族封建統治者都不大重視海洋建設，始終堅信「工商皆末」。難得一次的由政府組織的出海行動一般是平叛，或者出錢出力遣使耀國威，掙面子，比如明朝鄭和下西洋。楊志娟認爲：「元代是中國歷史上積極經營海洋的朝代，尤其是忽必烈時代，蒙古統治者的開闊世界觀，積極的海上活動以及重商政策構建起了廣闊的海上貿易網絡。」[6] 93 元朝重視海外貿易體現在以下兩個方面：一是爲控制海上商道，馬上得天下的元統治者不惜對東南亞、南亞國家用兵，並欲征服日本。在其努力下，海上絲綢之路得以暢通無阻。二是元政府積極推行官本船制政策，《元史》中的《食貨志》載：「官自具船給本，選人入番，貿易諸貨，其所獲之息，以十分爲率，官取其七，所易人得其三。」[9] 94 這種政策實爲雙贏，政府與商人合作，前者出錢，後者出力，最後各取所需。元政府的做法扶持了一批與政府合作經商的海商。

　　泉州港如此重要，除了海洋建設，暢通海上絲路之外，元政府也十分關注國內的交通建設。梁淩霄等人認爲：「元朝疏濬了在宋金對峙時期已多處堵塞的京杭大運河。1291 年，在京郊開鑿通惠河，引大都西北諸泉水東至通州，全長 164 里經重新疏鑿，河道大多取直，航程大爲縮短，運糧船可以駛入大都積水潭（今北京什刹海一帶）停泊運河的鑿通加強了南北之間的經濟聯繫和交往，『使得江淮、湖廣、四川、海外諸番土貢、糧運、商旅懋遷，畢達京師』。」[10] 48 元初京杭大運河航路暢通，且元朝統治者重視陸路的建設，故商品能從泉州順利地運往國內各地，促進了泉州與內陸各地的經濟交流和泉州商業經濟的發展。交通的便利，還擴大了元初泉州港對外貿易的範圍，中國的商品擁有廣大的國際市場。如此，便促進了元初泉州商業經濟的興盛，也使得泉州成爲當時中國最具國際性的城市。此外，元朝建立了嚴密的站赤制度，商人的流動因此更快速。

　　泉州位於中國東南沿海，是元朝海上絲綢之路的起點，國內外商品進出口必經之地，是重要的國際貨物中轉站和集散地，更是出海官商的聚居之地。馬可波羅看到「其港有大海舶百艘，小者無數。」《馬可波羅遊記》又載：「印度一切船舶運載香料及其它一切貴重貨物咸蒞此港。是亦爲一切蠻子商人常至之港，由是商貨寶石珍珠輸入之多竟至不可思議，然後由此港轉販蠻子境內。我敢言亞歷山大或他港運載胡椒一船赴諸基督教國，乃至刺桐港者，則

有船舶百餘，所以大汗在此港徵收稅課，爲額甚巨。」[5] 424 無數往來不斷的大小商船，堆積如山的貨物，人頭湧動的中外貿易場，無不讓馬可波羅折服。在馬可波羅眼中，這種繁華的盛況，甚至可媲美亞歷山大港，超越家鄉威尼斯。

申友良在《〈馬可波羅遊記〉的困惑》中認爲：「隨着泉州港的海外貿易盛況空前，來此貿易的蕃商也大大超過前代，外僑的人數之多、民族成分之雜和所屬地區之廣，是泉州前所未有的，形成了一個龐大的僑民社會，恐怕連當時的廣州也難與之相比。」[11] 155 海外貿易繁盛爲泉州港帶來大量外來人口，儼然一個微型聯合國，也使泉州更爲開放和更具活力。泉州海外貿易的發展，「促進了商品經濟生產及流通領域的擴大，帶動了當地造船業、製瓷業、紡織業的發展是泉州形成爲當時各國商人和商品最集中的地方，成爲中國的造船中心、絲織業中心、陶瓷生產與外銷的重要基地。而且還成了中世紀聯結歐亞大陸海上絲綢之路的東方第一大港。」[11] 155 元初的泉州，因海外貿易的興盛，名揚海內外。

第四，商品種類繁多，應有盡有，泉州港是國內外首屈一指的貨物集散地。對此，申友良提到「我國的絲綢、瓷器等商品，由此向東運銷朝鮮、日本；向南遠銷東南亞、南亞；向西遠銷西亞乃至歐洲、非洲各國，而這些國家的藥材、沙金、黃銅、香料、珠寶、象牙、犀角等也運至中國泉州等海港。」[11] 140 可見，泉州港是相當國際化的，商品種類亦是繁多。馬可波羅多次停留在泉州港，甚爲熟悉之，《馬可波羅遊記》載：「印度一切船舶運載香料及其它一切貴重貨物咸薈此港。是亦爲一切蠻子商人常至之港，由是商貨寶石珍珠輸入之多竟至不可思議，……，則有船舶百餘，……。此處一切生活必需之食糧皆甚豐饒……製造碗及磁器，既多且美。」[5] 424 他提到運載貨物、往來不斷的商船，還有印度香料、商貨寶石珍珠、糧食、瓷器等商品，熱情洋溢地歌頌了泉州的繁華和富庶。再詳細系統一點考察商品的名目，則可引用莊景輝的《論元代泉州的繁榮及其原因》一章中：「其記元代泉州外銷商品有九十多種，比宋代增加了不少。總的來看，輸出品係以衣料爲最多，日用品和食用品等次之。衣料有錦、緞、絹……棉、苧、葛、麻……日用品有盤、瓷瓶……銀、鉛、錫、銅、鐵等各類金屬器，以及鹽、酒等食用品與漆器、黃油傘等雜貨。」[12] 105 聚集在泉州的商品各色各樣，大到昂貴的奢侈品，小到吃飯的鍋碗瓢盆，應有盡有，滿足了市場的需求。其中，運往泉州的銷往

海內外的商品中，我們的絲織品「刺桐緞」便是馳譽海內外的名牌產品，深受歡迎。元朝著名文人吳澄：「泉州，七閩之都會也，番貨遠物異寶奇玩之所淵藪藪，殊方別域富巨賈之所窟也，號爲天下最。」泉州商品種類齊全，經濟發達，不愧爲「東方第一大港」。

二、《馬可波羅遊記》裏元初泉州商業經濟繁榮的原因

《馬可波羅遊記》裏元初泉州的商業經濟是相當繁榮的，除了忽必烈採取的重商政策意外，還有兩個最重要的原因。

第一，元初泉州的經濟基礎好。《馬可波羅遊記》載：「居民使用紙幣而爲偶像教徒」[5] 424，「此處一切生活必需之食糧皆甚豐饒」[5] 424。元初，泉州是使用紙幣的，這裏的一切生活必需的糧食足夠多，能養活除泉州居民外的更多人。紙幣的流通是商品經濟發展的結果。元初，由於經濟較爲落後，疆域內的大多數地方是用貝殼或鹽塊等物品充當貨幣的，比如吐番州「境內無紙幣，而以鹽爲貨幣」[5] 305，再如哈剌章州，「所用貨幣則以海中所出之白貝而用作狗頸圈者爲之」[5] 314。少數經濟發展較好的地區，尤其是南宋故地，皆使用紙幣，泉州亦是如此。此外，泉州「一切生活必需之食糧皆甚豐饒」，有能力養活眾多外來人口。

第二，泉州港海內外交通繁忙。泉州港的地理位置優越，位於元朝疆域內的東南沿海，是海上絲綢之路的起點，是發展海外貿易的絕佳之地。《馬可波羅遊記》載：「印度一切船舶運載香料及其它一切貴重貨物咸蒞此港。是亦爲一切蠻子商人常至之港，由是商貨寶石珍珠輸入之多竟至不可思議，然後由此港轉販蠻子境內。……，乃至此刺桐港者，則有船舶百餘」[5] 424。印度一切運載香料和其它貴重貨物的船舶通過海上絲綢之路都到泉州港，南宋故地的商人和貨物通過河運到達和離開泉州，他們攜帶來的貨物多得不可思議，然後又攜帶多至不可思議的貨物離港。從海內外商船到港之多和多至不可思議的貨物可知，當時的泉州，無論是國際海運，還是國內河運，都相當繁忙。

三、《馬可波羅遊記》裏元初泉州商業經濟繁榮的影響

第一，泉州商業繁榮，爲元初統治者提供穩定且數額龐大的商業稅。稅收是維持政府正常運行和皇家奢侈生活的必備品。泉州港是當時一個國際商業港口，一切停靠於泉州港的商船和中外商人的貿易活動，均須繳稅。關於

泉州的商業活動和商業稅，《馬可波羅遊記》載：「印度一切船舶運載香料及其它一切貴重貨物咸萃此港。是亦爲一切蠻子商人常至之港，由是商貨寶石珍珠輸入之多竟至不可思議，然後由此港轉販蠻子境內。我敢言亞歷山大或他港運載胡椒一船赴諸基督教國，乃至刺桐港者，則有船舶百餘，所以大汗在此港徵收稅課，爲額甚巨。凡輸入之商貨，包括寶石、珍珠及細貨在內，大汗課額十分取一，胡椒值百取四十四，沉香、檀香及其它粗貨值百取五十。」[5] 424 在馬可波羅看來，泉州是大型的國際貿易活動的場所。第一，中外商人雲集於此港，既有渡海而來的印度人，有「一切蠻子商人」，還有像馬可波羅一樣的色目商人。第二，商品眾多，「商貨寶石珍珠輸入之多淨值不可思議」。第三，商船眾多，「印度一切船舶運載香料及其它一切貴重貨物咸萃此港」，還有「一切蠻子商人」商船。第四，商業稅甚巨。由前面三點可知，泉州的商人商船商貨的規模是極爲龐大的。再者，元政府在此港的收稅政策，「凡輸入之商貨，⋯⋯，大汗課額十分取一，胡椒值百取四十四，沉香、檀香及其它粗貨值百取五十。」因此，所收各種名目的商業稅「爲額甚巨」。商業稅成爲泉州政府主要財政收入之一。此外，元初實行的包稅制度，目的在於減少稅收，鼓勵商業發展，對象主要是蒙古人、色目人，政府在北方的商業稅較少，故對南方城市的商業稅較爲倚重。並且，在北方的蒙古族和少數民族主要是游牧民族，多從事畜牧業，居無定所，常常遷徙，牛羊馬生長期較爲漫長，牲畜死亡率也高，造成牧民收入少且不穩定，不能夠爲政府提供大量且穩定的稅收。農業本是可以爲政府稅收做貢獻，但是元統治者命令許多中原及中原以北的從事農業的地區轉爲從事畜牧業，大片農田草原化，元政府的稅收來源就更少了，商業經濟相對發達的南方城市的稅收就顯得更爲重要了。陳高華在《元代商稅初探》中通過列數據和論證分析說明「商稅在財政收入中占重要地位。⋯⋯商稅收入在財政收入的錢鈔部分中佔有重要地位，其重要性僅次於鹽課。」[13] 14~15 作爲商業經濟最爲發達的南方城市之一，泉州港的商業稅甚巨，難怪政府如此重視泉州及其它沿海港口、海上交通的管理，甚至派兵駐守泉州，爲泉州商業經濟的發展提供穩定的環境。因此，泉州商業經濟的繁榮，在某種程度上爲維持元朝的統治做了不少貢獻。

　　第二，大量外商來華和元朝商人出海，密切和促進了中外經濟文化交流和發展。《馬可波羅遊記》中載：「印度一切船舶運載香料及其它一切貴重貨物咸萃此港。是亦爲一切蠻子商人常至之港。」[5] 424 可見，中外商人雲集於

泉州港，從事商業貿易。既然印度等地的商船停泊在泉州港，那必然還會從泉州港出發，返回印度等地。如此，以泉州港為終點和出發點，外國商人往返兩地，促進了中外的經濟交流，帶動了泉州當地經濟的發展。與此同時，元朝商人也在泉州港乘船出海經商。元初，中國泉州商人的足迹遍佈海外，促進了泉州商業經濟的發展，也傳播了中國文化。聶德寧在《元代泉州港海外貿易商品初探》中寫道：「元代泉州港對外貿易的範圍極為廣泛。汪大淵的《夷島志略》記載了當時海外有 99 個國家和地區和泉州有貿易往來。」[14] 80

這些國家和地區包括東南亞、南亞、西亞、東非等。其中，印度與泉州的經濟往來最密切。《馬可波羅遊記》載：「印度一切船舶運載香料及其它一切貴重貨物咸蒞此港。」[5] 424 又有「在此城中見有來自印度之旅客甚眾」[5] 424。近年來，在這些地區出土了許多中國瓷器、絲綢等物品，充分證實了其與中國商業往來之密切。元初，中國的瓷器、絲綢等是海外貴族才能享受的高檔奢侈品。中國對外貿易處於出超狀態，大大促進泉州商業經濟的發展。此外，中國製造的碗傳至海外，一定程度改變了外國人的生活方式。為保證足夠的商品供應海外市場，泉州手工業和其它製造業相當發達，「元代泉州港在出口到海外各國和地區的外銷商品中，採取了以本地、本省產品為主、外省名牌產品為輔的方針策略。」[14] 80 這極大帶動泉州商業經濟的發展。

泉州是元初海上絲綢之路的起點，從《馬可波羅遊記》中可知，它是海內外商人常至之地。海內外商人的經濟往來無意中導致了不同文化的碰撞，尤其是與當地文化的交融，促進當地文化的發展。莊景輝在《泉州港考古和海外交通史》中指出：「論及元代泉州的繁榮，特別值得述及的是各種宗教在這座城市的傳播和發展。由於蒙古統治者對各種宗教均採取寬容的政策，因此隨着各色人等的僑居泉州，這裏也成為世界多種宗教在東方的重要據點，形成了一種多教並存、教寺林立、競相發展的駁雜局面。……在各種外來宗教中，伊斯蘭的勢力最大，其影響於泉州者亦最深。那時居於泉州的伊斯蘭教徒數以萬計，他們有自己的伊斯蘭公會組織，並有禮拜寺六七座。……元代各種外來宗教在泉州的傳播，眾多阿拉伯式、波斯式、印度式、意大利式和中國式的教堂的興修，曾把這個『東方第一大港』點綴得光怪陸離，更洋溢著濃厚的國際氣氛。」[12] 109~110 因此，泉州文化，包括風俗、文學、藝術、宗教等，與當時內地文化頗為不同，它更為開放和包容，是當時一座重要的國際移民城市，可與當今香港媲美。

　　馬可波羅是一名色目商人，《馬可波羅遊記》關於泉州的記載，基本上是宗教和商業方面的內容，介紹了泉州的紙幣、商品、商業稅收、交通等商業信息，讚美了泉州商業的繁榮，可與亞歷山大港媲美；元政府在此港課稅爲額甚巨，中外商人的活躍的貿易活動促進了中外經濟文化交流。

參考文獻

〔1〕楊軍琴，元代商人社會地位的變化〔J〕，齊齊哈爾師範高等專科學校學報，2008，（1）：120～121。

〔2〕馬可波羅，馬可波羅遊記〔M〕，梁生智譯，北京：中國文史出版社，1998：217。

〔3〕倪健中，風暴帝國〔M〕，北京：中國國際廣播公司出版社，1997：1033。

〔4〕陳賢春，試論元代商人的社會地位和歷史作用〔J〕，湖北大學學報，1993，（3）：70～71。

〔5〕馬可波羅，馬可波羅行紀〔M〕，馮承鈞譯，北京：東方出版社，2007：262～424。

〔6〕楊志娟，回回海商集團與元代海洋政策〔J〕，煙臺大學學報，2013，26（3）：91～93。

〔7〕馬建春，元代西域人的商業活動〔J〕，暨南學報，2006，（3）：172～175。

〔8〕陸國俊，中西文化交流先驅——馬可波羅〔M〕，北京：商務印書館，1995：103。

〔9〕宋濂，元史〔M〕，北京：中華書局，1976 ：94。

〔10〕梁淩霄，魏楠，李文文，試論元朝商業繁榮的原因〔J〕，隴東學院學報，2014，25（2）：48。

〔11〕申友良，馬可波羅遊記的困惑〔M〕，臺灣：花木蘭文化出版社，2012：155。

〔12〕莊景輝，泉州港考古與海外交通史研究〔M〕，長沙：嶽麓出版社，2005：105，109～110。

〔13〕陳高華，元代商品初探〔J〕，中國社會科學院研究生院學報，1997，（1）：14～15。

〔14〕聶德寧，元代泉州港海外貿易商品初探〔J〕，南洋問題研究，2000，（3）：80。

第十九章 《馬可波羅遊記》與元初杭州的商業經濟

　　杭州曾作爲南宋的政治中心，在元初的商業經濟中仍然佔據著重要地位。《馬可波羅遊記》中有兩個章節是專門介紹杭州的。目前學術界還沒有從《馬可波羅遊記》的角度來研究元初杭州商業經濟的相關成果，本文將就元初杭州的商業經濟狀況、特點、興起原因、以及對元初社會的影響等方面來進行初步的探討。

一、《馬可波羅遊記》中的杭州商業經濟

　　《馬可波羅遊記》中對杭州商業經濟情況進行了較爲詳細的描述，其中有城市建築、商業區分佈、行業經濟、交通運輸以及貨幣流通等方面的內容。

（一）《馬可波羅遊記》中的元初杭州城市建築

　　城市數量的多少是衡量一個國家經濟繁榮程度高低的重要指標，而城市建築是體現一個城市經濟發展的重要方面。城市建築的多少以城市商業經濟的發展爲物質基礎，而城市建築的繁榮反過來又促進了城市商業經濟的發展。所以要研究《馬可波羅遊記》中描述的杭州商業經濟，我們可以先從杭州的城市建築窺探一下杭州的商業經濟。杭州城市的居民住宅根據《馬可波羅羅遊記》中的記載是：「建築華麗，雕梁畫棟。」居民對於這種建築的熱情還是十分的高漲。「西湖的周圍，有許多美麗寬敞的大廈，建築在湖濱上。」杭州西湖聞名全國，而在西湖的建築，「靠近湖心的地方，有兩個小島，每一個島上，都有一座壯麗的建築物，裏面分隔著血多精室內巧舍。」[1] 175 其建

築的精美與西湖之美相互照應，形成杭州城內的一道靚麗風景，在今天說來，這是一種難得的旅遊資源，一個著名的旅遊景點，並將由此促進杭州商業經濟的發展，是體現杭州商業經濟的重要方面。此外，杭州城內最大的建築特點是適應其地理環境的橋梁之眾多，且修築精巧。《馬可波羅遊記》記載「那些架在主要運河上，用來連接各大街到的橋，橋拱都建得很高，建築精巧。」這充分體現出杭州城市建築的精巧與講究，直接體現了杭州城市建築行業的發達，也從側面體現了建築工匠這一職業群體的龐大。因爲城市是人的城市，杭州商業經濟的繁榮，這些建築工匠也作出了巨大的貢獻。

（二）《馬可波羅遊記》中的元初杭州商業區分佈

一個城市裏面的商業區分佈直接體現城市商業經濟的格局並由之可以看出一個城市商業經濟的組成部分。元初杭州的商業區分佈，根據《馬可波羅羅遊記》中的記載：「除了各街道上有不計其數的店鋪外，還有十個大廣場或市場。這些廣場沒一邊長八百多米，大街在廣場的對面，寬四十步，從這座城市的一端，筆直地伸展到另一端。」其商業分佈除了店鋪以外，還有廣場與市場，而市場在當時的杭州城內「每一個都被高樓大廈環繞着，大廈的下層是商店。」[1] 178 杭州商業區的分佈除了主要分佈各街道的店鋪外，大廈的下層鋪位都作商鋪使用。而街道與市場、店鋪的聯繫非常密切，「很多街道與市場相通」。之所以出現城市商業區分佈，就是因爲城市商業經濟的高度發達，社會分工越來越細的體現，出現了專門的區域來經營各種商業。

（三）《馬可波羅遊記》中的元初杭州行業經濟

1、手工業貿易

元代的手工業有官營手工業和民營手工業之分，民間手工業由於官府的控制和壓制，始終未能充分發展。民間手工業多數是自給自足的家庭手工業，一些城鎮和紡織等行業中出現了手工作坊，產生了作坊主和雇工。「這個地方經營的手工業，有十二種高於其它行業，因爲它們的用途比較廣泛和普通。每一種工藝都有成千間鋪子，每個鋪子雇傭十個、十五個或二十個工人工作。」[1] 176 可以看出杭州城手工業發達，鑒於行業的性質，城內每一種工藝都有成千間鋪子，充分體現出當時民營手工業的發達與繁榮。民營手工業中的每個鋪子雇傭的工人，少的有十個，多者有二十，體現出元初商業的繁榮，而元

初在南宋商品經濟發達的基礎上，和元代允許對外貿易的形勢下，商業繁榮，使得手工業的市場大多拓寬，市場上的需求量大。從而也促進了手工業的繁榮。

2、農業、漁業、畜業發達

杭州的農業商品貿易發達，根據馬可波羅遊記中記載：「一年四季，市場上有種類繁多的香菜和水果」。農業生產工具的改進，土地的進一步開發利用，適宜的氣候條件以及灌溉條件，使得杭州的農產品種類繁多，一年四季都能爲市場提供充足的供應。其次，杭州漁業發達。「每天都有大批的魚，從離城二十四公里的海邊，經過河道運到城中。湖中也產大量的魚，使專門捕魚的人，終年都由魚可捕」，杭州城近海湖的優勢條件，爲漁業的發展提供自然條件，人們對魚的需求爲漁業的發展提供廣闊的市場，使得漁業能夠不斷發展。此外，杭州畜業發達。「各種類物非常豐富，如小種牡鹿、大赤鹿。黃鹿。野兔和家兔，以及鷓鴣、鵪鶉、普通家禽、閹雞，而鴨和鵝的數量更是多得不可勝數。」[1] 175 牲畜商品主要源於捕獵與飼養，而飼養的多爲家禽。種類以及數量的繁多，還有杭州城內的「屠宰場數量多」可以體現杭州的禽畜業的發達。

3、服務性行業發達

馬可波羅遊記中記載：「在其它街上有妓女，人數之多」。從此處中可以反映出當時妓女人數之多，突出了當時杭州性服務業的發達。此外，還寫道「這些妓女善於獻媚拉客，並能施出種種手段去迎合各類嫖客的心理、遊客只要親近芳澤，就會害得失魂落魄，流連忘返。他們沉湎於眠花宿柳的溫柔鄉中，真有樂不思蜀之歎」、「回到家裏他們總是說自己曾遊過杭州，或者說遊過天堂，並且，希望有朝一日，能重登這種人間仙境」[1] 179。此處的記載，寫的是遊客們在杭州遊玩時沉溺於溫柔鄉中，並對杭州的性服務業評價爲「人間仙境」。妓女是階級社會的產物，元代的官員、士人、商人以及有些平民都以狎妓爲風流樂事，可見這是一種社會風氣。充分地反映出當時杭州薰陶在聲色犬馬、紙醉金迷的社會氛圍中，這極大地刺激了性服務業的發展，使得元初杭州的性服務業的水平以及其發達程度大大提高。此外，元初杭州的澡堂業發達，馬可波羅遊記中記載「其中一些街道有冷浴澡堂，由男女服務員爲你服務，這些澡堂的男女顧客從小時候起，就習慣於一年四季洗冷水浴」。

元初杭州的澡堂服務行業興起，爲了適應客人的要求不斷完善服務，「也有供
應溫水的浴室，專門提供給受不了冷水的外客」。而對於這種澡堂服務業，有
着較大的市場，因爲「這裏所有的人，都習慣每日沐浴一次，特別是在吃飯
之前」[1] 175，人們的生活水平的提高刺激了人們去澡堂沐浴的需求，從而推動
了澡堂服務業的發展。

4、庫儲存業發達

在杭州城內的庫儲存業發達，馬可波羅遊記中記載「在距運河較近的那
一邊岸上，建有容量很大的石砌的倉庫，供給從印度和其它東方來的商人，
儲存貨物及財產之用」[1] 176。元代對外貿易有了很大的發展，通過海、陸與亞
洲、非洲、歐洲和阿拉伯各國進行國際貿易往來。當時與中國有海外貿易關
係的地區和國家很多，海外貿易發達。其庫存業的發展與眾多的國外商人所
進行的海外貿易有密切聯繫。此外，杭州是江浙行省的省會，水陸交通發達。
在國內貿易中，杭州在商品經濟上屬全國第一大都會，遠近商賈雲集，也促
進了庫儲存業的發展。因此庫儲存業的選址也非常重要。「如果從市場着眼的
話，這些倉庫的位置是很適中的。每個市場，一周三天，都有四萬到五萬人
來趕集，人們把每一種大家想得到的物品提供給市場。」[1] 179 有如此多的外
國商人以及國內趕集的人群，使得儲業有市場潛力以及龐大的需求人群，才
得以不斷發展壯大。

（四）《馬可波羅遊記》中的元初杭州交通運輸

杭州水、陸交通便利，正所謂要致富，先修路，交通爲商業經濟之母，
從杭州的交通運輸我們也可以研究杭州商業經濟的發展情況杭州交通運輸
與其優越的地理位置有密切聯繫。此外杭州的交通運輸還突出表現在其造船
業的發達之上。《馬可波羅遊記》中記載「杭州左江右湖，最爲奇特，湖中
大小船隻，不下數百舫。有一千料者，約長二十餘丈，可溶二三十人。皆精
巧創造，雕欄畫拱，行如平地。」杭州的交通運輸與其靠近湖、江、海之外，
其造船業的發達也對交通運輸有巨大的貢獻。因其造船業的發達，以及造船
技術之高超，所以推動了杭州的水上運輸。在陸運上，杭州城內「街道寬廣」
[1] 176，「由於運河的河道和市區的街道十分寬闊，所以船隻和車輛，運載著
居民所需的貨物，往來其間，暢通無阻。」街道的寬闊爲陸地運輸提供了便
利。此外，杭州城內河流眾多，爲了充分利用空間與便利交通，修築了大大

小小的橋梁以連接河流兩岸，爲此杭州城內「各種大小橋梁的數目達到一萬二千座」，橋梁數目眾多，使河流兩岸從隔絕轉變爲聯繫。由此可見，杭州交通運輸的發達極大地推動了杭州商業經濟的發展，對研究杭州商業經濟發展情況具有重要的意義。

（五）《馬可波羅遊記》中的元初杭州貨幣流通

貨幣是體現商業經濟繁榮發展的重要標誌之一。根據《馬可波羅遊記》中寫道杭州城的居民使用的紙幣是「通用紙幣」。紙幣最早起源於南宋四川的「交子」。而到了元初，短短時間之內，紙幣已經成爲最主要的貨幣，並通用於杭州城內，充分體現貨幣流通從當時的貨幣向通用紙幣轉變。此外，《馬可波羅遊記》中還記載「一個威尼斯的銀幣，可以買一對鵝和兩對鴨。」[1] 176 除了在國內通用紙幣之外，杭州城還接受外國貨幣進行交易，反映出杭州城市的對外貿易的發展，引入外幣在市場貨幣中的流通。杭州紙幣出現的原因有多個：鐵錢銅錢使用不便、海外貿易的得到發展、杭州地區經濟獲得發展、商業活動的日益頻繁等等，這從《馬可波羅遊記》中都可以找到類似的描述，由此可以研究當時杭州的商業經濟的發展情況。

二、元初杭州商業繁榮的原因

元初杭州商業經濟得以繁榮，與其多元一體化的開放的經濟管理制度、大一統的社會環境以及優越的地理位置以及便利的交通等因素有密切的聯繫。

（一）多元一體化的開放的經濟管理制度

元代政府對於城市商業進行嚴格的控制與管理，但卻是多元一體化的開放的經濟管理體制。元代政府對海外貿易有往來的國家就有 140 多個，元朝政府積極支持海外貿易，推出了相應的鼓勵政策。大大吸引了眾多外國商人到中國進行商品貿易，促進了中國的外貿經濟的發展，拓寬了中國的海外市場。這一點在《馬可波羅遊記》中也有相關的記載：「離城二十五英里的東北方就是大海，這裏有一個極好的港灣，是從印度輸運商品的船隻停泊之所。」、「這裏近岸處有許多石頭建築的大貨棧，這些貨棧是爲那些那些攜帶貨物從印度或其它地方來的商人而準備的。」元朝政府的開放經濟管理制度除了突出表現在海外貿易上，還表現在其對於城市經濟的開放管理。過去的歷朝，對於商業區以及集市的管理都非常嚴格，而經歷了宋代在集市上的發展，元

朝對於商業區以及集市的管理都較爲開放，管理者承認了夜市，以及對商業區的規劃都較爲寬鬆，使得元朝的城市中夜市興起，夜市的合法，使得城市進行商業貿易的時間拓寬，從而促進了城市經濟的發展。

（二）大一統的社會環境

杭州商業經濟得以繁榮，其中一個重要的原因是源於元初所形成的大一統的社會會環境。元滅南宋，結束了南宋時期的政治動蕩的分裂格局，創造了安穩的政治局勢。中央集權政治形成的大一統的社會環境，爲商業經濟的發展提供有力的政治保障以及安穩的政治環境，使大量的人口得以自由流動，加快商業以及貿易的發展。此外，還將減少參軍人數從而轉化爲從事生產的勞動力，安穩的社會還是得出生率得以上陞，因戰亂而造成的死亡率下降，使得勞動力得以不斷強大，爲商業經濟的繁榮提供勞動力基礎。《馬可波羅遊記》裏記載「當時上報的有一百六十托曼的爐竈，所謂爐竈就是指住在同一間屋子裏的家庭，一個托曼就是一萬所以，全程有一百六十萬戶人家。」物質條件上，投入戰爭的物資減少，更多的物質資源與資金得以投入生產力以及經濟當中，成爲商業經濟發展的雄厚物質條件。

同時杭州商業經濟的繁榮也與杭州當時的社會風氣以及一些管理制度有密切的關係。「京師本地的居民性情平和。由於從前的君主都不好戰，風氣所致，於是他們養成了恬靜閒適的民風。」，而且「他們完全以公平忠厚的品德，經營自己的工商業。他們彼此之間和睦相處，住在同一條街上的男女因爲鄰里關係，而親密如同自家人。」杭州淳樸的民風，爲杭州商業的發展減少了阻力。杭州不僅「每一方形市場的對面有兩個大公署，署內駐有大汗任命的官吏，負責解決外商與本地居民間所發生的各種爭執，並且監視附近各橋梁的守衛是否盡職守，如有失職，則嚴懲不貸。」由此可以看出杭州對於商業的管理以及在維護治安方面有一套制度去管理，維持了商業的公正，從而也保護了商業的發展。在防治火災方面，當時的杭州也有相關的應急措施，這樣減免了人員的傷亡，更減少了財產的損失。商業的發展需要一個安穩的壞境，而元初的杭州具備了這樣的一個優勢，同時，個較爲安穩的社會環境，減少了杭州商業運營的成本。

（三）物產豐富

杭州地理位置優越，位於江南一帶，氣候優越，處於亞熱帶季風氣候，

雨水充沛，地形較爲平坦，土壤肥沃，有多支適宜灌漑的河流。因此有利於進行農業耕作，此外杭州位於長江三角洲南沿，錢塘江下游，是錢塘江的入海口，並且還是京杭大運河的終點。杭州「這座城市位於一個清澈澄明的淡水湖與一條大河之間」，而且靠近海邊。《馬可波羅遊記》中有這樣的一些記載，「而鴨和鵝的數量更是多得不可勝數，因爲他們很容易在湖中飼養，一個威尼斯銀幣可買一對鵝和兩對鴨」，「城市距海十五英里，每天都有大批海魚從河道運到城中。湖中也產大量的淡水魚，有專門的漁人終年從事捕魚的工作。」從這記載可以看出杭州這樣的地理位置，有利於漁業及相關養殖業的發展，爲商業提供了大量的商品以及原料。杭州優越的地理位置，一方面使得杭州擁有有利於大多數作物生長的氣候條件，讓大多數的農民過上富足的生活，有剩餘的農產品可以出售；另一方面，有利於養殖業的發展。杭州優越的氣候條件，有利的促進了當地農業的發展，爲商業提供了大量的原料以及商品。

（四）便利的交通

杭州位於長江三角洲南沿，錢塘江下游，是錢塘江的入海口，並且還是京杭大運河的終點，水陸交通發達。根據馬可波羅遊記中的記載：「它位於一個清澈的淡水湖和寬闊的大河之間。河水經過許多大大小小的運河，流入全城的每個地方，並夾著污物流入湖裏，最後傾注入海。城內交通四通八達，水陸具備。由於運河的河道和市區的街道十分寬闊，所以船隻和車輛，運載著居民所需的貨物，往來其間，暢通無阻。該城中各種大小橋梁的數目達一萬二千座。」從《馬可波羅遊記》的記載當中可以看出，當時杭州的交通十分便利，而且城內交通也四通八達。城市道路寬廣，眾多，爲內陸運輸帶來了便利。陸運上，元初時期全國各地的驛站多達一千多處，與驛站相輔的還有急遞鋪，星羅棋佈的「站」「鋪」非常便利國內陸路交通運輸。作爲京杭大運河的終點，以及錢塘江的入海口，大運河的開鑿使南北貫通，加快物資運輸與人口流動，除了有河運以外，還有便利的海運，當時主要的海上運輸主要是在國內的海上運輸。從《馬可波羅遊記》「離城二十五英里的東北方就是大海，這裏有一個極好的港灣，是從印度輸運商品的船隻停泊之所。」從這個記載可以看出杭州海外交通的便利。爲對外貿易以及商品運輸都提供有利的條件，沿海之處，爲商業商船船運輸的發展提供了有力的港灣。便利的交

通促進了貨物的流通速度，降低了運輸成本，吸引更多海內外的商人和貨物在這裏聚集流轉。

（五）歷史原因

杭州城市歷史悠久，從秦起建縣，五代時期的吳越國和南宋王朝也曾杭州位於長江三角洲南沿，錢塘江下游，是錢塘江的入海口，並且還是京杭大運河的終點，建都於此。到了元初，雖然已經不是都城，但也同樣作為浙江省的省會。在歷史上的杭州一直處於一個重要的位置，得到了許多朝代的統治者的重視，所以杭州的基礎設施是比較完善的，這一有利於商業的發展。

三、元初杭州商業經濟的特點

從馬可波羅遊記當中可以認識到當時元初杭州商業經濟繁榮，在其繁榮的景況中具體體現出以下的特點：

（一）經營種類多、範圍廣

元初杭州的商業經濟中，杭州經濟呈現出一種經營種類多、範圍廣的特點。如其商業經濟中有手工業、農業、服務業、庫存業、紡織業等等，經營行業的種類也繁多。在其經營範圍上，如手工業，「有十二種高於其它地方」，「每一種工藝都有成千個鋪子，每個鋪子雇傭十個、十五個或二十個工人工作。」充分體現出其經營範圍之廣。此外，經營範圍廣還體現在行業的多樣性上，元初杭州的經濟除了以上的行業外，還有占卜業等。[5] 33

（二）與境外貿易交流頻繁

馬可波羅遊記中的記載，庫存業的發展，大部分與境外的商人到杭州貿易有莫大關係。城中有不少外國商人「鄰市渠岸有石建大廈，乃印度等國商人挈其行李商貨頓止之所」乃見當時杭州商業與境外交流的情況。城中常常住有波斯商人、阿拉伯商人，杭州城內的境外商人人數眾多，充分體現出元初杭州城與境外貿易徑流的頻繁。因此，充分突出了元初杭州商業經濟當中與境外貿易交流頻繁的特點，杭州與境外貿易交流頻繁，不僅促進了杭州的外貿經濟的發展，而且還促進了文化的交流以及商品的流通，使得杭州在國際城市上的地位得以提升。[4] 101

四、元初杭州商業經濟繁榮的影響

元初杭州商業的繁榮，對當時的社會造成重要的影響，主要體現有一下幾個方面：

（一）經濟

經濟上，杭州商業經濟的發展，對整個元朝社會發展有重大的影響。杭州位於江南之核心點，其商品經濟的巨大發展使得其對外貿易以及周邊貿易得以巨大發展。有利於促進周邊地區商業經濟的興起，刺激周邊商業經濟。受其大城市的輻射，周邊多個新的商圈得以興起，對江南經濟的發展有巨大的促進作用。此外，杭州的生產商業行業結構的優化，爲元朝其它地區發展經濟提供良好的借鑒作用。另外，杭州的商品經濟發達，其手工業，生產製造業、農業等行業的發展能夠更好地滿足國內的市場需求，行業的良性競爭也能夠促進商業的發展以及產品質量的不斷提高和價格的合理化。最後，因爲自元滅南宋後，元初時期，杭州的政治地位不斷下降，政治作用不斷削弱。從國都京城降至爲一般的府州城市（浙江省省府），喪失了政治上的絕對優越性，因此在城市職能上杭州發生了巨大的轉變。杭州從政治職能的城市轉變爲經濟職能的城市，從政治中心向江南的重要經濟中心轉變。其中，杭州具有南宋時期作爲大都的優勢，以及在元初作爲浙江省社會的政治優勢，具有較爲城市建設基礎、較爲龐大的人口數量、人才以及雄厚的經濟基礎等，爲杭州得以向經濟職能轉變提供了重要的條件。其商品經濟的繁榮，在一程度上加快了其城市職能的轉變。因此在元朝初期，杭州在全國的經濟地位和經濟作用不斷提升和強大，成爲元初的經濟繁榮城市。

（二）政治

政治上，杭州商品經濟的繁榮，得益於元朝的大一統政治。同時也對元朝的社會環境產生一定的影響，商業的繁榮使市民得以能夠獲取自己的經濟來源，有益於社會的穩定，從而促進元朝社會的穩定，鞏固統治者的統治。

（三）文化

文化上，經濟基礎決定上層建築，元初杭州經濟得以繁榮，在如此宏厚的經濟基礎之上，其文化氣息亦日益濃厚。杭州因其優越的地理環境以及人文歷史市民的文化水平較高，再加上其商業繁榮，提高的了市民的生活水平。

在滿足了物質的追求之上，市民都對精神文化的追求大大提高，因此促進市民文化的發展。杭州遍佈各種酒肆等娛樂場所，泛舟西湖是杭州的一大特色娛樂，寺廟林立使宗教文化迅速發展，市民的社會生活內容豐富多彩，市民興趣廣泛。因此，擁有西湖、千島湖等美景之地的杭州城，其商業貿易的繁榮促進了人們對教育的重視，因此在這座城市中孕育並培育出一批批如黃公望、吳鎮、宋濂等書法家以及文人。

（五）對外

對外交流上，杭州城商品經濟繁榮對外貿易的頻繁，吸引大批的外國商人到來，促進了元朝與國外的交往，並且促進了商品交流以及文化交流，開拓元朝國人的世界觀以及提升中國在世界威望與地位

《馬可波羅遊記》中對杭州的商業經濟進行了較為詳細的描述，如城市建築、商業區分佈、行業經濟、貨幣流通等方面，展現了當時杭州繁榮商品經濟的真實面貌。體現出元初杭州商品經濟經營種類多、範圍廣的特點，此外杭州作為江南的重要經濟城市，對外貿易頻繁，這也是其重要的特點。杭州商業經濟得以繁榮，除了它本身所具有的優越地理位置以及自然條件外，還有其歷史條優越性還有元朝的政治環境以及多元化的經濟管理制度。杭州商業繁榮得益於元朝的社會環境，同時其商業經濟的繁榮對元初時期的社會也具有深刻的影響，體現在政治、經濟、對外交流等方面，杭州商業經濟的繁榮同時也促進其自身城市職能的轉變以及提升市民的文化發展。杭州的商業經濟對於元初社會以及周邊城市有著一定的影響，此有待我們進一步研究。

參考文獻

〔1〕馬可波羅，馬可波羅遊記〔M〕，北京：外語教學與研究出版社，1998：175～180。

〔2〕李瑩，試論元朝之對外貿易與文化交流〔J〕，瀋陽航空工業學院學報，2005：45～46。

〔3〕沈自強，淺析元朝海外貿易政策〔J〕，遼寧教育行政學院學報，2007：67～72。

〔4〕楊妮，元代浙江之海外貿易〔J〕，浙江紡織服裝職業技術學院報，2008：101～104。

〔5〕何兆泉，論元代浙江的商品經濟〔J〕，貴州文史叢刊，2005，01：33～42。

第二十章　《馬可波羅遊記》與元初北京（大都）的商業經濟

　　《馬可波羅遊記》裏詳細了記載了元初都城大都（今北京）商業經濟繁榮的景象。元朝遷都大都後，大都的商業經濟發展狀況的改變及作用對研究整個元朝的歷史發展軌迹有着重要作用。本文僅就元朝大都商業經濟的發展狀況，發展原因，發展的影響及特點談談個人的看法。

一、《馬可波羅遊記》裏的元初大都的商業經濟

（一）元朝大都商業區的形成和發展

　　元朝遷都後，忽必烈薛禪可汗從公元 1267 至公元 1285 年這 18 年的時間裏興建元大都，使其成為了聞名世界的大都市。興建元大都對元朝的經濟和政治都有着重要的意義。元大作為一個新興的城市，商業繁榮，人口眾多，是全國許多民族成員聚集生活的地方。它以元朝最大京城和世界聞名的商業貿易中心而聞名。經過元朝統治者十多年的興建，元朝佔據着商業的領先地位。這個處於統治中心的大都聚集了大量的蒙古游牧貴族和色目上層。蒙古族是一個很注重商品交換的群體，他們的重商觀念都在大都城的商業來往中反應出來。統治階級的重視；有利的政治政策；民族的開放觀念以及大都的地理位置的優越便利這些都促使大都的商業如雨後春筍般飛速的發展興盛起來，商業的發展促進了經濟貿易的往來，規範化下的經濟貿易往來也就形成了商業區。商業區的隨著經濟貿易往來的頻繁使得其中一些區域形成了較為繁華的商業區域。

（二）元朝大都市場交易的盛況

元朝當時市場較爲發達，成形的市場共有 30 多處，其中又有較爲繁華的貿易地點。元大都對外貿易業很興盛主要以波斯、阿拉伯、高麗、歐洲和其它一些亞洲國家的商人爲主，他們從中國輸出布匹、綢緞、茶葉、糖、瓷器、皮貨、中草藥材、紙墨、馬匹、等。進口毛織品、珠寶、人參、香料、地毯、銅器、象牙以及各種稀奇古怪的高檔奢侈品。馬可波羅寫道：「凡是世界各地最有價值的東西也都會集中在這個城裏，尤其是印度的商品，如寶石、珍珠、藥材和香料。由於京都經商而住在附近的商人的需要，契丹各省和帝國其它地方，凡有值錢的東西也都要運到這裏。這裏出售的商品數量比其它任何地方都要多，因爲僅馬車和驢馬運載生絲到這裏的，每天就不下千車，我們使用的金絲織物和其它各種絲織物也在這裏大量的生產。在都城的附近有許多城牆圍繞的市鎮。這裏的居民大多依靠京都爲生，出售他們所生產的物品，來換取自己所需的東西。」[1] 34 這是對當時元朝繁盛的商業貿易的眞實描寫。當時大都有名的產業主要有：製革、皮毛、煉乳、製毯、釀酒和軍需品刀箭、盔甲之類。元大都的海洋運輸業也很發達促進了世界各地區的文化商貿交流。當時我國偉大的科學四大發明，羅盤、火藥、造紙、印刷術和元大都發行的中統交鈔也都第一次傳到歐洲，中統交鈔的外傳引起了一場改革沉重金屬幣的浪潮。同時西方的機械鑄造、天文、醫學、測量學、氣象學也傳入到中國，這對於東西文化互相學習，交流融合起到了積極的促進作用。

（三）元朝大都手工業的發展

蒙古人有着歷史悠久的傳統工藝藝術，由於當時對外貿易的發展，元朝大量集聚來自各地特別是西亞的手工藝人，通過對國外工藝藝術先進經驗的吸取，手工業就有了飛速的發展。

元朝在遷都大都以前手工業就比較發達，據統計在元上都城內就有了地毯廠、鐵製品廠、金銀首飾加工、木業社等 20 多座製造業，其中從業人數最多的廠家竟然可以達到 1000 多人。元朝定都大都以後，很多手工業廠家也隨之搬到大都，一些手工業工藝雕刻等傳統工藝技術在繁華的商業貿易衝擊下也有了新的發展。

1、官營手工業的發展

官營手工業局院分佈的密度和廣度，前所未有，據初步統計，中央的工部、將作院、大都留守司、武備寺、中政院及諸路總管府下轄的局、院、場達220個左右。這些官營手工業有22個門類，包括土木工程、兵器、金工、玉工、絲某、皮毛等行業，涉及軍器製造及統治集團消費的廣大領域。諸工之中，絲織品的需求量最大。這類地方手工業部門主要指各路織染局，其規模也相當可觀。官營手工業管理腐敗，在一些部門中，經濟效益低下，但另一方面，由於蒙古貴族將擄掠和收編來的中亞和漢地工匠集中在手工業局院中從事生產，這就給工匠們交流品種、切磋技藝、分工協作提供了難得機遇。工匠們的工藝也因此大大提高，官用工匠人都有自己家庭的獨立經濟，在勞作之餘又從事業餘生產，來補貼家用。

2、私營手工業的發展

在官營手工業迅速發展的同時，私營手工業也得到了長足發展。官營手工匠人在從事非官營商業活動的同時將先進的工藝技術傳入民間，大大提高了私營手工業的發展，且繁華的商業貿易業從側面推動了私營手工業的進步。在蒙古地區生產生活的眾多的手工業藝人們，都擅長於製作蒙古包架子、馬鞍、馬嚼子、馬拌子等畜牧業工具，也擅長製作如奶桶、茶具等牧民生活用品以及弓箭、刀、長槍、盾等軍械用品。

（四）元朝大都對外經濟和貿易的發展繁榮

元朝是我國歷史上中西文化交流的發展的重要時期，海外貿易非常發達，無論公私貿易，元朝政府都給予大力的支持。元朝時期龐大疆域可以說從陸路通往西亞至歐非的路線暢通無阻，可以直抵俄羅斯與東歐，到達阿拉伯、土耳其和非洲。海道則可以到阿拉伯、印度、波斯、以及非洲等地。

馬可波羅的行紀中有這樣的描述：「應知汗八百里城內外人戶繁多……郭中所居者，有各地來往之外國人，或來貢方物，或來售貨宮中……這些絡繹不絕的使團和商隊來自歐洲、非洲、西亞、中亞、南亞以及日本和朝鮮。其中有一個群體的人數巨大，他們便是從中、西亞東來的回回人。大都建成前，燕京路的回回商人就已經達到2900多戶。」[1] 156 元代的海外貿易分為官營和私營兩種類型。官營採取「官本船」的辦法，私營則是從事海外貿易的民間商人，稱為舶商，在戶籍上專列一類，稱作舶戶。

1、官營海外貿易的發展

斡脫是元朝大都的一種特殊的商人，主要替官府和蒙古族經商或放債盈利。元朝政府也利用斡脫商人爲朝廷從事海外貿易，斡脫貿易是元代所特有的一種官本商辦的經營方式，它主要有兩種途徑：一種是放高利貸；另一種是遠距離販賣貨物。元代徐元瑞的《史學指南》「斡脫」條下有：「爲轉運官錢，散本求利也」，「見齎聖旨、令旨，隨處做買賣的人」[2]斡脫商人手捧聖旨，特權很大，其從事海外貿易，但是，斡脫商人是「轉運官錢，散本求利」，在如何瓜分營利上，與官府之間存在着利益衝突。按照元朝規定，斡脫商人販到舶貨都被視爲「官物」，由行泉府司折成貨款，並按照《市舶則法》依例納稅，這就引起斡脫商人的不滿。有的斡脫商人依杖皇帝的勢力，不肯交納稅款，由此時常引出紛爭。同時我認爲，元朝時期的朝貢貿易和使臣貿易也應作爲官商貿易的一部分。所謂朝貢貿易，就是通過兩國官方使節的往返，以禮物贈答進行交換的貿易方式。在中國古代，每一次官方使節的往返都伴隨着禮物的「交易」。元朝時期使臣貿易得到迅猛的發展朝廷派遣使臣到海外爲皇室採辦貨物之事屢見不鮮。在元朝強大武力的支持下，元朝的使臣貿易得到較大的發展。

2、私營海外貿易的發展

元朝大都的私商大體有四種：權貴商人、色目商人、散商、舶商四種形式。元代改變宋代禁商下海的政策，允許權貴官吏從事海外貿易。權貴較大的諸王、駙馬等，一般是派人下海購買番貨。權勢較小的官吏，利用因公出海的機會爲自己贏商貿獲利。宗教僧侶等則夾帶俗人爲其經商，並逃避抽稅。沿海地區各級官吏，用自己的船隻下海貿易，或者用自己本錢委託其它舶商代爲經營，他們靠海運起家，擁有大量的資產和海船。

舶商亦稱舶商戶，是專門從事海外貿易的商人，其中不乏擁有雄厚資本的大商。散商是元朝大都私營商業貿易較爲重要的組成部分，在元代由於政府的鼓勵政策及商品經濟浪潮的衝擊，人們的思想觀念發生了變化，沿海地區的社會風氣也從重視男耕女織和讀書做官轉變爲重視「舟楫」之利。元代色目人一詞，泛指以回回爲主的西北各族，西域人以至歐洲各族人。元朝實行民族等級制度，扶植色目人，且色目人非常注重商業發展，故色目商人勢力發展很快，把持着主要港口的對外貿易。

二、元朝大都商業經濟發展的原因

（一）元朝統治階級的重商意識促進商業經濟發展

1、注重工匠人的保護和使用促進繁盛市場的形成

元朝的手工業非常發達，這跟蒙古族的習俗與傳統有關，蒙古族非常重視手工藝生產及其人才，蒙古大軍所到之處首先保留下來的社會群體就是手工藝匠人。元朝遷都大都後，大部分手工業也隨之遷到京都，隨著貿易的發展，手工業也有着極大的發展。同時對外貿易使得大量的海外工藝傳入中國，與大都傳統手工業相結合更進一步推進了手工業的發展，而手工業的發展反過來促進商業的進步。

2、制定對外貿易政策促進了對外貿易的發展繁榮

元代的貿易活動的管理，有着一套完整的規章制度。一是專賣制度。元代政府專利壟斷的範圍廣泛，金、銀、銅、鐵、鹽、茶、水銀、礬、鉛、錫、酒、醋，以至於農具、竹木等，都在專賣之列。二是糴、和買、常平制度。這些制度雖以前也執行過，但只局限於周邊地區。作為全國性的政策，是在元世祖至元三十二年實行的。三是開展對外貿易。元朝時將對外分為官營和私營兩種，都設有特定的管理制度。四是增加商稅，元代商稅分正課和船料兩種。正課包括市肆門攤稅和對田宅、奴婢、牧畜交易所徵的稅。

（二）民族聚集各色商品交易頻繁興盛，逐漸形成專業市場

當時大都城內有各種專門的市集三十多處，其中較為繁榮的有三處：「第一是最繁華的斜街市位於城市中心的鐘鼓樓周圍；第二處是在南面偏西的順承門內；第三處在今東四牌樓西南，稱樞密院角市。斜街是元大都最繁華的商業區，因設有南北大運河的終點海子碼頭，南北貨物多在這裏吞吐，皇親國戚、功臣大將、中外巨商、達官貴人所需要的高檔商品，像金銀珠寶、瑪瑙、及蒙古貴族炫耀佩帶的昂貴鑌鐵腰刀等奢侈品，應有盡有。普通居民所需要的鹽、糧、油等日用百貨也琳琅滿目」[3]

（三）游牧民族的商業擴張精神及強烈的斂財意識

元朝龐大疆域可以說從陸路通往西亞再至歐洲的路線暢通無阻，可以直抵俄羅斯與東歐，到達阿拉伯、土耳其和非洲。海道則可以到阿拉伯、

印度、波斯、以及非洲等地。元朝使中世紀的世界第一次出現了廣大地域內各民族交通暢通的局面，從而在客觀上爲東西文化交流創造了一個前所未有的良好環境。建國伊始，忽必烈就告諭海外諸國：「誠能來朝，朕將禮之；其往來互市，各從所欲。」[4] 隨着帝國的擴大，元朝統治者更爲注意從世界範圍認識自身所處的歷史地位，既採取對外開放、積極交往的政治、經濟方針，又有「四海爲家」的積極的思想意識，開放的世界觀念滋育了文化上的開放觀念。對外的交往中，忽必烈採取積極主動的外交方針，同時又以武力爲後盾，迫使鄰國稱臣納貢。自上而下的商業意識對商業的發展起著重要的作用。

（四）元朝時期農業和手工業的發展促進了商業的發展

元朝建朝後朝廷爲了盡快地恢復和發展經濟，採取了一系列措施。在「國以民爲本，民以衣食爲本，衣食以農桑爲本」的治國思想指導下，十分重視生產。「在中央設置司農司，地方成立勸農司，用以組織農業生產，整頓農桑事務，水利建設方面，內立都水監，外設河渠司，興修水利，修理河堤；鼓勵開荒，擴大屯田，把『人口增、田野闢』作爲地方官考績獎勵的標準；在牧區賑濟災害，保護畜主產權，減輕稅率；移民充邊，招集逃亡，提高技術，建置倉儲，固邊安民，以防外患。」[5] 這些措施實施後取得了豐碩的成果。

（五）元大都作爲全國政治經濟中心所帶來的優勢

元朝是第一個由少數民族建立的統一封建王朝，表明中國古代少數民族在歷史發展進程中開始產生越來越重要的作用，具有深遠的歷史意義。元大都第一次成爲全國的政治和文化中心，而且是一座經過精心設計建造起來的國際化大都會。在中國古代歷史上，全國政治中心的確立，直接關係到整個國家的統治效率，具有十分重要的意義。這個中心一旦形成，就會產生比較長久的政治和經濟影響。大都城成爲了全國的統治中心，也是東方赫然崛起的國際大都會。從宮殿苑囿到離宮別館，從官僚衙署到居民宅院，從城池門樓到坊里街道，從祭祀壇廟到寺觀教堂，從酒樓茶肆到商業店鋪等，皆是新建的。它的出現，是北京歷史發展中和中國都城發展中的一座里程碑，這也作爲元朝大都商業經濟發展所不可多得的重要條件。

三、元朝大都商業經濟發展所帶來的影響

（一）元朝大都商業的繁盛對大都人口的影響

第一是元朝大都人口遷移的發展變化。元大都是一個新興的城市，商業繁榮，人口眾多，也是全國許多民族成員聚集生活的地方。當時在元大都的少數民族以北方民族為主，主要有契丹、女真、西夏、突厥、回鶻、渤海、維吾爾、藏族、回回、蒙古族等，他們主要在元大都為官，從軍、經商、從藝、傳教等。當時至元三十年元朝人口十萬左右，隨着大都的發展，後期元順帝時人口已達到數百萬。馬可波羅對來自歐洲、亞洲眾多的商隊和四方使者絡繹不絕的盛況也有精彩描述：「每個城郊在距城牆約一英里的地方都建有旅館或招待駱駝商隊的大旅店，可提供各地往來商人的居住之所，並且不同的人都住在不同的指定的住所，而這些住所又是相互隔開的。例如一種住所指定給倫巴人，另一種指定給德意志人，第三種指定給法蘭西人……每當有外國專使來到大都，如果他們負有與大汗利益相關的任務，則他們照例是由皇家招待的。」[1] 78 元朝商業的發展使得人口在大都聚集，這就使得元朝大都人口數量有了變化，一方面生活的穩定繁榮使得人口快速增長，另一方面人口的聚集也是大都人口增長的重要原因。

（二）元朝大都商業的發展增加了中央財政收入增強了元朝國力

元大都是一個新興的城市，商業繁榮，人口眾多，也是全國許多民族成員聚集生活的地方。大都城的興建關乎元朝國家的政治經濟中心的發展狀況。元朝商業的繁榮使得中央財力增加，對外貿易交流開闊了中央統治階層的眼界，且百姓生活的富足使得元朝大都有了一個穩定和諧的社會環境。中央財力增加又促進了元朝軍事力量的增強，因此我們說元朝大都商業的發展增加了中央財政收入從而增強了元朝國力。

（三）對外貿易的發展促進了與周邊各國經濟文化的交流

元代的海外貿易的繁榮，還帶來了以下幾個可喜成果：一是促進了元代造船技術的進步。二是使元代交鈔成為一種國際間使用的紙幣。元人汪人淵曾隨船出海。三是促進了元代航海業的發展，加深了當時人們對海外世界的認識，同時使航海技術有很大進步。航海者長期積纍的觀測潮汐、風信、天象的豐富經驗，也為鄭和下西洋奠定了基礎。通過海上絲綢之路，阿拉伯人

從中國學到了指南航海技術，並將之傳入歐洲。所以，西方人亞可布說：「羅盤針是中國最重要的發明，它放開我們的眼界，我們近代世界觀的形成全靠深入異邦文化的精神，只有羅盤針的發明，才能幫助我們達到這種境界，」[6]然而，元朝對外貿易往來也對世界經濟的發展產生很大影響，使國際貿易中心由波斯灣轉移到紅海。也極大促進了東西方的歷史聯結。

（四）元朝大都商業的發展促進百姓生活水平的提高

商品經濟發展的同時，促進商品經濟發展的有利因素充分帶動了城市經濟的發展，大都的城市面貌煥然一新。蒙古一族原本過着逐水草而居的草原生活，生活非常不穩定，生產也基本是小本小戶，生產技藝粗超，生產力低下。遷都後，經濟貿易的繁盛，商業的發展給百姓帶來富足的生活，隨着商品交換的發展，生產技藝越來越高，人民生活水平的質量也隨之提高。社會生活較爲穩定。

四、元朝大都商業經濟發展的特點

（一）元朝大都發達的官辦手工業帶動民辦手工業的發展

元的官營手工業作坊，生產規模都很大，內部分工更細。手工業是蒙古貴族特別關注的一個行業。隨着統一政權的建立，一套從朝廷到地方官府的手工業系統逐步形成。蒙元時代的官營手工業十分發達，其規模、產量和分佈之廣均超過前代。因爲官辦手工業局院幾乎涉及和控制了軍事以及統治階級生活用品的所有領域，所以民間手工業受到一定壓抑，而官辦局院的管理也十分腐敗，經濟效益低下。但另一方面，由於蒙古貴族將擄掠和收編來的各地工匠集中在手工業局院之中從事生產，這就給工匠們交流品種、切磋技藝、分工協作提供了難得的機遇。所以一定程度上說官營手工業促進了私營手工業的發展。

（二）元朝統治者非常重視和發展海外貿易

元朝推行的是與漢族傳統相悖的「不抑商」政策。元朝統治者在接受漢化，推行「重農」政策同時，又改革漢制，對漢族抑商傳統進行革剔，堅決推行有悖漢族傳統的「不抑商」政策思想。這種思想主要表現在以下方面：第一，以法令形式保護商業發展。第二，減輕商稅，鼓勵經商。第三，保護

商道，商賈人身及財產安全。第四，釐正度量衡，禁止官吏加耗。第五，統一商稅，實行「三十稅一」制度。第六，打擊奸商與權貴勾結，禁以權力壟斷財利。第七，推行紙幣，實行全國性統一紙幣制度。

（三）紙幣的出現促進了商業經濟的流通

隨着商品交換的發展，貨幣也隨之出現了，貨幣成了衡量一定數量商品的等價物。在歷史上充當貨幣的曾出現過很多東西，但發行紙幣則源於我國宋代的「交子」，最早實行純紙幣流通制度則是元代。在公元十三世紀，我國能有如此成功的紙幣發行制度，這在世界貨幣發展上都是一個很具有影響的大事。《馬可波羅行紀》在第 95 章標題爲「大汗用樹皮所造之紙幣通行全國」中高度讚揚了忽必烈時期的紙幣流通制度。他詳細地介紹了元代造幣的過程，也充分肯定了紙幣的重要作用，認爲紙幣等同於純金，而且「最輕便可以攜帶」[1] 253 對商業的發展起了重要的推進作用。

通觀全文，可以得出如下結論：元朝蒙古族作爲一個具有開放意識的重商主義的民族，在遷都京城定都大都後，商業經濟發展較爲迅速。商業交易形成了較爲集中的轉運集散點和繁華的市場。對外貿易的發展使得中外文化的交流較多的體現在商品交換的品種多樣化。

元大都商業經濟發展如此迅速較爲重要的原因是元朝統治階層的重商意識促進了商業的發展，元朝的稅收就體現出統治階級對商業發展的重要性。同時統治階級對外貿易中對官營和私營分別制定不同的制度管理，這就促進了對外通商的制度化方向的發展。

元大都商貿經濟的發展大大促進了元朝各個方面的發展，元朝商業發展一個較爲顯著的特點就是紙幣交子的出現，它使得我國歷史上的商品交換有了一個質的飛躍。眼觀元大都繁盛的同時，商業貿易的發展中諸多漏洞的出現也不容忽視，這些「漏洞」還有待於進一步研究。

參考文獻

〔1〕馮承鈞譯，馬可波羅行記〔M〕，石家莊：河北人民出版社，1999。

〔2〕徐元瑞撰，史學指南〔M〕，浙江古籍出版社，1988：153。

〔3〕汪興和，元代大都的商業經濟〔J/OL〕，（2004）1009～0061。

〔4〕宋濂等撰，元史〔M〕世祖紀十卷 10，中華書局，1976：55。

〔5〕沈道權，元代海外貿易發展原因探析〔J〕，中南民族學院學報，1991年第 1 期。

〔6〕李瑩，劉春霞，試論元朝之對外貿易與文化交流〔J〕，瀋陽航空工業學院社科部。

第二十一章　《馬可波羅遊記》與元初上都的商業經濟

　　元代上都和林是元初北方地區重要的政治、經濟、文化中心，也是當時的頗負盛名的國際性大都會。元初上都的商業經濟十分繁榮，異域商旅眾多，城市人口增加，是多民族聚居的商業城市，交通發達，商品貿易繁榮，城市商業經濟十分繁華。這從《馬可波羅遊記》中可以看出一二。著名旅行家馬可波羅在其遊記中描述道：「上都是忽必烈大汗所建造的都城，他還用大理石和各種美麗的石頭建造了一座宮殿。該宮設計精巧，裝飾豪華，整個建築令人歎爲觀止。該宮殿的所有殿堂和房間裏都鍍了金，裝飾得富麗堂皇。」[1]本文將通過《馬可波羅遊記》一書並結合其它史書記載，從不同方面描述元初上都的商業經濟繁榮發展的面貌，並進一步分析促進其商業經濟發展的因素以及上都繁榮的商業經濟對元朝產生的深遠的影響。

一、《馬可波羅遊記》裏的元初上都商業經濟繁榮

　　元上都是我國北方中外商旅彙集的重要之地，多民族聚居於此，異域商旅眾多，城市人口增加。元朝統治者十分重視商業的發展，積極推行重商主義，元代的商業貿易因此也得到很大程度的發展。上都作爲元朝夏都，商業經濟也十分昌盛。元初上都，是一個彙聚中國及世界其它國家地區商人商旅的城市，眾多商人到上都從事商業貿易，並旅居於此地。在上都，歐、亞、非諸國諸民族商人接踵來華，有阿拉伯人、波斯人等，另外，蒙古族、漢族、回族、畏兀兒、西域色目人等也會聚上都，相處一城，商業交往成了他們來

往的重要途徑。生活於元代的許多文人吟詩作賦，描繪其時商業之盛，楊允孚的《灤京雜詠》裏有一首詩這樣記道：「怪得家童笑語回，門前驚見事奇哉。老翁攜鼠街頭賣，碧眼黃鬚騎象來。」這裏「碧眼黃鬚騎象來」者顯然是異域商旅。另有，「煌煌千舍區，齊貨耀出日。方言互欺詆，粉澤變初質，開張益茗酩，談笑合齟漆。」[2] 這是來自各地的商人操着不同的語言在上都市場上交易的生動寫照，可見上都的異域商旅之多，以及上都商業貿易經濟的繁榮狀況。異域商人和多民族聚居於此地，城市人口不斷增加，促進商業經濟的發展。

元初上都城市交通十分發達，為其商業經濟的發展創造了重要的條件。上都地處今內蒙古自治區錫林郭勒盟正藍旗政府所在地上都音郭勒鎮東北約二十公里處的金蓮川草原上，1235 年，窩闊台合罕命漢族工匠於鄂爾渾河岸建築都城。由於蒙古國的強盛，上都成為當時世界著名城市之一，各國國王、使臣、教士、商人來訪者甚多。1256 年忽必烈命劉秉忠在此地選址建城。1259 年城郭建成，命名為「開平府」。中統元年（1260），忽必烈在開平城即位，並將開平府作為臨時首都。至元元年（1264），改燕京為中都，從而確立了兩都巡幸制度。元上都作為元王朝陪都，從至元九年（1272）開始，上都大興土木，不斷擴建。其不但政治地位非常重要，且其交通十分發達。元朝實現全國統一之後，在蒙古汗國的基礎上，設置了三條主要驛路，即：「貼里干」路、「木憐」路、「納憐」路。在國內陸路交通方面，以這三條驛道為主幹，形成了以上都為中心，聯繫豐州、東勝州、亦策乃、應昌，大寧通往甘肅行省、嶺北行省和東北驛站的交通網絡，把漠北蒙古國東北、西北及中原等地緊密地連成為一個整體。元上都建成後，驛站空前發達，全國各地設有驛站1500 多處，驛道四通八達。由此可見，上都的交通地理位置十分重要，且暢通無比。以上都為中心的暢達四方的驛路交通，為中外商旅的商業貿易往來提供了優越交通環境，也促進了元初上都商業經濟的發展。

元初上都城市商品貨物貿易交換種類繁多，市場繁榮。當時上都市場上的日常貨物有糧食、畜牧產品、布帛、茶、絲和瓷器，以及各種金屬手工業品。與上都居民生活至關密切的油、鹽、醬、醋、茶之類等等，有的也是通過商販運來的，在這些商品中，其中瓷器大部分來自於內地，例如有產自江西景德鎮的青花、浙江龍泉的青瓷、河南鈞窯系的天蘭、河北磁州窯系的白底黑花等瓷器。其中，在當時，糧食的供應對上都十分之重要，上都作為一

座北方草原上的大城市，糧食供應對它的發展十分重要，但由於北方草原上的人民的生活方式是逐水草而居，雖然當地有些農業生產，也有軍隊屯田，但「上都地寒，不敏於樹藝，無土著之民」，故「自穀粟布帛以纖靡奇異之物，皆自遠至。」[3] 加之上都作爲中外國際性大都會，人口十分之多，因此，對上都的糧食運送供應則顯得非常重要。當時上都的糧食主要依靠從內地轉輸，但只靠政府的力量往往供不應求。爲了解決糧食供應不足的問題，政府採取官民並濟之法，允許私人販運，並於至元二年（1265）置和糶於上都。這樣，大批從內地轉運而來的糧食，活躍在上都的市場上。據《青崖集·奏議》記載：「上都每年合用糧不下五十萬石。」《元史》亦載：「至元三十年（1293），僅上都工匠戶每年需糧量，競達一萬五千二百餘萬石之多。」上都「地高寒……在野者畜牧散居以便水草」，[4] 上都是以畜牧爲業的地區，其用於對外交換的物品，自然是馬牛羊，以及皮毛肉類。在上都有專設的畜牧交易市場，《元史·河渠志》中提到的上都大西關有南馬市，是當時著名的馬匹交易市場。另外，當時非常著名的畜牧產品還有氈毯、馬奶酒等。從上述上都商業貿易的貨物種類來看，可見上都當時商業貿易之盛況。「上都的商稅爲一萬兩千錠，爲大都的十分之一。」[5] 可見當時這座草原宮城經濟發展和商品流通的規模。

　　元初上都城市面貌發生了重大的變化，坊市制度已經崩潰，亦體現其商業經濟的繁榮發展。上都的城市建設遵循了中國封建都城傳統的建築風格，由宮城、皇城、外城組成，並按照功能劃分區域。「在皇城東二門和正南門外，都有關廂區。以商業中心而聞名的關廂區周圍成了上都的重要居住區。居民的住宅，分佈在東西關大街的兩側，從各地來的商旅小販也多雲集於此。這不僅便利了城市居民的生活，也爲商品流通和交換創造了有利條件。這座草原之城外有著相當繁榮的關廂經濟區，標誌著坊市制度到了元代已經徹底崩潰。」[6] 另外，我國古代城市的面貌，自唐宋以來發生了很大的變化。由於城市商業經濟的繁榮和發展，街道壁壘的坊市制度逐漸被破壞，城市中按固定時間貿易，固定集中貿易的市場的地點已不存在，各種草市、夜市隨之興起。上都也不例外，上都在元代已成爲北方中外商旅會聚的重要中心之一，南北貨物在這裏集散，商旅來往頻繁，城外、城內商品貿易興盛，夜市十分繁華。

二、元初上都商業經濟繁榮的原因

元朝規模空前的大一統局面，爲上都商業經濟的發展創造了良好的條件。元朝大一統的局面，使得交通上減少了許多障礙。「若元，則起朔漠，並西域，平西夏，滅女眞，臣高麗，定南詔，遂下江南，而天下爲一。故其地北逾陰山，西極流沙，東盡遼左，南越海表。元東南所至不下漢、唐，而西北則過之，有難以里數限者矣。」[7] 1345 元王朝以其強大的軍事和政治實力保證了商道的暢通無阻，爲商業的發展創造了和平統一的環境。交通的便利，使得國內外商品往來貿易十分順暢。而元朝在交通方面形成了以上都爲中心，聯繫豐州、東勝州、亦策乃、應昌，大寧通往甘肅行省、嶺北行省和東北驛站的交通網絡，把漠北蒙古國東北、西北及中原等地緊密地連成爲一個整體。因此，大一統的穩定政治局面對上都的商業經濟的繁榮發展十分有利。

其二，作上都爲元朝夏都，政府對此重視城市建設，大興土木，不斷擴建。1260 年 3 月，忽必烈在上都登上元朝皇帝之位，並將上都作爲臨時首都。至元元年（1264），改燕京爲中都，確立了兩都巡幸制度。每年三、四月至八、九月，皇帝和朝廷大批的扈從官員由大都到上都辦理朝政，秋涼之後回到大都，在大都理政，每年往返一次。兩都巡幸制度，確立了上都極其重要的政治地位。顯赫的政治地位加速了上都在經濟、文化方面的發展，人口增殖，工商業繁榮。另外，朝廷重視上都的城市建設，大興土木，不斷擴建。上都的建城工程由當時著名的建築設計師劉秉忠完成的。「上都有宮城、皇城、外城組成，並將功能建築按設計好的格局，嚴格劃定建造區域，重要的宮殿集中在宮城，官署和寺廟道觀主要集中在皇城，居民和一些次要官署集中在關廂，宴饗和集會場所集中在皇城西內。這種分開設置的做法，方便了當時的統治和管理。」[8] 城市的建設，方便了統治者的管理，同時有助於商業經濟的發展。

其三，元代統治者十分重視商業的發展，促進其商業經濟的繁榮發展。元代的政策是既重農又重商的政策。忽必烈改變了「重農抑商」的古老傳統，而重視商業、信任商人。在元代的商業、交通和中外經濟文化交流都比較發達。一方面，統治者實行紙幣流通制度，全國通行紙幣，這是世界貨幣發展史上的一件大事。《馬可波羅行紀》中寫道：「大汗發行的一種紙幣通行於全國上下。」[9] 他高度讚揚了忽必烈時期的紙幣流通制度。他詳細地介紹了元代造幣的過程，也充分肯定了紙幣的重要作用，認爲紙幣等同於純金，而且

最輕便可以攜帶，對商業的發展起了重要的推進作用。另一方面，元代的貿易活動的管理，有着一套完整的規章制度。一是專賣制度。元代政府專利壟斷的範圍廣泛，包括金、銀、銅、鐵、鹽、茶、水銀、礬、鉛、錫、酒、醋、農具、竹木等，都在專賣之列。二是糴、和買、常平制度。三是開展對外貿易。這些制度為元朝商業的發展創造了良好的條件，同時也促進了上都商業經濟的發展。再者，元朝統治者對商業管控較鬆。「重利誘商賈」，對商人採取輕稅政策，商稅一再減免，「至元七年，遂定三十分取一之制……始定上都稅課六十分取一；舊城市肆院務遷入都城者，四十分取一，甚至「置而不稅。」[10] 由此可看出，元代統治者對商業發展的重視。

　　再者，政府的干預，政府減免稅收、補助救濟商旅等措施保障了商旅們在上都的商業活動。由於上都商業經濟之重要地位，元朝政府因勢利導，在上都不斷施行一些減免稅收、補助救濟商旅的辦法和措施。如至元八年（1271）以「上都商旅往來艱辛，特免其課」。至順元年（1330）元政府「出錢四百萬貫」補償商旅因官買而受的損失。正是這些低稅、免稅、救濟補償等措施的施行，便利了商旅們在上都的商業活動，保護了他們的商業利益。另外，元朝政府為了鼓勵中原各地商人到蒙古地區貿易，對到上都地區的商販，給予「置而不徵」的免稅待遇。大批的漢族和西域商人自中原等地運去米糧與百貨，對改善牧民生活，發展牧區生產起了積極作用。因此在上都的經濟活動中，政府扮演了重要的角色，起到了對經濟進行宏觀干預和調控的作用，促進了上都上都商業經濟的繁榮發展。

　　最後，元代皇帝由於每年進行的宮廷宴樂經濟而引起的大規模的商業採購活動。元代實行兩都巡幸制度，即每年三、四月至八、九月，皇帝和朝廷大批的扈從官員由大都到上都辦理朝政，秋涼之後回到大都，在大都理政，每年往返一次。伴隨著元朝皇帝每年的巡幸而興起的宮廷宴樂，是上都獨有的商業特色。「正如周伯琦所言，一宴之費是「九州水陸千官供」，費用之巨可謂驚人。但政府為此而進行的大規模的商業採購活動，也客觀上促進了上都商業經濟的發展。「宮府需用萬端。而吏得以關者，則商賈之資也」，可見在滿足上都宮廷宴樂及官府所需方面。商人起到了舉足輕重的作用。」[11] 可見，元代宮廷宴樂經濟促進了上都商業貿易的發展，對其商業經濟發展十分有利。

三、元初上都商業經濟發展的影響

上都作為當時元代一個草原上的國際大都會，彙聚了眾多中外商旅，交通順暢發達，其商業經濟十分繁榮，對元朝許多方面產生了重大影響。一方面上都作為元朝北方的經濟中心，其暢通發達的交通條件，繁榮的商品貿易，促進了元朝商業經濟的繁榮發展。另一方面，上都商業經濟的發展促進了城市商品貿易十分興盛，以及城市面貌的變化，上都城郊地區的貿易乃「西關輪輿多似雨，東關帳房亂如雲」的情景。而城內白天「太平樓上客紛紛」，夜晚則「初更燈火鐵樓東」，賣酒人家，湯餅小鋪，人來人往，正是當時上都城市商業經濟一片繁榮的寫照。

上都繁榮的商業經濟，有利於加強上都和國內其它城市的交流與聯繫，鞏固大一統的政治局面。上都是一座草原上的國際大都會城市，其本地供給的糧食十分有限，為了解決糧食供應不足的問題，政府採取官民並濟之法，允許私人販運，並於至元二年（1265）置和糴於上都。大批從內地轉運而來的糧食，活躍在上都的市場上。由於內地城市與上都密切相關的糧食商業貿易，有利密切城市間的經濟交往，有利於國家的統一。另外，由於上都地處草原，物資供應有限，因此，其城市物資供應主要為一方面由政府強行調運物資供應城市所需，另一方面則依靠商業途徑。例如，當時上都市場上的日常貨物有糧食、畜牧產品、布帛、茶、絲和瓷器，以及各種金屬手工業品。在這些商品中，其中瓷器大部分來自於內地，例如有產自江西景德鎮的青花、浙江龍泉的青瓷、河南鈞窯系的天藍、河北磁州窯系的白底黑花等瓷器。由於上都發達的商業經濟，依靠商業途徑為其供應商品，有利於加強上都與其它城市的經濟聯繫和交流，有助於國家的統一。

上都繁榮的商業經濟，有助於促進了元代對外貿易的發展，開拓元朝的對外關係。元朝出現大一統的局面，其交通暢通無阻，方便了元代的對外貿易的發展，有助於開拓對外關係。而上都作為元朝北方的經濟中心，全國交通的中心，中外商旅會聚之地以及多民族聚居的城市，其商業經濟的繁榮必然對元代對外貿易的發展尤其在陸路上的貿易往來有著重大的意義。有助加強與其它民族之間的交流，開拓元朝對外關係，促進元朝與周邊國家的友好往來。

綜上所述，上都作為當時元代的一個國際性大都會，我國北方重要的經濟中心，其商業經濟十分繁榮，這可以從它的城市人口的增多、城市面貌的

變化、城市商品貿易的繁盛以及交通發達的條件等方面看出一二，從《馬可波羅遊記》中對上都的描述中亦有所體現。另外，由於元代實行兩都巡幸制度，上都作為元朝的夏都，其政治地位十分顯赫，這成為上都商業經濟繁榮發展的一個重要因素。當然，元朝大一統的局面創造了便利的交通條件、穩定的社會環境以及元朝統治者重視商業發展的政策、政府對上都商業經濟宏觀干預、上都特有的宮廷宴樂經濟的特色等因素，都對上都商業經濟的發展產生了深刻的影響。最後，上都商業經濟的繁榮，其影響是巨大的，它不但促進了元朝商業經濟的繁榮，而且加強了上都與國內其它城市的經濟聯繫和交流，有助於國家的鞏固和統一。同時，上都作為國際性商業都會，其商業經濟的繁榮發展，則會加強上都與其它周邊國家的經濟交流與來往，有助於元朝發展對外貿易的關係以及開拓元朝政權的對外關係。

參考文獻

〔1〕馮承鈞譯：馬可波羅行紀〔M〕，上海：上海書店出版社，1999。

〔2〕（清）顧嗣立編，元詩選，北京：中華書局，1987。

〔3〕（明）宋濂等，元史〔M〕，北京：中華書局標點本，1976。

〔4〕元典章〔M〕，北京：中國廣播出版社影印，臺灣故宮博物館元刊本，1998。

〔5〕《元史，食貨志二》卷94。

〔6〕汪興和，元代上都的商業經濟〔J/OL〕，江蘇商論，2004年第4期。

〔7〕宋濂，元史〔M〕，北京：中華書局，1976。

〔8〕陳永志等，劉秉忠，上都的營建者〔J/OL〕，聚焦，2012年第3期。

〔9〕馮承鈞譯：馬可波羅行紀〔M〕，上海：上海書店出版社，1999。

〔10〕《元史·食貨志二·商稅》卷94。

〔11〕汪興和，元代上都的商業經濟〔J/OL〕，江蘇商論，2004年第4期。